Я настоятельно рекомендую Вадима Дехтяря как тренера НЛП. На его семинарах вы научитесь пользоваться мастерством коммуникации и сможете сразу применять эти знания в бизнесе, обучении, деловых переговорах и повседневной жизни, потому что Вадим очень гармоничен в своей работе.

Джон ЛаВаль,
президент The Society of NLP™,
соавтор Persuasion Engineering™

Вадим отлично владеет навыками гипноза, добиваясь результата в каждой интервенции. Он также обладает глубокими знаниями в НЛП, которые очень изящно использует, — как скрытно, так и открыто. Я горжусь возможностью работать с Вадимом в любых обстоятельствах.

Джим Ассетта,
тренер НЛП, директор Midwest NLP, Inc.

Я хочу поблагодарить Вадима Дехтяря за неоценимую помощь в совместной работе. Я желаю ему успеха в профессиональной и личной жизни и с радостью продолжу наше плодотворное сотрудничество в дальнейшем.

Р. Алекна,
министр здравоохранения Литовской Республики

Это одна из тех книг, которые могут резко и навсегда изменить вашу жизнь.

Книга приглашает вас в «дальнюю» дорогу — к самому себе, к резервам и тайнам вашего организма, ещё не открытым, ещё не разгаданным вами.

Легко заметить: размышления автора прежде всего связаны с преодолением человеком различного рода страхов. Страх уничтожает духовное пространство человеческой жизни, сковывает наши возможности и силы. Без преувеличения: убивает в каждом из нас демиурга. «Бегство от страха» — так можно было бы назвать эту книгу. К счастью, автор талантливо и неутомимо учит читателя методам борьбы со страхами.

Я давно знаю доктора Вадима Дехтяря. Но, признаюсь, эта книга многое приоткрыла для меня в нём. Ведь перед нами — не только своеобразный учебник самосовершенствования личности. Перед нами — замечательный опыт самопознания.

Евсей Цейтлин,
эссеист и литературовед

ВАДИМ ДЕХТЯРЬ

Побеждая СТРАХ

Путь внутренней силы

Книга первая

Chicago • 2023 • Чикаго

Vadim Dekhtyar
Conquering Fear:
The Path of Inner Strength
Book 1

Вадим Дехтярь
Побеждая страх:
Путь внутренней силы
Книга 1

Copyright © 2023 by Vadim Dekhtyar

All rights reserved. No part of this book may be reproduced or transmitted in any form or by any means, electronic or mechanical, including photocopying, recording, or by an information storage and retrieval system without permission in writing from the copyright holder.

ISBN 979–8–9862820–6–0

Edited by Vladimir Goldshteyn
Proofreading by Julia Grushko
Book design and layout by Yulia Tymoshenko
Book cover design & original illustrations by Larisa Studinskaya

Additional illustrations — Wikimedia.org

Литературный редактор: Владимир Гольдштейн
Корректор: Юлия Грушко
Компьютерная вёрстка, макет: Юлия Тимошенко
Обложка и иллюстрации: Лариса Студинская

Дополнительные иллюстрации в тексте — *Wikimedia.org*

Bagriy & Company
Chicago, Illinois, USA
www.bagriycompany.com

Printed in the United States of America

Моим дочерям Марии и Софии посвящается.

Содержание

Предисловие........................ 11

Научные теории

Глава 1. Исследования мозга: «чёрный ящик»
или... «радиатор для сердца»?......... 17

Глава 2. Connectome, или Как «силой мысли»
останавливать нежелательное поведение......... 40

Глава 3. Три мозга человека
и стратегия преодоления страха......... 60

Глава 4. Наша «аварийная кнопка»......... 75

Глава 5. Анатомия страха......... 85

Глава 6. «Автономия» — внутри нас......... 102

**Практические инструменты —
начинаем изменения**

Глава 1. НЛП — наука или искусство?......... 115

Глава 2. Наше внутреннее состояние......... 129

Глава 3. Изменение внутреннего состояния:
меняем внутреннюю коммуникацию......... 153

Глава 4. Как менять внутренний диалог......... 175

Глава 5. Наши убеждения......... 196

Глава 6. Что такое «рефрейминг»?......... 225

Предисловие

В XIX веке очень распространённым состоянием была истерия. XX век отметился ростом депрессивных расстройств. Основной тренд XXI века — внутреннее беспокойство, тревожность и ожидание катастрофы. То есть страх...

...Я закрываю дверь медпункта, где служу военным медиком, и выхожу в эту тревожную зиму. За дверью меня ждут мороз и несколько солдат. Я сержант, я командую этим нарядом... В медпункте делать нечего, и меня снова отправили старшим группы, патрулирующей наш участок «периметра». Мы медленно бредём вдоль него, посматривая по сторонам и преодолевая километры — от одного вагончика к другому. В этих вагончиках, которые, как безмолвные часовые, расставлены вдоль всего нашего невесёлого маршрута, греются и отдыхают другие патрульные. Но главное не холод, к которому мы уже привыкли. Главное — пустота... Она вон там — совсем рядом, на расстоянии нескольких шагов. С одной стороны от невидимой границы, которую мы охраняем — какая-никакая жизнь, тепло, свет и даже нехитрая еда. С другой — наспех брошенные деревенские дома, выцветшее и давно замёрзшее бельё на задубевших верёвках, впопыхах разбросанные вещи, которые не успели взять с собой, и убийственная безжизненная тишина. С тех пор я больше никогда не встречался с такой тишиной... Мы каждый раз проходим одной и той же дорогой, защищая эту тишину от предполагаемых незадачливых мародёров и прочих искателей приключений, которым взбредёт в голову проникнуть туда — за периметр. Мы в «зоне» — почти такой же, как в известной повести Стругацких. И я здесь тоже Сталкер, и я тоже играю в прятки с потенциальной смертью, о которой знаю сейчас очень мало. Нет — не такой стремительной, как там, где побывали загадочные пришельцы. Но от этого ещё более непредсказуемой и пугающей. Пугающей этими сюрреалистичными картинами, похожими на кадры из мрачного блокбастера про Апокалипсис... Вон там, за сгорбившимся стволом дерева всегда виден замёрзший топор, вонзённый в полено... Где сейчас тот, кто бросил его, подгоняемый криками о срочной эвакуации? А вон в том деревянном доме есть погреб с домашними соленьями. Несмотря на все предупреждения и приказы несколько наших бойцов уже не раз наведывались туда полакомиться сочными сельскими деликатесами... Чем это может закончиться, никто толком не знает. Наши примитивные дозиметры ничего не показывают. Самые активные изотопы уже успели выветриться, а период полураспада остальных — порядка 100 лет. Мы точно столько не проживём... И ещё собаки... Стаи голодных озверевших псов, отвыкших от людей. Они шныряют между чернеющими глазницами окон домами в поисках съестного. Несколько раз их пытались отстреливать из автоматов. Но, кажется, одичавших собак стало ещё больше...

В этом месте, на возвышении, видна местность за деревней. Там, над совершенно плоской снежной гладью всегда угрожающе чернеет он — массивный саркофаг, укрывающий остатки реактора. До него далеко. Хотя он рядом. Всегда рядом. Рядом с каждым шагом, с каждой ложкой еды, с каждым глотком ледяной воды из солдатской фляги... Но сейчас, в этом чернобыльском декабре 86-го, настоящего страха у меня ещё нет...

Страх придёт много лет спустя — когда я буду точно знать о возможных последствиях даже самых незначительных проявлений лучевой болезни. Это будет жестокий и безжалостный страх — такой же, как сама радиация... Страх будет сниться мне, путая реальность моего прошлого с кошмарами и деталями, которых не было. И тогда я окончательно пойму, для чего я стал врачом, почему я по-прежнему чувствую себя Сталкером и зачем я хочу написать эту книгу...

В этой книге пойдёт речь о том, что мы знаем о нашем головном мозге. И главное — как использовать эти знания для решения практических, повседневных проблем, с которыми мы все сталкиваемся время от времени. Я расскажу, как избавляться от внутреннего беспокойства, страха и фобий — состояний, от которых в современном мире страдает всё больше и больше людей. Я буду пользоваться научными данными, которые использую при обучении своих студентов на протяжении более десяти лет, преподавая неврологию (Neuroscience) в медицинском колледже, но больше всего буду опираться на собственный опыт непосредственной работы с людьми — сначала как психотерапевта, а впоследствии как гипнотерапевта и специалиста НЛП.

В один из приёмных дней ко мне обратился весьма неординарный (как мне тогда показалось) молодой человек — назовём его Макс, — основной жалобой которого была боль в груди. Он прошёл несколько обследований у специалистов, которые исключили проблемы с внутренними органами. Заключения врачей поначалу его несколько успокоили, но ощущение в груди не проходили. Тогда Макс разочаровался в докторах, да и в медицине вообще. Но боль была нешуточной, а помощь так и не пришла. Макс оказался на грани отчаяния… Обратиться ко мне ему порекомендовал брат, которому годами раньше я помог бросить курить. И вот он сидит напротив меня, выражая страдание всем своим обликом. То, что он достаточно эмоционально рассказал о себе, думаю, во многом отражает внутренний мир так называемых миллениалов. Он рос спортивным, подтянутым подростком и мечтал связать жизнь со спортом — чтобы помочь другим людям оценить важность регулярной физической активности. Как и многие подростки, он мечтал поскорее вступить во взрослую жизнь и воспользоваться её результатами! В его голове сформировался достаточно ясный образ будущих достижений: поступить и закончить колледж, найти работу, купить дом, хорошую машину, начать думать о создании семьи… Тем более что перед ним был пример его старшего брата, у которого уже был какой-никакой бизнес, дом, машина и… жена! Да и всё окружение (школа, телевидение, интернет) готовили его именно к этому — осуществлению его мечты!

Вот только… Проблемы у Макса начались сразу после прохождения двух первых шагов этого плана… После окончания колледжа и специальных курсов, позволивших ему работать персональным тренером, он быстро нашёл работу в популярной сети фитнес-клубов. Но…Тут выяснилось, что работа эта достаточно тяжёлая и нервная, платят за неё совсем немного, и до осуществления оставшейся части «мечты» далеко, как до счастливого финала в каком-нибудь «мыльном» телесериале! Жить пришлось так же, как и раньше, то есть в родительском доме, и ездить на старой развалюхе, доставшейся от брата. Юношеский энтузиазм постепенно сменился растерянностью и неудовлетворённостью.

Когда Макс пришёл ко мне, он не до конца понимал, чем я со своими «разговорами» могу ему помочь. Тем более — «видные специалисты», промучившись с ним, ничем помочь не смогли. Но состояние дискомфорта в груди, которое он описывал словами «как это болит!», показывая на свой мощный торс, только усиливалось, и он был «готов на всё!». Итак, передо мной сидел крепкий на вид молодой мужчина — модно одетый, красивый внешне, хорошо физически развитый, очевидно, привлекательный для дам, но… с усталым, совершенно «потухшим» взглядом. Я сразу обратил внимание, насколько напряжены его мышцы — шея, плечи и в том числе мышцы груди. Было очевидно, что мышечное напряжение — отражение его внутреннего состояния. Но, как выяснилось, это было очевидно только для меня. Навык интроспекции, или внутреннего обзора, практически отсутствовал. Другими словами, он обращал внимание (не мог не обратить — болит!) только на внешнее проявление своего внутреннего состояния — ту очевидную часть «айсберга», которая выглядывает из воды, не замечая основную часть, скрытую той самой «водой».

Этот пример наглядно показывает, что, к сожалению, многие из нас не склонны «углубляться» в своё внутреннее пространство — туда, где живут наши мысли, чувства, эмоции. Нет времени, нет желания и… нет навыка! Да, это действительно не так просто. В школе этому не учат. Почему? «Туда» не всех пускают. Может, это и правильно…

Я же хочу пригласить вас «за кулисы»! Чем же оно наполнено — наше внутреннее пространство? Из чего на самом деле складывается наш внутренний опыт?

Научные теории

Глава 1

Исследования мозга: «чёрный ящик» или… «радиатор для сердца»?

> Ведь мы — то, что мы думаем. Наши эмоции — рабы наших мыслей, а мы в свою очередь рабы эмоций.
>
> Элизабет Гилберт,
> «Есть, молиться, любить»

Начнём с истории вопроса…

Подавляющее большинство знаний о том, как работает наш «бортовой компьютер», относится к последним 20–30 годам и появлению новых методов исследования функции мозга. На протяжении веков головной мозг оставался terra incognito, «чёрным ящиком», заглянуть в который не представлялось возможным. Более того, наука обратила внимание на мозг как на орган, имеющий свои функции, буквально несколько столетий назад. В Древнем Египте, например, мозг считался абсолютно бесполезным образованием. При мумификации умершего фараона бережно сохраняли все внутренние органы, чтобы он смог воспользоваться ими в «последующих» жизнях, кроме головного мозга. Головной мозг очень аккуратно извлекали, за ненадобностью, специальной лопаточкой через нос, чтобы не повредить целостность головы. Кстати, разработанная древними жрецами методика доступа к головному мозгу через нос используется в хирургии до сих пор. Те функции организма, за которые, как мы сейчас знаем, отвечает мозг, врачи древнего Египта приписывали в основном сердцу.

Тот же подход сохранился и в восточной медицине. Например, в описании органов и систем в традиционной китайской медицине (ТКМ), мозг как орган просто отсутствует! Его функции «распределены» между другими системами, в первую очередь относясь также к каналу Сердца.

А что же западная наука? Как изменялось понимание значения мозга по мере накопления знаний? Великий греческий философ Аристотель, родившийся в 334 году до н. э., считал, что основная функция мозга — служить... радиатором для сердца! То есть буквально охлаждать «разгорячённое» сердце от перегревания! По его словам, «органом мыслей и чувств является сердце. Мозг не отвечает ни за какие чувства».

Первым, кто предположил, что именно мозг отвечает за память, мысли и эмоции, был известный греческий доктор и хирург Гален, живший примерно в 170 году до н. э. Конечно, сейчас его обоснование этого предположения выглядит достаточно забавным, но на тот момент это было весьма революционное заключение! Он утверждал, что мозг — «это место, где обрабатываются чувства, потому что он мягкий по консистенции, а мозжечок контролирует движения, потому что твёрдый, как мышцы...». Такие функции мозга, как память и эмоции, по утверждению Галена, находились в четырёх желудочках мозга, потому что они наполнены жидкостью.

> Великий греческий философ Аристотель, родившийся в 334 году до н. э., считал, что основная функция мозга — служить... радиатором для сердца! То есть буквально охлаждать «разгорячённое» сердце от перегревания! По его словам, «органом мыслей и чувств является сердце. Мозг не отвечает ни за какие чувства».

Первые анатомические атласы с изображением нервной системы появились в XVI веке уже нашей эры. Отцом современной человеческой анатомии считается итальянский учёный, врач, анатом Везалий со своим фундаментальным трудом «Материал человеческого тела» («De humani corporis fabrica»). Но даже он не придавал большого значения головному мозгу, говоря о том, что и у ослов есть такие же мозговые структуры, в частности мозговые желудочки, как у человека — поэтому мозг не может быть органом, благодаря которому человек выделяется из всего животного мира! Всё различие только в размере. «У человека мозг, как у двух ослов», — писал Везалий.

> *У человека мозг, как у двух ослов...*
> *Везалий, итальянский учёный, врач, анатом, XVI век*

Большим шагом вперёд в понимании функций нашей нервной системы можно считать открытие электричества. Оказалось, что по нашим нервам проходят электрические импульсы, а вовсе не жидкости, как считалось до этого! Это открытие сделал 1791 году итальянский учёный, врач Луиджи Гальвано.

Но настоящие открытия в понимании работы мозга начались на стыке XIX и XX веков с появлением микроскопов, а также способов фиксации и окраски тканей. В 1906 году два исследователя — Камилло Гольджи и Сантьяго Рамон-и-Кахаль — разделили Нобелевскую премию в области физиологии и медицины за разработку так называемой нейронной доктрины, которая заключается в том, что функциональной единицей мозга является нейрон.

Случай, который изменил взгляды учёных на связь между эмоциями и функцией головного мозга, произошёл 13 сентября 1848 года. В этот день на строительстве железных дорог, которые в те годы интенсивно прокладывались по всей территории США, произошло несчастье, при котором пострадал молодой, но опытный подрывник. Имя этого человека, ставшего медицинской легендой, было Финеас Гейдж. Благодаря сметливости и природной ловкости он освоил сложную и опасную специальность подрывника, необходимую при прокладке туннелей. Друзья описывали его как очень дружелюбного, крепко сложенного молодого человека среднего роста и телосложения, весьма энергичного, активного и трудолюбивого. Но в этот день что-то пошло не так. Во время трамбовки Финеаса неожиданно окликнул кто-то из рабочих. Он обернулся, и при этом металлический штырь ударился о скалу. Образовавшаяся искра воспламенила ещё не прикрытый песком заряд, прогремел взрыв, и шестикилограммовый штырь длиной более метра вырвался из рук подрывника и попал в его голову. Железный стержень прошёл слева под скулой и позади глаза, вышел в верхней части черепа и упал на землю в нескольких метрах от места событий. Когда находящиеся рядом рабочие подбежали к лежащему на земле Гейджу, они были уверены, что он мёртв. Но Гейдж был жив и даже не потерял сознания. Более того — позднее он полностью восстановился и даже вернулся в свою бригаду! Но люди, которые знали и ценили Финеаса, обратили внимание на то, как сильно изменилось поведение и эмоции, которые он теперь демонстрировал. Его старые знакомые в один голос заявляли, что Финеас уже не тот! Его энергичность перешла в импульсивность, остроумие заменилось сквернословием и грубостью. Его случаем заинтересовались многие доктора.

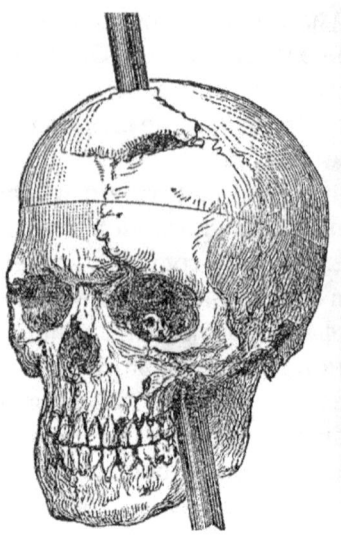

Финеас Гейдж — самый известный пациент в неврологии

Финеас присутствовал на собраниях Бостонского медицинского общества и в экспозициях музея Барнума. После его смерти пробитый череп вместе со штырём был помещён в Гарвардский медицинский музей, где и находится до настоящего времени. Металлический штырь разрушил значительную часть лобной части мозга Гейджа, что натолкнуло нейробиологов на идею связи головного мозга с эмоциями, а также принятием решений и поведением человека.

В 2012 году исследователи провели компьютерное моделирование, совместив данные черепа Гейджа и современные результаты мозговой томографии мужчины, близкого к нему по возрасту и прочим характеристикам. В результате этого эксперимента учёные смогли расширить знания о природе особенностей личности человека. В частности было доказано, что нарушение связей между левой и правой лобными долями приводит к нарушениям психики и поведения, что до недавнего времени отрицалось.

Наши эмоции: имена «драконов»

После того как описание случившегося с Финеасом Гейджем попало не только на страницы газет, но и в учебники неврологии, у исследователей не осталось сомнения — за нашу эмоциональную сферу отвечает головной мозг! За время, прошедшее с этого события, известный французский невролог Поль Брока в 1878 году описал лимбическую систему — часть мозга, часто называемую «сердцем мозга», которая регулирует наши эмоции. Теперь, когда мы точно знаем о том, где появляются наши эмоции, давайте поговорим об их функциях. Слово «эмоция» имеет латинский корень «emovere», что означает движение, возбуждение. Оно обозначает краткосрочный психический процесс, отражающий нашу оценочную реакцию на происходящее — реальное или воображаемое. Упрощая, можно сказать, что эмоция — это способ нашего тела донести до нашего сознания определённую информацию. Каждая из эмоций это «депеша» с определённой информацией.

Радость отражает удовлетворение ожиданий или соответствие критериям.

А вот печаль говорит о потерях, расставании. Люди в тяжёлые времена подобны апельсинам. Когда их «прижимает», всё, что у них внутри, выходит наружу. Если внутри горечь и гнев — сок будет горьким и гневным. Если внутри сладость и веселье, сок будет сладким и весёлым.

Горе — более сильная и активная эмоция. В состоянии горя проявляется протест — в то время как во время печали больше покорности, безнадёжности. Если печаль помогает залечить раны и восстановиться, то горе истощает. Гнев ещё более сильная эмоция.

Ну а страх несёт в себе информацию, что мы не в безопасности. В то же время тревога не имеет своего «предмета» — она связана с воображаемыми угрозами. Но её положительная функция — она может подготовить к возможной опасности. Обида говорит о том, что поведение другого человека не совпадает с ожиданиями. Вина показывает, что наши поступки не соответствует нашим ценностям, нормам. Человека больше волнует не то, как другие люди будут реагировать, а его собственная оценка своего поступка или поведения.

Стыд отличается от вины реакцией — хочется от всех спрятаться. Эта эмоция возникает, когда поведение не соответствует восприятию собственного Я. Я воспринимается как ущербное, неадекватное. Отвращение свидетельствует об избегании чего-то, раньше это помогало избегать болезней, заражения. Зависть говорит о желании обладать чем-то, что есть у другого. Иногда все эти эмоции сравнивают с драконами, которые могут выйти из-под контроля и управлять поведением потерявшего этот контроль человека.

Последние годы много очень говорится о важности эмоционального интеллекта (EQ), термина, введённого Даниэлом Големаном в его одноимённой книге. EQ наряду с IQ считается необходимым фактором не только для того, чтобы добиться успеха в жизни, но и для построения крепких счастливых отношений. Говоря коротко, эмоциональный интеллект — это навык распознавания своих чувств и эмоций, а также умение наилучшим образом воспользоваться полученной информацией.

> Эмоциональный интеллект — это умение, навык распознавания своих чувств и эмоций, а также умение наилучшим образом воспользоваться полученной информацией.

В этой книге пойдёт речь только о некоторых интенсивных эмоциях из перечисленного спектра. Безусловно, у каждой эмоции есть своя специфика, но также есть универсальные характеристики. Поэтому приёмы и методы, предложенные здесь, применимы для распознавания и управления всеми эмоциональными «драконами»!

Как «выглядит»… страх?!

Многие из вас наверняка слышали о знаменитой книге Чарльза Дарвина «Происхождение видов», где он изложил свою теорию эволюционного развития жизни на земле за счёт естественного отбора. К сожалению, куда менее известна другая его книга, которая называется «О выражении эмоций у человека и животных». Эта книга положила начало научному изучению мира человеческих эмоций и их внешних проявлений — мимики и жестов. В частности, Дарвин описывает такие универсальные проявления эмоций, как поднятие бровей в моменты удивления и поднятие верхней губы в агрессивной усмешке. Как вы думаете, почему люди корчат особую «гримасу страха», когда они напуганы? Чарльз Дарвин говорил, что это результат инстинктивного напряжения мышц, вызванного выработанной реакцией на страх. Чтобы доказать свою точку зрения, он отправился в дом рептилий в Лондонском зоологическом саду. Стараясь оставаться совершенно спокойным, он встал как можно ближе к стеклу, а с другой стороны к нему устремилась гадюка. Каждый раз, когда она подбиралась слишком близко, Дарвин морщился и отпрыгивал.

Предисловие и послесловие к современному изданию книги «О выражении эмоций…» написал выдающийся американский психолог Пол Экман, который считается общепризнанным специалистом в области психологии эмоций и интерпретации невербального поведения. Экман, который является профессором Калифорнийского университета в Сан-Франциско, написал огромное количество научных работ, посвящённых исследованию невербального поведения (мимики и жестов). В них Пол Экман утверждает, что мимическое проявление основных эмоций универсально. И это касается не только человеческих существ (от аборигенов Австралии до трейдеров Уолт-Стрит в Нью-Йорке), но и всех млекопитающих в целом (шимпанзе, тигров и других). Впрочем, нам, конечно, важнее, что именно люди в большинстве своём одни и те же эмоции демонстрируют относительно одинаково. Например, выражение страха на лице можно узнать по определённым признакам:

Приподнятые брови.

Форма бровей — прямые и горизонтальные.

Верхнее веко приподнято вверх, сильнее обнажая склеры (белки глаза).

Губы напряжены и растянуты.

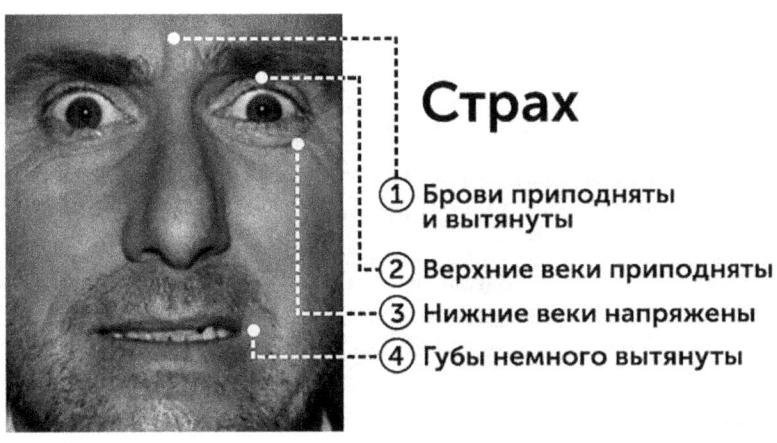

Лицо страха

А вот ещё характерные особенности человека, испытывающего страх.

Голосовое выражение страха

Когда человек испытывает страх, его голос часто становится более высоким и напряжённым. Человек даже может переходить на крик.

Поза страха

Физиологически страх проявляет себя напряжением мышц. Это может быть выражением мобилизации тела к проявлению агрессии или готовности к бегству. Также в ситуациях острого страха характерным телесным проявлением может быть замирание. В ситуациях продолжающегося страха — скованность движений, вплоть до физического и ментального паралича...

Эволюционный дар

Страх, как и любая другая эмоция, — очень полезная штука. Важно понимать, что у человека нет ни одной лишней или ненужной эмоции. Любая эмоция — это информация о том, что происходит. Это то, что наше тело говорит нам, реагируя на происходящее вокруг. Нужно понимать — абсолютно бесстрашным быть НЕ хорошо и НЕ полезно! Так же, как и боль, которая посылает в мозг информацию срочно перестать нагружать повреждённую конечность или орган, страх является другим эволюционным даром с похожим посланием — перестать делать то, что мы до этого делали. Только в этом случае «ставки» ещё выше! В случае с болью, если мы не послушаемся, мы можем лишиться поражённой части или органа. В том случае, если мы «не услышим» своего страха, — мы можем лишиться жизни... Вот почему испытывать страх — нормальная, здоровая реакция, ведь страх — это та информация, которая позволит нам, в первую очередь, выжить! Иными словами, эта важная информация помогает нам вовремя среагировать на опасную ситуацию.

Недавно я возвращался домой после тренировки, усталый и довольный собой, и остановился на светофоре. Когда загорелся зелёный, я нажал на газ... То, что произошло в следующее мгновение, могло прервать или сильно изменить мою жизнь! Машина, на полной скорости летевшая на меня слева, даже не пытаясь сбросить газ, проскочила на красный свет и поехала дальше! Всё это я анализировал уже потом, пост-фактум... Не знаю, какими органами чувств я зарегистрировал приближающуюся машину, но я среагировал, ударил по тормозам и чудом предотвратил столкновение!

...Несколько следующих минут я сидел не в силах пошевелиться, ощущая волну страха, которая заполнила всё тело. Я ощущал мощнейший всплеск адреналина и удары пульса, стучащие в висках. Это был один из тех случаев, когда я мог только поблагодарить свой страх, включивший «аварийную» систему реагирования, наверняка спасшую только что мою жизнь!

Обычно, когда речь заходит о страхе, мы обсуждаем крайнее его проявление. Например, фобию — какой-то специфический страх. Это может быть боязнь закрытых помещений, пауков или публичных выступлений, страх летать самолётом... Но по крайней мере люди, страдающие фобиями, знают о своей проблеме и стараются избегать таких ситуаций. Да, это сильно ограничивает свободу, но люди хотя бы отдают себе отчёт в их наличии! Или — панические атаки. Это всё примеры крайних проявлений страха. Ну а как насчёт повседневных страхов, которые очень часто остаются незамеченными, или же мы пытаемся игнорировать их? На работе, дома, ночью в постели — когда мы остаёмся наедине сами с собой...

Это именно то чувство, которое заставляет нас терять контроль над собой или ситуацией! Или мы боимся, что можем потерять контроль... Например — на работе, когда каждый имейл с новым заданием вызывает внутренний паралич, и в результате требуется время, чтобы настроить себя просто на то, чтобы открыть и прочитать эту почту! Так же и дома в отношениях с близкими людьми — когда вы испытываете постоянный страх что-то сказать, как-то выразить себя или просто страх быть непонятыми. Или — когда вас настигают страхи прошлого. Или, наоборот — постоянный страх перед будущим, скажем, перед финансовой неопределённостью...

Как научиться справляться со всеми этими страхами?! Как освободить себя от них? Для того чтобы сделать это, нужно понимать, как «устроен» страх.

В первую очередь важно понимать: страх, как и любая другая эмоция, — это информация о том, что ваше тело чувствует в той или иной ситуации. В данном случае — в ситуации опасности.

И это очень важная информация, которую лучше не игнорировать. Потому что эта информация может спасти вам жизнь! И это несмотря на то, что страхи часто крадут нашу свободу, свободу действия, свободу самовыражения. И тогда может показаться, что страхи загоняют нас в угол, где у нас не остаётся никакого выбора!

Для того чтобы вырваться из этого плена, нужно научиться не избегать своих страхов, не «убегать» от них, не игнорировать их. СЛЕДУЙТЕ за страхом! ПРИЗНАЙТЕ его. ПОЗНАКОМЬТЕСЬ с ним. Помните, страх — это прежде всего ИНФОРМАЦИЯ! Ну а если вы «не читаете писем» и не реагируете на них — что ж… «почтальон» начнёт приходить чаще и стучать громче. Намного громче и всё чаще — от слова «гром»…

Здравствуй, Дракон страха!

Я хочу предложить вам новый способ воспринимать свои эмоции, который поможет вам не отождествляться с их проявлениями. Это будет метафора-игра, которая даст вам возможность научиться, как лучше распознавать доминирующие эмоции, замечать их воздействие на вас и находить способы «воздействия» на них.

Итак, представьте, что ваше тело — это древнее королевство, в котором всё ещё живут драконы… Эти драконы — ваши интенсивные эмоции, которые время от времени наносят урон вашему «королевству», нападая на подданных, на их скот, жилища, похищая и терроризируя ни в чём не повинных людей! Вам, как мудрому правителю или правительнице, нужно решить — хотите ли вы начать войну на выживание или научиться сосуществовать с вашими драконами. Если вы выбираете второе, я предлагаю четыре важных шага, чтобы это осуществить.

В первую очередь — признать, что «они» (драконы-эмоции) есть. В разных ситуациях мы испытываем разные эмоции, которые могут не нравиться нам. Наберитесь мужества и скажите себе: «Да, я злюсь!», «Я в ярости!», «Я обижен(а)», «Я боюсь».

Второе — это изучить «его» повадки. Понять, что вас злит, обижает, раздражает, чего вы боитесь, что вас радует, что вас вдохновляет. В каких ситуациях вы это испытываете?

Третий шаг — действовать «на опережение». Например, вы знаете, что вы начинаете злиться или обижаться в каких-то ситуациях, когда, как вам кажется, на вас не обращают внимания. Не дразните своих «драконов». Не ждите, пока ваш очередной «дракон» начнёт атаку. Вместо этого попросите человека, чьё внимание вам важно, уделить вам время. Позаботьтесь о себе сами!

Или, например, женщина пугается каждый раз, когда её муж повышает голос. Тогда ей нужно найти время и в спокойной обстановке обсудить это со своим мужем. Он может даже не замечать «модуляции» своего голоса или не подозревать о реакции жены на это.

Создайте себе сами те условия и ситуации, в которых ваш «дракон» будет мирно дремать у вас на плече!

Четвёртый шаг. Запаситесь терпением, потому что не с первого раза, не со второго, не с третьего и даже не с четвёртого — но вы обязательно научитесь жить мирно с вашим «драконом». Хотя бы потому, что очень много ситуаций вы не можете контролировать — они просто не зависят от вас! Любимый человек может не сразу понять, о каком внимании вы говорите, или муж будет удивлён вашей реакцией, ведь в их семье всегда, когда речь шла о чём-то важном, все переходили на повышенные тона. И это считалось нормальным. Запаситесь терпением и учитесь прощать себя и окружающих за то, что идёт не по плану. Ещё раз — главное, научитесь договариваться со своим «драконом»!

Внутреннее беспокойство и тревожность — главная проблема XXI века

В 1949 году Нобелевская премия по медицине была присуждена португальскому психиатру и нейрохирургу Антониу Эгаш Мониш за разработанную технику префронтальной лоботомии, которая, как тогда полагали, навсегда решала проблему беспокойства, тревожности. Он начал удалять лобную долю, которая, как считалось, является бесполезной частью мозга и не влияет ни на какие функции. Поэтому её удаление, по мнению медиков, должно было привести к исчезновению признаков повышенной возбудимости и беспокойства. И действительно — практически сразу после операции многие пациенты становились спокойными и пассивными... Особенно впечатлял эффект лоботомии, производимый на буйных пациентах. Они превращались в молчаливых и покорных субъектов. Однако очень скоро выяснилось, что повреждение префронтальной зоны приводит к невозможности критически мыслить и предсказывать дальнейший ход событий!

Люди, подвергшиеся этой операции, попросту были не в состоянии строить планы на будущее. Как мы сейчас знаем, именно эта часть мозга отвечает за то, что выделяет нас как homo sapiens из всего животного мира, за способность мечтать, фантазировать, представлять будущее, строить прогнозы! Ни одно животное на такое не способно. Это свойство «нового мозга» (neocortex), которым обладаем только мы, люди. Но, к сожалению, за этот уникальный дар мы расплачиваемся внутренним беспокойством.

Внутреннее беспокойство, тревога, тревожность, напряжённость, нервозность — список описания этого состояния можно продолжать. В английском языке это заменяет один термин — anxiety. В дальнейшем я буду употреблять термин «беспокойство». Что же это за состояние?

Внутреннее беспокойство — это эмоциональный дискомфорт, который связан с ожиданием и предчувствием неприятных переживаний или опасности. Даже если всё вокруг хорошо и благополучно, человек испытывает фоновое ощущение предстоящей беды.

У каждого времени — свои эмоциональные расстройства. В XIX веке очень распространённым состоянием была истерия. Особенно у экзальтированных особ. И поэтому возникший в конце XIX века психоанализ уделял истерии очень много внимания. Прогрессивный XX век отметился ростом депрессивных расстройств — то есть на первое место вышла депрессия. Как результат — появление антидепрессантов. Основной тренд XXI века, как мне кажется, — это внутреннее беспокойство, тревожность и ожидание катастрофы.

> Внутреннее беспокойство — это эмоциональный дискомфорт, который связан с ожиданием и предчувствием неприятных переживаний или опасности. Даже если всё вокруг хорошо и благополучно, человек испытывает фоновое ощущение предстоящей беды.

История Макса, которую я начал рассказывать выше, типичный пример проявления внутреннего беспокойства.

Наш мозг — это «фабрика» по переработке той информации, которая поступает по информационным каналам, используя наши органы чувств. Мы все их знаем: глаза — для получения визуальной информации; уши — для получения аудиальной информации; всевозможные рецепторы — для получения болевой, тактильной информации; проприоцепция — ощущение частей тела в пространстве; нос — для запахов и язык — для вкуса… Других источников информации просто не существует. Ну… или они пока не открыты, то есть не подтверждены средствами официальной науки. Поэтому можно с уверенностью утверждать, что наше внутреннее пространство наполнено картинками, звуками, ощущениями, запахами и вкусами. Причём у каждого человека есть свои предпочтения в этих источниках информации. Но об этом чуть позже…

Другими словами, мы все создаём картинки, прокручиваем у себя в голове фильмы реальных или предполагаемых событий, комментируем это своим внутренним голосом, иногда возражая самим себе, погружаемся в какие-то ощущения и переживания на основе этих образов или, как теперь принято говорить, нарратива.

Между тем, как выяснилось из нашего разговора, Макс много времени проводил в своём внутреннем диалоге, критически оценивая всё происходящее в его жизни. Он находил массу недостатков у людей, которых он тренировал, других тренеров в этом фитнес-центре, менеджеров, которые говорили ему, что и как надо делать. Но больше всего критики он обрушивал на самого себя, сравнивая свои достижения с достижениями людей, с которыми он взаимодействовал! И он всегда проигрывал в этих сравнениях… Все добивались большего, чем он!

Ниже мы уделим нашему внутреннему диалогу и его воздействию на нас отдельную главу, но сейчас я только хочу сказать, что это очень типичное поведение для людей с повышенным беспокойством. Зачастую именно наш критический голос, который мы не осознаём, инициирует и поддерживает это состояние. Ну а Макс не просто не осознавал наличие внутреннего диалога, но и не замечал, сколько времени он проводит, с одной стороны критикуя себя и с другой — находя какие-то оправдания, почему всё так происходит в его жизни. В его голове как будто крутилась старая магнитофонная запись, прослушивание которой приводило к внутреннему напряжению и беспокойству. Поэтому мы начали с того, чтобы Макс научился обращать внимания на уровень мышечного напряжения в теле. Для этого я предложил ему закрыть глаза, расслабиться и как бы проделать путешествие по своему телу, обращая внимание на то, где, в каких местах он ощущает повышенное мышечное напряжение. Как бы составить «карту» очагов напряжения в своём теле. Это было первым сюрпризом для него — когда, открыв глаза, он после некоторой паузы сказал, что обнаружил очень много напряжения в своём теле! Больше всего в области шеи, плеч, а в области груди — «как тяжёлый камень».

Тогда я научил его нескольким простым релаксационным и дыхательным упражнениям для снятия напряжения. Второе — я предложил ему начать осознавать свой внутренний диалог. И здесь его ждало ещё больше сюрпризов! Он сказал, что у него есть «обвиняющий» голос, которому всё не нравится, и также «оправдывающийся» голос, который пытается как-то возражать, но это звучит неубедительно. Причём первый голос был громким и напористым, а второй — тихим и мягким. Я дал ему домашнее задание — делать релаксационные упражнения и замечать, а лучше записывать эти внутренние дебаты.

Когда Макс пришёл в следующий раз, я даже не сразу узнал его… Передо мной сидел спокойный, расслабленный, уверенный в себе молодой человек! Как он сказал, он отнёсся к домашнему заданию очень серьёзно — «как к комплексу упражнений, который нужно делать каждый день». И это быстро начало давать свои результаты. Как только он начинал замечать, что в теле накапливается напряжение, он сразу делал упражнение на расслабление, которое я ему показал. Он обратил внимание, что чем раньше он обращает внимание на начинающееся беспокойство, тем легче удаётся восстановить спокойное состояние с помощью расслабления. Ещё большего результата он добился в «приручении» своего критического голоса. Он просто начал письменно фиксировать содержание своего внутреннего диалога! «Я начал записывать свои мысли, рассуждения и действительно обратил внимание на то, что тексты очень язвительные, критические и всегда практически одни и те же. И по мере того, как я начал их записывать, меня начало «отпускать». Я поинтересовался — что это значит, по его мнению? Он ответил: «Я стал спокойнее и начал как-то проще относиться ко всему. Меня перестало всё раздражать. И у меня появилось больше энергии».

Конечно, не всегда удаётся так быстро справиться с состоянием тревожности. Например, с другим моим пациентом, страдавшим приступами беспокойства, внутренний голос пришлось «заглушать» несколько неординарным способом.

Ко мне обратился очень приятный пожилой мужчина с необычной проблемой. Проблема заключалась в том, что он не мог ехать на своей машине быстрее чем 25 m/h (40 км/час). Оказалось, что он без проблем ездил на одной и той же машине на про-

тяжении последних 20 лет. За это время машина, конечно, поизносилась и часто ломалась. К его недавнему юбилею вся семья решила сделать ему замечательный подарок — новенький автомобиль той же марки. Казалось бы, что может быть лучше — получить в день рождения новёхонькое авто! Но человеческая природа (или человеческий мозг…) — штука непредсказуемая. Он с подозрением обошёл новое приобретение… Сел за руль, ощупал новые ручки, руль, потрогал ногой педали, которые показались ему достаточно тугими, и подумал: «А что, если… я не рассчитаю сил, газану и… врежусь куда-нибудь… Или ещё хуже — в кого-нибудь?!» Не знаю, какие ещё факторы сработали в тот момент, но эта мысль глубоко засела в его голове. Каждый раз, приближаясь к машине, он начинал испытывать сильное волнение и нарастающее беспокойство. Дошло до того, что он стал всеми правдами и неправдами избегать поездок на своём новом автомобиле, находя различные предлоги. Сказать правду он не решался, чтобы не обидеть жену и детей, которые, по понятным причинам, считали, что преподнесли достойный подарок. Когда же, наконец, всё выяснилось, что-то менять было поздно — его бывшая машина была утилизирована. Он пообещал, что начнёт привыкать к новой машине, заставлял себя ездить, но… преодолеть барьер в 40 км/час не мог, несмотря на недовольное «бибиканье» машин сзади. Под давлением жены — «С этим надо что-то делать!» — он и пришёл ко мне.

Мы достаточно быстро выявили источник беспокойства — тот самый «внутренний голос», который предупреждал о возможных последствиях потери контроля над новой «мощной» машиной. Что-то вроде: «Раз — и всё!» Тревожность начинала зашкаливать, и он должен был срочно останавливаться. Хорошо, если это происходило на небольших улицах — сложнее, когда он выезжал на скоростные трассы. Трудности выявились при попытке заглушить этот тревожный голос или сделать его хотя бы тише. На какое-то время это срабатывало, но затем всё возвращалось. И тогда я предложил ему включать музыку и… петь в машине! Он посмотрел на меня с неким сомнением и переспросил: «Петь?» Я подтвердил: «Да, петь». И попросил его продемонстрировать свои вокальные способности. Он задумался… а потом запел! У него оказался довольно приятный баритон.

На следующем визите он с энтузиазмом рассказывал, что обнаружил целый диск с песнями своего детства, которые он с того времени не пел. Он сказал, что сначала провёл испытания, катаясь в том городке, где живёт, и подтвердил, что это сработало практически сразу. Уже на второй или третьей песне он обнаружил, что спокойно едет на скорости 60 км/час! Следующим этапом была езда по скоростным дорогам. Но и там он научился справляться достаточно быстро.

Ещё раз возвращаясь к случаю с Максом, хочу сказать, что, видимо, тогда всё сработало так быстро, потому что присутствовали все три необходимых компонента, обеспечивающих успех изменений.

Вот эти важные компоненты:

1. По-настоящему (!) хотеть изменений.

Есть такое понятие — прокрастинация (от английского *procrastination* «откладывание», «промедление» или от латинского *procrastinatio* — с тем же значением). Так в психологии называется склонность к постоянному откладыванию, в том числе важных и срочных дел, приводящая к жизненным проблемам и болезненным психологическим эффектам.

У прокрастинации множество разнообразных форм, но в контексте нашего разговора приведём самый простой бытовой пример. Человек страдает от лишнего веса, плохого настроения и синдрома хронической усталости одновременно. В общем — обычное сейчас дело. Чтобы прекратить эти самые муки, он обращается к специалисту. Тот советует начать с простого — ложиться пораньше, исключить из рациона ряд продуктов и… начать делать утреннюю гимнастику! Наш герой не против. Ему уже так надоело страдать, и поэтому он готов начать… прямо с понедельника! Но… Вечером в воскресенье, а особенно тусклым утром понедельника выясняется, что расставание со старыми привычками, вредными, но вкусными продуктами, ночными посиделками и прочим, да ещё и какие-то не слишком приятные утренние «махи» руками-ногами для него ещё большая мука, чем уже ставшие привычными страдания! Но он всё же очень хочет (как сам говорит доктору) изменений. И поэтому клятвенно обещает (и врачу, и себе) обязательно начать со… следующего понедельника. Что будет в новый понедельник, вы, очевидно, уже догадались. Вот почему хотеть изменений нужно именно по-настоящему. То есть сразу — без всяких отговорок, «отсрочек», самооправданий и прочих уловок вечно саботирующей прокрастинации! Ключевой признак любой прокрастинации — подмена решительных мотиваций «я хочу, я сделаю, я стану, я добьюсь!» на аморфные «хотелось бы сделать, было бы неплохо стать, я мог бы добиться…» и тому подобные. Вторые варианты и приводят к откладыванию «очередного понедельника» навсегда. Всегда выбирайте только первые мотивации — иначе вязкая сила привычки к определённому поведению (пусть даже мучающему вас) вкупе с жалостью к своей персоне могут оказаться сильнее вашего часто незрелого и неустойчивого желания добиться перемен к лучшему!

2. Знать, что нужно для этого делать. Это очень важный пункт, который может сэкономить вам много сил, времени и, зачастую, денег. В своей практике я слышал огромное количество историй о том, как люди с энтузиазмом приступали к попыткам изменить себя и к чему это приводило. Собственно, именно ответу на вопрос КАК? и посвящена эта книга. И…

3. Делать!

Самый главный пункт, конечно же, третий. Но дело в том, что он совершенно невозможен без первых двух!

С чего всё начиналось. Врач или… Сталкер?

Скажу сразу и не таясь: к самой идее стать врачом я пришёл довольно рано — сразу же после обычного детского желания быть космонавтом, пожарным и милиционером. Во многом на это повлияла моя мама — она врач. Был период, когда я пытался соединить медицину с профессией папы — он военный — и даже подал документы в военно-медицинскую академию. Это произошло в Литве, в Каунасе, где мы тогда жили. Но по тем временам эта дорога была для меня закрыта — сказали, что я заполнил анкету на поступление плохим почерком, хотя я видел жирно подчёркнутый «пятый пункт». Тот самый… Поэтому я решил идти в Каунасскую медицинскую академию. До сих пор не понимаю, как мне, несмотря на ту же «графу», удалось поступить с первого раза в очень престижный в то время медицинский вуз! Вот так я и начал учиться профессии, в которой каждая ошибка может привести к самым роковым последствиям для тех, кто тебе доверился. Профессии, которая похожа этим на занятие шагающего между смертью и жизнью Сталкера. Только ответственности ещё больше — потому что она касается не тебя лично, а часто совершенно отчаявшихся людей, пришедших к тебе за помощью…

Я никогда не думал, что можно получать такое удовольствие от учёбы. Учёба в школе давалась мне достаточно легко, поэтому я уделял ей ровно столько внимания, сколько нужно было для получения хороших оценок. Или даже меньше… Но тот объём материала, который нужно было освоить на первом курсе медицинского института, просто ошеломил! Анатомия, физиология, химия, биология… И тем не менее я испытывал огромную радость от прикосновения к знаниям о человеческом теле, которое человечество накапливало веками! Мне навсегда запомнился преподаватель химии, который говорил об энтропии — самой мощной силе во Вселенной, в которой заключено стремлению к распаду, к полному покою. Гораздо позже от своего первого учителя в психотерапии доктора Алексейчика я услышу фразу, которая запомнится мне навсегда: «Жизнь — единственная сила во Вселенной, которая противостоит энтропии».

…На втором курсе меня забрали в армию. Тот год оказался единственным, когда со студентов медицинских вузов сняли бронь — ни до, ни после студенты-медики в армию не призывались. Но именно тогда вовсю шла афганская война, и Советскому Союзу были очень нужны «бравые солдаты»… В армии меня сразу же отправили на курсы санитарных инструкторов. Я находился ещё в так называемой «учебке», когда в апреле 1986-го случилась трагедия на Чернобыльской АЭС. Я не мог и предположить, что это каким-то образом коснётся меня! Но в декабре пришёл приказ, и меня прикрепили к роте, которая обеспечивала перекрытие 30-километровой зоны наиболее высокого радиационного заражения.

Наша рота стала частью батальона, обеспечивавшего изоляцию 30-километровой зоны со стороны Белоруссии — которая теперь, как известно, называется Беларусь. Не многие знают, что Белоруссия подверглась даже большему заражению, чем Украина. Я был сержантом и входил в командный состав, которому были известны реальные зоны заражения. С украинской стороны Припять и Чернобыль отделены от ближайших больших городов и Киева лесным массивом, он и абсорбировал большую часть радиации. А вот со стороны Белоруссии радиационному облаку географических преград не было, поэтому заражению подверглась очень значительная территория. Когда стало ясно, что утаить произошедшее не получится, руководство СССР, стараясь по идеологическим причинам минимизировать реальные последствия, естественно умолчало о заражении Белоруссии. Чернобыль находится в Украине — значит, пострадала Украина. Точка!

Несмотря на то что мы обеспечивали «перекрытие» 30-километровой зоны, нас разместили в бывшей школе в 20 километрах от станции. На весь батальон нас было всего двое медиков, которые и решали все медицинские проблемы... Правда, никаких драматических происшествий я не помню, в основном это были простуды, мелкие травмы, когда похолодало — обморожения. Командного состава не хватало, поэтому время от времени меня посылали командиром группы на перекрытие периметра. По всему радиусу на определённом расстоянии друг от друга были размещены вагончики с печкой-буржуйкой, где находился дежурный наряд. Наша задача — патрулировать закреплённую местность, не пропуская никого (в первую очередь мародёров, желающих поживиться оставленным имуществом) внутрь поражённой территории. В основном в зону заражения попали небольшие деревни, жителей которых вывезли в одночасье, не дав собраться и приказав оставить буквально всё! У меня до сих пор перед глазами стоят эти апокалиптические картины населённых пунктов, где только что кипела жизнь, и внезапно исчезло всё население... Братья Стругацкие в своей знаменитой «зоне», похоже, пророчески описали всё это. И подстерегающую всюду угрозу, и пренебрегающих ею сталкеров, и даже радиацию, чем-то напоминающую фантастический «ведьмин студень»...

Мы пробыли там три месяца с декабря по февраль — это был максимальный срок до того, как суммарная доза радиации начинает себя проявлять. Но с учётом того, что ко времени нашего прибытия быстрораспадающиеся изотопы, которые приводят к развитию острой лучевой болезни, уже ослабли, нам достались радиоактивные элементы с периодом полураспада в десятки и даже сотни лет...

Как я не хотел становиться психиатром

...На последних курсах института мне нужно было определиться со специализацией. К этому моменту я полностью осознал, что мне предстоит лечить не человека, а какую-то часть его тела. Для меня, честно говоря, такой подход выглядел очень странным. Когда моя будущая жена, тоже студент-медик, выбрала в качестве специализации глазные болезни, я искренне недоумевал. Как можно упорно учиться целых шесть лет, а потом заниматься чем-то очень узким?! Поэтому поначалу я выбрал специализацию «внутренние болезни», то есть решил стать терапевтом. Но и тут не всё оказалось гладко. У меня была чёткая внутренняя установка — я хотел лечить лично, сам! Меня совсем не устраивала ситуация, когда врач-терапевт — это своего рода придаток фармацевтических компаний, и его роль заключается лишь в том, чтобы после семи минут, официально отведённых на осмотр, отпустить пациента с заветной бумажкой-рецептом… Поэтому я до последнего колебался в правильности своего выбора. Если был бы шанс, возможно, я уже тогда пошёл бы по направлению психотерапии и гипноза. Но… в медицинском институте такая специализация просто отсутствовала.

Курс психиатрии имелся, но после нескольких посещений в рамках этого курса психиатрического отделения становиться психиатром у меня не было ни малейшего желания. Почему? Нет, вовсе не из-за особой специфики этого раздела медицины как такового. В нашей группе учился один студент, который уже со второго курса точно знал, что он хочет стать именно психиатром. После очередного провала на каком-нибудь экзамене он доставал свою маленькую записную книжечку и старательно вносил туда имя ещё одного обречённого преподавателя, страстно бормоча при этом: «Вот когда стану психиатром, тогда и поквитаемся…» Глядя на него, я думал, что, видимо, я всё же чересчур «нормальный», чтобы идти в психиатры.

Курс психологии тоже был, но он в основном касался медицинской этики — нам долго и нудно рассказывали, что и как говорить пациентам, страдающим смертельными болезнями. При этом акцент делался на том, чтобы исходя из «гуманности» ни в коем случае не сообщать безнадёжному больному про его почти неминуемый вскоре уход в мир иной (в западных странах такое вообще невозможно себе представить, потому что это прямой обман).

Но в тот год у нас в институте ввели новую резидентуру — реабилитационную. Это было действительно передовое тогда направление, до конца не понятное, и оно меня очень манило… И тогда я решился! Буквально за десять минут до окончания приёма заявлений на специализацию я забрал старое и написал новое заявление — на реабилитационную медицину! В тот момент эта специализация давала мне некоторую свободу, простор действий, которого так не хватало. Я не побоялся рискнуть и никогда потом не пожалел об этом.

Начались те самые «лихие» 90-е… Наш застойный «союз республик свободных» ещё официально не распался, но новые веянья реяли уже повсюду. Программа резидентуры по реабилита-

Валентин Дикуль

ции, можно сказать, создавалась на нас — её первых студентах, и было не совсем понятно, чему именно нас учить. Это как раз и позволило мне найти курсы по акупунктуре в Украине в прекрасном городе Львове. И за свои собственные деньги я эти курсы успешно прошёл. Я очень благодарен руководству резидентуры, что мне просто это разрешили! И вообще, хотя рамки были, по программе нас чётко гоняли, но свободы было довольно много. Например, мне и ещё одному моему сокурснику разрешили на неделю поехать в Москву в центр Валентина Дикуля, чтобы познакомиться с методикой восстановления больных, перенёсших травмы позвоночника.

Валентин Дикуль… Знаменитый силач, артист цирка, который работал с тяжестями. Однажды на выступлении, исполняя свой номер, он рухнул из-под купола цирка и из-за переломов позвоночника оказался парализован и прикован к постели — как многие считали, навечно. Вот только сам Дикуль был с этим категорически не согласен! Несмотря на то что официальная медицина его полностью списала, он решил бороться за себя. Разработав свою собственную систему восстановления, превозмогая боль и не теряя веру в себя, день за днём он отвоёвывал себя у, казалось бы, неизлечимой болезни. Когда он встал на ноги и начал самостоятельно передвигаться, все советские газеты написали о чуде, о человеке, который сделал невозможное… Но Валентин не остановился на достигнутом. Он не только вернул жизнь в своё тело — он вернулся на арену и завоевал титул Самого Сильного Человека Планеты! Наверное, многие помнят номер, когда он поднимал платформу с установленным на ней автомобилем…

> Дикуль совершенно преображался, когда общался с пациентами! С ними он становился нежным любящим «папой», и в его голосе звучали искренняя теплота и забота…

Так что, когда мы собирались в эту поездку, меня, помимо научных разработок и методик, в первую очередь интересовала личность этого легендарного человека. И, конечно, я немного нервничал. Примет ли, захочет ли что-то рассказать? А потом меня просто поразило, как этот большой, сильный, подвижный человек общается с разными людьми! Мы очень легко нашли общий язык, он довольно подробно рассказал о своём центре, а затем и показал его, познакомил с сотрудниками. Более того, он говорил с нами на литовском языке! Мы, конечно, знали о том, что он родился и провёл детство в Каунасе, но, честно говоря, не ожидали этого. Всё наше напряжение тут же улетучилось. Мне очень понравилось, как происходило общение в команде. Сам Дикуль принимал участие в обсуждении каждого нового поступившего пациента. Будучи единственным в своей команде без медицинского образования, он предельно внимательно вслушивался в каждое мнение, задавал очень профессиональные вопросы и в форме обсуждения подводил итог, после которого всем становилось понятно, что нужно делать в данном конкретном случае. При этом он совершенно преображался, когда общался с пациентами! С ними Дикуль становился нежным любящим «папой», и в его голосе звучали искренняя теплота и забота. Мне довелось увидеть ещё одно «состояние» Валентина, когда он звонил кому-то по телефону, чтобы решить бюрократические проблемы одного из своих пациентов. И я понял, что порой нужно быть действительно самым сильным человеком в мире, чтобы пробивать стены человеческого непонимания и бездушия.

Однако вернёмся ко мне. Пройдя курсы акупунктуры, я получил официальное разрешение практиковать этот древний метод лечения. Но я продолжал быть в поиске своего собственного врачебного пути. И… нашёл лазейку — так называемую «психологическую реабилитацию».

Глава 2
Connectome, или Как «силой мысли» останавливать нежелательное поведение

> Поведение человека должно быть подобно его одежде: не слишком стеснять его и не быть слишком изысканным, но обеспечивать свободу движения и действий.
>
> *Фрэнсис Бэкон, английский философ, историк, публицист и государственный деятель*

В НЛП существует довольно забавная техника, которая называется Drug of Choice — «наркотик выбора». Более правильным переводом могло бы быть «лекарство выбора» или «препарат выбора». Мы будем создавать или точнее воспроизводить приятные ощущения, связанные с использованием химических средств, которые есть в вашем опыте...

Пластичность мозга

С невероятными возможностями нашего мозга, необходимыми для восстановления, мне посчастливилось познакомиться, что называется, из первых рук. Это случилось, когда я прочитал книгу Нормана Дойджа «The Brain That Changes Itself: Stories of Personal Triumph» («Мозг, который меняет себя сам: Истории личных побед»). В основу этой книги легли описания целого ряда задокументированных клинических случаев. Тема пластичности, адаптивности нашего мозга меня сразу же очень заинтересовала, хотя сама идея пластичности мозга считается неоднозначной и скептически воспринимается научным мейнстримом. То есть, безусловно, традиционный подход не отвергает понятие пластичности — но адресует его ранним стадиям развития ребёнка и формированию процессов головного мозга. После того как эти процессы завершены, считается, что они остаются стабильными и неизменными на протяжении всей жизни. Однако психиатр

ГЛАВА 2 ✦ CONNECTOME

Норман Дойдж приводит множество примеров, убедительно доказывающих, что наш мозг способен изменяться на протяжении всей нашей жизни! Больше всего меня впечатлила глава, с которой начинается книга, о лаборатории доктора Пола Бах-и-Риты.

Пол Бах-и-Рита

Пол Бах-и-Рита — легендарная личность, пионер использования идеи пластичности мозга на практике. В частности, он одним из первых доказал принцип «замещения» — когда мозг способен восполнить утраченную сенсорную информацию из одного канала восприятия получением этой информации благодаря использованию стимуляции другой сенсорной системы. Он продемонстрировал это, обучая незрячих людей «видеть» через кожу. Ещё в 1969 году он разработал устройство, представлявшее собой видеокамеру, в которой изображение превращалось в электрические импульсы, посылаемые затем на кожу человека. Сам этот принцип чем-то напоминает детскую игру, когда на спине ребёнка пальцем проводятся линии, кружочки, которые он должен воспроизвести на доске. Например — кружочек, от него отходит длинная палочка, от которой отходят палочки покороче... Что получилось? Правильно, человечек! Обычно ребёнок достаточно точно воспроизводит все компоненты «рисунка» — кружочки и палочки. Сложность возникает в пространственном соединении элементов, что и приводит обычно к смешному конечному результату на доске. Разработанное устройство вначале представляло собой кресло с электрической панелью, к которой незрячий человек прислонялся кожей спины. Эта панель была соединена с видеокамерой, которая закреплялась на голове человека. Таким образом испытуемый мог поворачивать головой и «видеть» различные предметы, которые попадали в поле зрения камеры. Например, камера направлялась на мяч, находящийся в комнате. Сигналы с видеокамеры создавали слабые электрические импульсы, которые ощущались как покалывание на спине соответствующей формы (в данном случае, как круг), и мозг человека получал информацию о том, что впереди находится что-то круглое. Здесь хочется воспроизвести фразу из моего курса неврологии, которая обычно приводит в первоначальное недоумение моих студентов, о том, что «мы видим нашим мозгом, а не глазами». Со временем электрическая панель становилась всё более портативной, и люди уже могли передвигаться с этим устройством. Но несмотря на то, что это было просто чудом — люди, потерявшие зрение или слепые от рождения получили возможность воспринимать информацию об окружающем мире (!), встал вопрос: как сделать это устройство более удобным в применении? Для того чтобы уменьшить размеры панели, нужно было найти более чувствительные места для стимуляции, то есть части тела с максимальной концентрацией рецепторов. Одно из таких мест — кончики пальцев, другое — язык. Начали пробовать, и… оказалось, что именно язык является идеальным местом для передачи информации! Но, открыв «тайну языка», учёные оказались на пороге ещё более невероятных достижений, напрямую связанных с феноменом пластичности мозга… А теперь я подхожу к тому, как я познакомился с деятельностью этой лаборатории.

В той же главе Норман Дойдж упомянул, что в лаборатории работает Юрий Данилов — нейрофизиолог, которого автор описал так: «русский, очень умный, с выраженным акцентом». Сама же лаборатория находилась в столице соседнего от меня штата Висконсин, в городе Мэдисон. Я не мог упустить такую возможность. Всезнающий Гугл помог найти информацию о лаборатории и электронную почту Юрия. Я написал ему письмо, на которое он достаточно быстро ответил. Мы созвонились, и я сказал, что хотел бы приехать и познакомиться ближе с наработками лаборатории и возможностью их использования на практике. Я не услышал большого энтузиазма в его голосе, тем не менее он согласился, и мы договорились о дне и времени. Лаборатория находилась в кампусе Висконсинского университета, который располагается в самом центре города. Меня встретил огромный человек — высокого роста, крупного телосложения, лысый череп, большие очки. Вначале он произвёл впечатление хмурого и не очень дружелюбного. Но по мере того, как мы беседовали, он изменялся на глазах — особенно, когда речь зашла о тех невероятных результатах, которых они достигли, используя эту новую технологию электростимуляции языка. С того момента, когда их лаборатория впервые воспользовалась поверхностью языка для передачи изображения в мозг, они совершили прорыв, открыв настоящие «ворота в мозг»! Недаром разработанный ими прибор они так и назвали BrainPort. Оказалось, что **неспецифическая электрости-**

муляция языка этим прибором в течение 20 минут в день способна значительно улучшить состояния людей с различными расстройствами нервной системы — от нарушения равновесия до таких серьёзных заболеваний, как рассеянный склероз, болезнь Паркинсона, восстановление после перенесённого инсульта и травм мозга... Также при регулярном использовании BrainPort у пациентов стабильно отмечалось улучшение в эмоциональной сфере — уменьшались проявления депрессии, проходили страхи и тревожности.

Команда лаборатории до сих пор работает над объяснением механизмов полученных эффектов — как в точности неспецифическое воздействие на область языка (даже с учётом того, что язык иннервирует почти половина черепно-мозговых нервов) сообщает мозгу, какую именно работу нужно выполнить: стабилизировать координацию; вернуть подвижность в поражённые конечности; снизить тревожность и повысить настроение. Но это происходит именно так — такое впечатление, что стимуляция заставляет мозг «проснуться» и обратить внимание на то, что происходит в организме. Причём если при этом обнаруживаются какие-то отклонения от «начального плана», то нашему «бортовому компьютеру» не составляет большого труда навести порядок в той части системы, где произошёл сбой.

Слушая Юрия, я понимал, что соприкасаюсь с будущим медицины. Возможно, в будущем для того чтобы избавиться от клинической депрессии,

> Возможно, в будущем, чтобы избавиться от клинической депрессии, фобических расстройств, панических атак — вместо лекарств нужно будет поместить на язык пластину и испытать лёгкое щекотание, которое многие описывают, как «вкус пузырьков шампанского»...

фобических расстройств, панических атак — вместо лекарств нужно будет поместить на язык пластину и испытать лёгкое щекотание, которое многие описывают, как «вкус пузырьков шампанского». Я — за такую медицину будущего, когда на место химического или хирургического воздействия на организм придёт «коммуникационная» медицина. То есть возможность «договариваться» с нашим телом, нашими внутренними органами путём создания интерфейсов, позволяющих, используя нашу нервную систему, взаимодействовать с нашим мозгом. Это похоже на то, что происходит в регенеративной медицине сегодня, когда она начинает использовать стволовые клетки для восстановления физических «поломок» — таких как повреждения суставов, разрывы связок, рубцы миокарда. Неспецифические, недифференцированные стволовые клетки, которые вводятся в организм, каким-то образом самостоятельно находят повреждённые участки и развиваются в здоровые полноценные ткани (хрящи, связки, клетки сердца...), восстанавливая функцию повреждённого органа или системы! Разработки лаборатории Пола Бах-и-Риты, о которых рассказал мне Юрий Данилов, сейчас проходят сложный и длинный путь сертификации FDA (Американского федерального агентства контроля над продуктами, лекарствами и медицинским оборудованием) и, я надеюсь, в ближайшем будущем станут доступны всем, кто по разным причинам (начиная от серьёзных проблем со здоровьем и до улучшения показателей работы мозга, например памяти) захочет познакомиться с феноменами пластичности мозга.

Нейротрансмиттеры и «наркотики выбора»

26 июня 2000 года журнал *Times* вышел с сенсационным заголовком на обложке: «Код взломан». В интервью с учёными Крейгом Вентером и Фрэнсисом Коллинзом речь шла о грандиозном событии, связанном с расшифровкой генома человека. К началу возникновения этого амбициозного проекта учёные знали, что в основе генома — суммарной наследственной информации любого организма — лежит ген. Ген, являясь функциональной единицей наследственности, как известно, представляет собой последовательность ДНК. Не секрет и то, что генетика — наука, занимающаяся изучением генов, — сделала огромный прорыв в понимании многих наследственных заболеваний. Во всём мире сейчас используется ранняя диагностика беременных на возможность развития у плода различных наследственных патологий. В Америке очень популярными стали также генетические тесты на вероятность развития не наследственных, но генетически предрасположенных заболеваний. Многие учёные всё увереннее говорят о том, что будущее медицины будет определяться возможностью воздействовать на генную информацию и видоизменять её. Уже сейчас в онкологии идут разработки индивидуальных препаратов воздействия на конкретную раковую опухоль за счёт изменения генетической информации пациента. Две

первых вакцины от коронавируса, одобренные к применению в США, по сути являются примерами генной терапии, потому что в их основе лежит модификация РНК вируса Covid-19. Все эти примеры говорят о том, что у нашей цивилизации появилась возможность влиять на биологическую структуру человека. А как же насчёт поведения человека? Есть ли возможность понять, что определяет паттерны нашего поведения, и создать механизмы выработки новых, полезных привычек вместе с отказом от стереотипов поведения, создающих проблемы в нашей жизни? Чтобы разобраться в этом, обратимся к новейшим исследованиям в нейробиологии.

Ещё в начале прошлого XX века было установлено, что способ «общения» нейронов между собой — электрохимический. То есть один нейрон, активируясь, посылает электрический сигнал по своему отростку — аксону, и этот сигнал достигает окончания аксона, где «хранятся» специальные химические вещества, так называемые нейротрансмиттеры. Под воздействием пришедшего сигнала нейротрансмиттеры выделяются в синаптическое пространство между нейронами и улавливаются специальными рецепторами другого нейрона, что приводит к активизации нового нейрона. Дальше происходит аналогичная передача по цепочке соединённых между собой нейронов, приводя в движение все процессы нашего организма — будь то появление новой идеи, поддержание работы внутренних органов или какое-то проявление нашего поведения!

Сложно? Попробуем другими словами. Нейрон — это клетка головного мозга, у которой есть два типа отростков. Один тип — приёмники информации, их, как правило, довольно много, и они образуют что-то вроде такой тарелочки-антенны, другой — передатчик, тот самый аксон. Передача сигнала (информации) идёт при помощи веществ, которые называется трансмиттеры. Один нейрон передаёт информацию другому нейрону, тот — следующему, тот — ещё одному, и так далее до тех пор, пока она не поступает к мышечным клеткам или клеткам внутренних органов, влияя на их деятельность либо приводя к появлению какой-то идеи или определённой линии поведения. Таким образом, любое поведение определяется соединением в определённой последовательности цепочки нейронов! Что очень важно — импульс и активизация нейронов происходит только в одном направлении. Любое изменение в направлении движения или разрыв синаптической связи немедленно приведёт к изменению установленного паттерна поведения. Один из фундаментальных законов нейробиологии, открытый канадским нейропсихологом Дональдом Хеббом, гласит: «neurons that fire together wire together», что означает нейроны, которые активируются вместе (участвуют в одном действии), соединены между собой. Чуть позже мы поговорим, как этими знаниями можно воспользоваться для прерывания нежелательного поведения, такого как вредные привычки, «прокручивание» болезненных воспоминаний и даже болезненных физических ощущений.

В 2012 году Себастьян Сеунг, профессор компьютерной нейробиологии в Массачусетском технологическом институте, выпустил книгу, в которой обобщил свои исследования и ввёл новое понятие — **коннектом**. Коннектом — по аналогии с геномом — это совокупность всех нейронных связей нервной системы. Если индивидуальный геном определяет базовые структурные данные организма, то, по утверждению профессора Сеунга, коннектом может объяснить наши персональные особенности как личности, особенности поведения, привычки, предпочтения в общении и т.д. Если воспользоваться языком компьютерщиков, то геном — это «железо» (hardware), тогда как коннектом — это компьютерные программы, установленные на нём (software). Благодаря этой аналогии становится понятно, что если на hardware повлиять невозможно (хотя в реальности это не так), то на «программы», которые определяют наше поведение и даже привычки, воздействовать можно. Да, формирование новых навыков или привычек требует времени и настойчивости, но именно возможность заменять, модифицировать «операционные программы» и лежит в основе обучения и терапевтических изменений. При этом надо понимать, что на уровне наших нейронов происходит формирование новых, до этого не существовавших соединений и разрушение старых. На своих лекциях я демонстрирую студентам видео, на котором с помощью электронного микроскопа в значительном ускорении видно, как, будто в космосе, происходит «отстыковка антенны» от одного

> Коннектом — это совокупность всех нейронных связей нервной системы. Если индивидуальный геном определяет базовые структурные данные организма, то коннектом может объяснить наши персональные особенности личности, особенности поведения, привычки, предпочтения в общении и т.д.

модуля и соединение с другим. Процесс формирования нового нейронного соединения занимает от 20 до 40 минут, но для того чтобы сформировался надёжный нейронный путь, нужны недели и даже месяцы! Это разница от «протоптанной тропинки» до «скоростного шоссе». Отсюда и дискуссии о необходимом времени для формирования новой привычки — то есть нового поведения, которое мы совершаем на «автомате». Одни исследователи говорят, что это занимает 21 день при регулярном ежедневном повторении, другие более осторожно говорят о 66 днях. В любом случае изменить поведение, выработать новый навык, а значит и изменить нейронные связи возможно! Понимание этих глубинных процессов поможет нам лучше разобраться в механизмах формированиях, например фобий, когда источником страха, кроме более-менее объяснимых факторов (acrophobia — страх высоты, nyctophobia — страх темноты), встречаются очень экзотические (hypnophobia — страх сна, hedonophobia — страх получения удовольствия или phobophobia — страх страха). Но об этом чуть позже.

Проиллюстрировать важность строгой последовательности в цепочке нейронных связей я хочу на существующем в НЛП в общем-то забавном (на первый взгляд) упражнении, которое называется Drug of Choice. Обычно его переводят как «наркотик выбора». Более правильным переводом могло бы быть «лекарство выбора» или «препарат выбора». Но сейчас я хочу воспользоваться именно первым определением, потому что мы будем создавать (точнее, воспроизводить) приятные ощущения, связанные с использованием каких-то химических средств, которые есть в вашем опыте. Это может быть воздействие алкоголя или других препаратов — в зависимости от ваших предпочтений. Я приведу пример с одного из моих семинаров, где участник на демонстрации воспроизводил чувство расслабления и опьянения от употребления хорошего бренди. Думаю, эта демонстрация будет хорошим примером создания временной нейронной цепочки.

Изначально участникам семинара было предложено выбрать воспоминание о воздействии любого препарата, изменяющего сознание, но во всей группе ничего «экзотичнее» бренди придумать не смогли... Итак, доброволец вышел на сцену, с некоторой опаской опустился в стоящее для этого удобное кресло и замер в ожидании. Я подождал несколько секунд, давая ему освоиться в роли «подопытного», а затем попросил вспомнить, когда в последний раз он «дегустировал» крепкий бренди. Оказалось, что это было примерно три недели назад. Тогда я предложил ему вспомнить, где именно и как это происходило, во что бренди был налит, как ёмкость с напитком ощущалась в руке — всё то, что помогло бы ему как можно лучше погрузиться в происходящее с ним в тот момент. А потом я попросил его закрыть глаза и вспомнить самый первый глоток... Понюхал ли он напиток перед этим или нет? Дальше ему нужно было сообщать обо всех последовательных ощущениях в теле, которые появились при попадании бренди сначала в рот, а после проглатывания — как эти ощущения распространялись в теле...

Он начал было достаточно бодро описывать ощущения лёгкого жжения на языке и во рту, и как тепло стало прокатываться по пищеводу и спустилось в желудок, и затем — лёгкое, как он выразился, «трепетание» начало наполнять область груди, поднимаясь вверх, достигло лица... Но, по мере описания, его речь становилась всё медленнее и с какого-то момента вообще стала менее связанной. Его лицо порозовело, разгладилось, на губах появилась улыбка... На этом я попросил его остановиться, открыть глаза, встать и пройтись. Он прошёлся по сцене нетвёрдой походкой, демонстрируя все признаки лёгкого опьянения. Если бы я хотел усилить эффект, я бы предложил «замкнуть» эту последовательную цепочку распространения эффекта алкоголя в теле на ту точку, с которой это началось, и начать мысленно раскручивать это «колесо» ощущений, постепенно ускоряя его вращение. Мы делали это раньше на других семинарах, после чего требовалось определённое время, чтобы виртуальное опьянение испарилось.

Такой быстрый и наглядный эффект этой демонстрации был возможен благодаря тому, что у данного человека был предыдущий опыт, возможно, повторяемый, достижения этого состояния под воздействием алкоголя. Другими словами, у него уже установились нейронные связи, последовательная активация которых способствовала появлению данного состояния. Что и удалось воспроизвести даже без внешнего химического агента!

Несмотря на «забавность» описанной демонстрации, у этой техники есть много полезных применений, об одном из них я расскажу сейчас, а другие мы разберём позже. Возможность воспроизвести эффект воздействия химических агентов я использовал в работе с людьми, испытывающими наркотическую зависимость. Любая, а особенно наркотическая зависимость — это сложная, комплексная проблема, и подход к ней такой же комплексный. Один из элементов, который я использовал, заключался

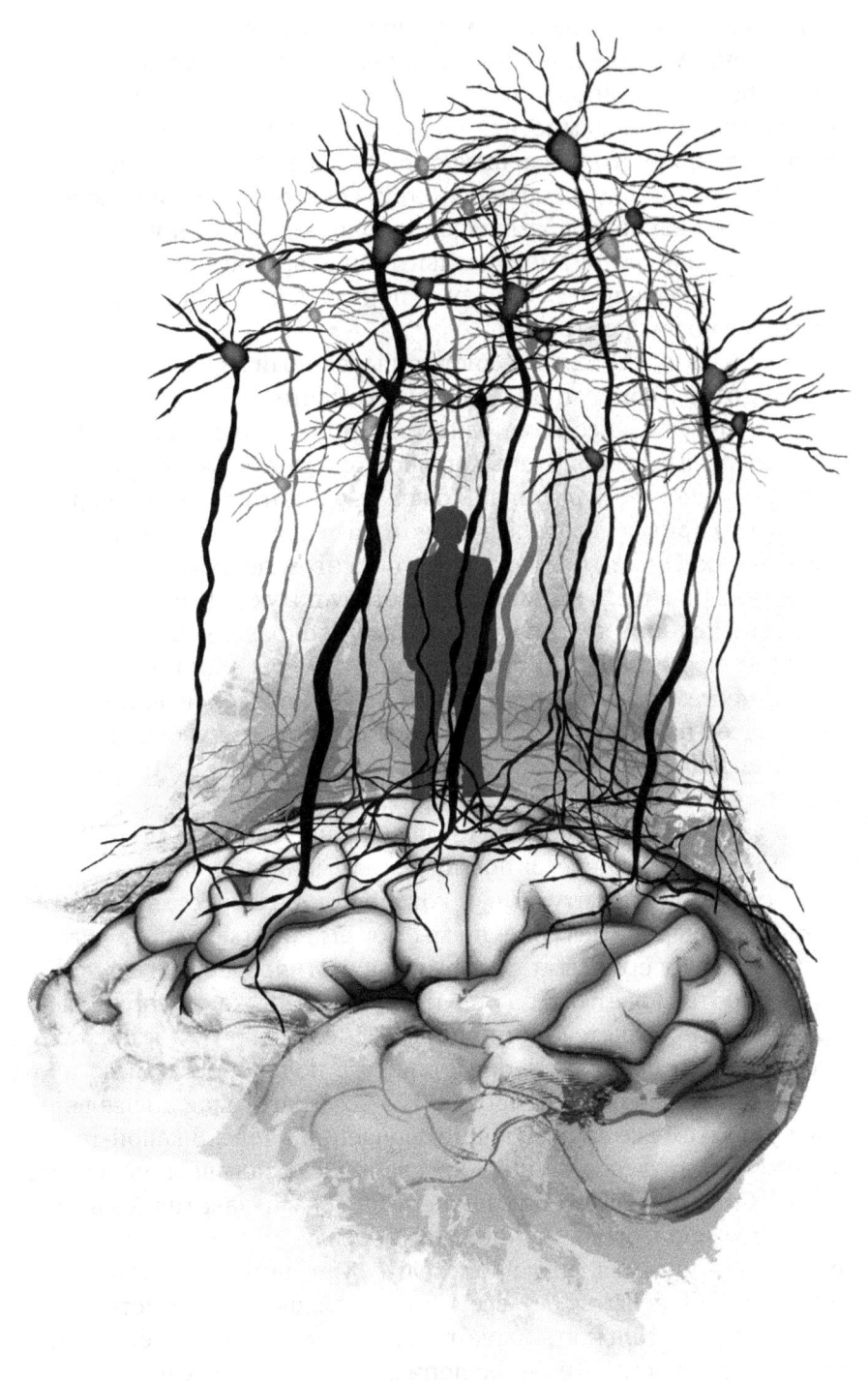

в замене реально используемых препаратов на виртуальные — с получением очень похожих ощущений. Это позволяло избежать самой болезненной фазы в процессе излечения — той самой ломки, с которой очень многие, пробующие «сойти» с используемых препаратов, просто не справляются! Что же обычно происходило после того, как люди осваивали этот способ получения удовольствия? Они какое-то время ещё «игрались», вызывая у себя ощущения, схожие с приёмом реальных препаратов, но постепенно начинали терять интерес к этому, понимая, что процесс находится сейчас под их контролем.

Я держу в руках голубой листок, вырванный из какой-то тетради, на которой описан первый опыт самостоятельного использования Drug of Choice дома одного из моих пациентов. Это было много лет назад, но я очень хорошо помню этого молодого человека, в сущности, мальчика. Может быть, потому что на первый приём его привела его девушка, которая была с ним и на всех последующих. Она и говорила за него на этом первом визите, в то время как он сидел, уставившись в стену потухшим взором… Познакомились они не так давно и сразу понравились друг другу. Какое-то время просто встречались, потом решили попробовать жить вместе. Вот тут-то и выяснилось, что молодой человек давно уже подсел на наркотики. Причём этап «нюханья и глотания» — давно позади, и он уже длительное время колется, но готов остановиться. По крайней мере, говорит, что готов…

При этих словах я перевёл взгляд на юношу. Он, по-моему, первый раз за всё это время посмотрел на меня и кивнул. Я объяснил, что исходя из ситуации, в которой он находится, я рекомендую стационарное лечение, но мы можем начать с одного упражнения. Если он его освоит и сможет на нём «продержаться», тогда наша работа может быть продуктивной. Если же он сорвётся — сразу же отправляется в стационар. Он согласился, и я погрузил его в транс и предложил представить в подробностях весь процесс, который он обычно проходит, — от подготовки до введения в вену, а затем все последующие ощущения в теле. В какой-то момент он откинулся на спинку кресла и часто задышал, потом его тело «обмякло» и глаза под закрытыми веками закатились вверх. Когда это произошло, его подруга бросила на меня испуганный взгляд, не понимая, что происходит. Мне пришлось объяснить ей — её друг испытывает все типичные реакции, свойственные воздействию реального наркотика. Чтобы успокоить её, я стал задавать вопросы об их отношениях, о дальнейших планах. Мы разговаривали достаточно долго, минут двадцать. На протяжение всего этого времени молодой человек оставался в той же расслабленной позе. В какой-то момент он глубоко вздохнул и с неким усилием открыл глаза. Я спросил, как он себя чувствует. Он попытался улыбнуться и сказал, что гораздо лучше. После этого я объяснил ему базовые принципы самогипноза, о которых мы поговорим в отдельной главе, и рассказал, как самостоятельно делать упражнение Drug of Choice. Его подруга при этом всё подробно записывала. Я дал ему домашнее задание — записывать свои ощущения после выполнения этих упражнений.

Когда они пришли в следующий раз, держась за руки, он протянул мне голубой листок бумаги с описанием своих ощущений и рассказал, что делал упражнение несколько раз в день, каждый раз, когда тело начинало «сводить», и каждый раз после упражнения чувствовал, как его «отпускало». Как я уже сказал, работа с зависимостями — это очень сложная и комплексная задача. Позже мы занимались с ним и детскими обидами, и изменением убеждений, и многим другим, но ничего из этого невозможно было бы сделать, если бы он не смог взять под контроль своё внутреннее состояние. И помогло в этом то, что он научился создавать свои собственные внутренние «коктейли». Через несколько недель он сообщил мне, что больше не нуждается в таких интенсивных ощущениях и что перестал «колоться». С учётом, что в реальности он перестал это делать гораздо раньше — в день, когда пришёл ко мне первый раз, я решил, что мы на верном пути. Через несколько месяцев он получил работу в другом штате, и они уехали. У меня остался только этот голубой листок, на котором он описывает свои ощущения после первого выполненного упражнения. В заключении там написано, что ощущения практически идентичны реальной инъекции, но «выход» прошёл гораздо легче — не было тошноты, головной боли и тяжести во всём теле, как это происходило обычно.

Кстати, очень часто лекарства, которые мы принимаем, оказывают эффект не самостоятельно, а указывая организму, какие именно «внутренние коктейли» нужно смешать, чтобы справиться с возникшей проблемой. Но в данном случае я хочу особо обратить внимание на строгую последовательность активации нейронов — потому что это один из фундаментальных принципов работы нашей нервной системы. На этом же принципе работает и наша эмоциональная память. Предположим, произошёл какой-то травматический эпизод — кто-то подверг физическому или сексуальному насилию. Из-за интенсивности такого жестокого опыта даже одного раза достаточно, для того чтобы установилась хоть и временная, но достаточно устойчивая нейронная «дорожка» болевых ощущений — эмоциональных и физических, связанных с этим опытом. А ведь, к сожалению, нередко этот болезненный опыт повторяется неоднократно... Тогда любые мысли, любые воспоминания даже спустя длительное время после травмирующего эпизода запускают весь цикл активации нейронов в этой цепи, приводя к тем же болезненным даже не переживаниям, а настоящему проживанию — как будто это снова происходит с человеком в реальности! Конечно, со временем («время лечит...») эти связи могут начать ослабевать, приводя к уменьшению интенсивности переживаний, но принципиально это ничего не меняет. Не меняет, пока что-то более сильное — терапия, новый интенсивный положительный опыт — не способствует «размыканию» элементов этой порочной цепочки. Но всё же есть более быстрый и эффективный способ «разрушить» такую устоявшуюся последовательность. Этот способ лежит в основе комплекса психотехник под названием «Быстрое лечение фобий», с которым мы познакомимся позже.

Теперь, когда мы в целом разобрали, как развивалась и до чего дошла на сегодняшний день наука, изучающая мозг, можно идти дальше. В следующих главах я объясню, что происходит в нашем мозге, когда мы испытываем страх или внутреннее беспокойство, а главное — что нужно делать, чтобы избавиться от этого. Но сначала давайте опять вернёмся в моё прошлое — к тому, с чего у меня всё начиналось...

С чего всё начиналось. Александр Алексейчик

На втором году прохождения резидентуры мне кто-то подсказал, что в Вильнюсе есть психотерапевтическое отделение в психиатрической больнице. И этим отделением руководит самый настоящий психотерапевт, один из лучших представителей групповой психотерапии Союза — доктор Александр Ефимович Алексейчик. Я набрался храбрости и поехал знакомиться с ним в столицу Литвы. Сейчас смешно — но про психотерапию я тогда знал только одно: что существует такой способ воздействия на человека — гипноз. Гипноз меня интересовал и до этого, я перечитал, наверно, все опубликованные научные книги по гипнозу. Сейчас это покажется невероятным, но в то время количество официально изданных в стране книг по гипнозу (а никаких других, так же, как и книг иностранных авторов, просто не было!) соответствовало числу пальцев одной руки... Купить их также было невозможно. Можно было только получить на время в институтской библиотеке.

В общем, я приехал к доктору Алексейчику и сказал, что хочу заниматься гипнозом. Он удивлённо посмотрел на меня, но согласился меня взять. В результате я получил месяц стажировки в психотерапевтическом отделении. Потом месяц превратился в два. Так я и открыл для себя психотерапию. Моя резидентура подходила к концу, нужно было принимать решение, что я хочу делать дальше, поэтому мы с женой решились и переехали из Каунаса в Вильнюс. Я получил работу рефлексотерапевта на полставки в городской поликлинике и продолжал волонтёрить у Алексейчика. По договорённости с кафедрой время от времени я приезжал в Каунас, где делился со своей группой полученными психологическими знаниями. До завершения резидентуры, уже понимая, что наконец нашёл своё место в медицине, я прошёл ещё одну специализацию — в психиатрии и неврологии и, можно сказать, получил вторую врачебную профессию. Так что по образованию я и доктор-реабилитолог, и доктор-психотерапевт.

Какое-то время я продолжал работать в поликлинике, занимаясь акупунктурой. А потом, когда Литва уже отсоединилась от Союза и пошла «семимильными шагами» в капитализм, я решил перейти к частной практике. Арендовал кабинет в той же самой поликлинике — то есть, по сути, перестал получать зарплату, пересев в соседний кабинет на том же этаже! И до смешного — первый месяц не мог физически брать деньги, ведь это были те же самые пациенты, которые приходили ко мне раньше, когда я был ещё в ранге штатного сотрудника поликлиники... Только когда пришло время платить арендную плату, я смог себя переломить и начал настоящую частную практику. Хотя, повторюсь, для меня тогда это был очень болезненный процесс.

Всё то время, когда я занимался именно реабилитацией — то есть последующим восстановлением пациентов после «основного» лечения, например после перенесённого бронхита, после инсульта или инфаркта, после травм и операций, научило меня очень многому. Мне окончательно стало понятно, что того, чему меня учили в институте, явно недостаточно. Я отчётливо понял, что институт дал основу, базу, но для того чтобы действительно помогать людям, нужно постоянно узнавать что-то новое, не останавливаясь и не успокаиваясь ни на минуту. И ещё я решил для себя, что буду учиться только у лучших в своей области специалистов, и никогда в дальнейшем не изменял этому правилу. Но основными «учителями» на этом этапе для меня были мои пациенты, страдающие от физических недомоганий и физической боли. Проблема боли проходила красной линией у подавляющего большинства людей, с которыми мне довелось работать. Да, обезболивающие лекарства на какое-то время проблему решали, но боль возвращалась. Поэтому я был в постоянном поиске. Именно поэтому я занялся восточной медициной с её многотысячелетним опытом и принципиально другим подходом к человеку. И достаточно быстро убедился, что во многих случаях акупунктура работала лучше, чем лекарства, и была безопаснее или как минимум менее вредна, чем долговременный приём болеутоляющих препаратов.

Также столкнувшись с хронической, повторяющейся болью у моих пациентов, я понял, что у этой боли есть и эмоциональная составляющая, психологический компонент. Поэтому сначала я решил просто добавить психотерапию как ещё одну «стрелу» в свой колчан, не подозревая, что именно этот шаг определит моё будущее. Я даже помню с Кого это началось. Одна из первых пациенток, которая пришла ко мне на акупунктурное лечение, многие годы страдала от болей в спине. Я ей довольно быстро помог, и мы расстались довольные друг другом. Но через полгода она пришла снова — боль вернулась. Я опять помог. Через некоторое время она опять пришла с болью. К тому времени я уже несколько продвинулся в психотерапии и предложил ей помимо акупунктуры провести ещё и психотерапевтический сеанс. В ходе этого сеанса выяснилось, что у неё муж — алкоголик, который с ней очень плохо обращался. И у неё периодически возобновлялись боли в спине, что позволяло ей получать путёвку в санаторий, где она отдыхала от своего мужа и крутила романы на стороне. Это надолго её восстанавливало и давало силы терпеть выходки мужа. Когда силы терпеть заканчивались, начинала болеть спина, и опять всё повторялось. И это была не воображаемая, а реальная, физическая боль. Всё это время она даже не осознавала механизм возникновения боли. Во время психотерапии и мне, и ей это стало понятно, и… боль ушла! Я был доволен результатом, потому что она встала перед необходимостью сознательного выбора — играть ли дальше в эту игру под названием «боль в спине» или что-то менять в своей жизни.

Другую пациентку мучили страшные мигрени. Когда у неё начинались приступы головной боли, они были настолько сильными, что она не могла подняться с постели, и ей требовался уход. Мы начали с того, что я попросил её взять календарь и отметить все приступы за предыдущие полгода. И, поверьте, она помнила каждый из них. После того как она вернула мне свой «календарь боли», я заметил интересную закономерность — практически все приступы случались в выходные дни, в субботу и воскресенье, но не во все выходные подряд. Я начал расспрашивать, что обычно происходит по выходным и что происходило в конкретные выходные, когда у неё не болела голова? Выяснилось — очень часто выходные она проводит одна, потому что её муж с друзьями уезжает на рыбалку. Но, конечно, в те дни, когда у неё был сильный приступ, он вынужден был оставаться с ней и ухаживать за ней. Что же касается тех выходных, когда у неё не болела голова — это были дни, которые её муж провёл в рабочих командировках. Командировки обычно назначались заранее, то есть у неё было время принять этот факт, и они были не частыми, но обязательными в той должности, которую занимал её муж.

И в первом, и во втором случае я не могу обвинить ни одну из пациенток в симуляции. Я был свидетелем реальности их страданий. Просто тело по-своему помогало решать психологические проблемы. Благодаря описанным случаям и множеству других мне стали открываться подсознательные механизмы функционирования треугольника «тело — разум — душа», о котором сейчас так много говорят.

Сейчас, когда я это пишу, эти примеры не кажутся мне чем-то необычным. Но на тот момент для меня всё это было настоящим открытием. В то время в советской медицине существовало только одно направление психотерапии — так называемая «рациональная психотерапия». Что такое рациональная терапия? Это метод психотерапии, используемый для лечения психических расстройств путём разъяснения и логического убеждения. Никакого подсознания! Это всё считалось «буржуазными издержками». В советской психиатрии считалось, что, так как «мы идём к коммунизму», у нас нет почвы для депрессий и времени для других серьёзных психологических проблем. Болеть психическими болезнями было категорически не принято (если, конечно, не брать в расчёт «большую» психиатрию — шизофрению и т.д.).

Все психологические проблемы сводились к неврозам — «я немного перенервничал...». Их лечили путём убеждения и разъяснения. Чуть позже, когда стали понемногу доступны другие направления психотерапии, в Литву начали приезжать представители аналитического направления под названием транзактный анализ. Основателем транзактного анализа является американский психиатр Эрик Берн. Взяв за основу фрейдовский психоанализ, Берн сделал многие концепции более понятными и, самое главное, более простыми и практичными в использовании. *Транзактный анализ (ТА) представляет собой теорию, описывающую структуру человеческой личности, сходную с фрейдовской (суперэго, эго, ид), но более доступную для понимания (Родитель, Взрослый, Ребёнок). Также в ТА очень хорошо описаны взаимодействия (транзакция — взаимодействие) между людьми, в зависимости от того, какие «части» личности задействованы в коммуникации.*

В то же время транзакционным анализом называют методику, помогающую подвергнуть анализу и последующему описанию поведение конкретного человека или группы лиц. Концепция основана на умении человека понимать свои поведенческие реакции, отделяя неадекватные паттерны от собственной личности. В общем, это был по-настоящему «глоток свежего воздуха» на фоне существующего однообразия подходов.

> Транзакционным анализом называют методику, помогающую подвергнуть анализу и последующему описанию поведение конкретного человека или группы лиц. Концепция основана на умении человека понимать свои поведенческие реакции, отделяя неадекватные паттерны от собственной личности.

Проводилось множество семинаров и лекций последователей этого направления со всего мира. Я был в первом потоке слушателей всех этих обучающих мероприятий. И вот на одном из таких семинаров, которые вёл очередной зарубежный гуру транзактного анализа, открылась дверь, и вошёл... доктор Алексейчик. У него всегда была репутация не то чтобы конфликтного человека, но того, кто «раскачивает лодку». Он приходил, слушал, и чаще всего ему не нравилось — ведь к этому моменту он уже создал свою собственную методику. Поэтому он обычно вступал в полемику. Так было и на этот раз. Но я сейчас о другом. О том, что эта новая встреча с доктором Алексейчиком во многом определила мою профессиональную жизнь! Алексейчик на этом семинаре увидел меня (мы к тому времени уже несколько лет не встречались) и с ходу предложил работу у него в отделении на полставки. Я так же с ходу согласился…

Я проработал в отделении около четырёх лет. Я многому там научился и считаю доктора Алексейчика очень важным для меня человеком. Это мой первый учитель психотерапии, которому я многим обязан и от души благодарен.

Обстановка в отделении, или, как теперь принято говорить, «аура», несмотря на все атрибуты больницы, больше всего походила на уклад крепкой патриархальной семьи прошлого века. С определёнными правилами, законами, но в то же время наполненная чуткими доверительными отношениями. И это касалось не только персонала — врачей, сестёр, нянечек, но и пациентов тоже. Каждый новый пациент, попадая в эту атмосферу особых взаимоотношений, проходил путь от большего или меньшего замешательства («я же сюда пришёл только лечиться!») — до вхождения в настоящий терапевтический процесс. Этот процесс был практически во всём, что окружало больных

> Групповая психотерапия — это особый вид терапии, где исцеляющей силой становятся отношения между людьми. Время, проведённое в такой группе, — это как жизнь, прожитая вместе.

во время пребывания в отделении. Например, по средам всё отделение превращалось в большую психотерапевтическую группу. Групповая психотерапия — это особый вид терапии, где исцеляющей силой становятся отношения между людьми, принимающими участие в группе. Это не дискуссионные клубы, где обмен идёт на интеллектуальном уровне. Время, проведённое в такой группе, — это как жизнь, прожитая вместе. Именно поэтому групповая психотерапия может научить столь многому, помочь человеку измениться. Конечно, очень важен профессионализм и опыт терапевта, ведущего группу. Он должен очень чутко реагировать на происходящее, оставляя достаточно пространства группе, позволяя событиям происходить и в то же время управляя групповыми процессами.

Доктор Алексейчик был первым, кто начал использовать групповую психотерапию в Литве. На его знаменитые «Апрельские семинары» съезжались профессионалы со всего бывшего Советского Союза, для того чтобы поработать в группе и поучиться,

Александр Алексейчик

как вести свои собственные группы. Уже давно этот семинар приобрёл ранг международного — к странам бывшего Советского Союза добавились Европа и Америка. До моего отъезда в США на протяжении шести лет «Апрельские семинары» были важной частью и моей жизни.

Так вот, возвращаясь к отделению, к «большим группам» по средам, хочется сказать, что ответственность за ведение группы была у всех — у врачей, психологов, медицинских сестёр. Несмотря на то что это всегда была командная работа, каждый «ведущий» понимал — именно от него (или от неё) зависит, как будут развиваться события. И конечно, когда группу проводил Александр Ефимович, все были готовы к любым неожиданностям. Его всегда отличала готовность идти дальше ожидаемого, сделать всё, чтобы человек, с которым он работал, смог понять проблему, принять ситуацию и начать делать конкретные шаги к её решению. Один из принципов его работы заключён в словах, которые он часто любил повторять: «Лучше один раз увидеть, чем сто раз услышать. Лучше один раз почувствовать, чем сто раз увидеть. Лучше один раз сделать, чем сто раз сказать. Лучше один раз сделать с любовью, чем сто раз без любви!»

Александр Ефимович никогда не учил нас «напрямую». Скорее предлагал, советовал, делился мыслями… Рассказывал истории о своих похожих случаях. Он как бы видел в тебе что-то, что ты сам ещё в себе не обнаружил. И помогал, чтобы это проявилось. Он принимал участие в судьбе каждого. Вообще доктор Алексейчик был замечательным начальником, в котором очень гармонично сочетались внешняя твёрдость и внутренняя демократичность, внимательность и уважение. Правда, по всей видимости, он был не очень удобным подчинённым — потому что смело отстаивал свою свободу принятия решений, вставал на защиту коллег, даже когда другие предпочитали отмолчаться. (В этом я ещё раз убедился много лет спустя, когда, будучи консультантом министра здравоохранения Литвы, взялся улаживать конфликт главврача больницы с заведующим отделением Алексейчиком — конфликт, в котором он защищал одного из врачей своего отделения. К счастью, после вмешательства министерства конфликт удалось мирно разрешить для всех сторон.)

Но самое главное — он учил, как в любых обстоятельствах быть самим собой. Быть верным своим принципам — но в то же время достаточно мудрым, чтобы замечать и принимать изменения и изменяться самому. Быть не набором методологий и техник, а настоящей Личностью. Когда ты личностно подходишь к другому человеку — тогда начинаются изменения. А техники — дело десятое. Он учил, что ты можешь дать лишь то, что у тебя есть. Например, силы, веру, убеждённость и любовь…

Глава 3
Три мозга человека и стратегия преодоления страха

> Бей сильно, кричи громко, беги быстро! Тогда страх убежит первым…
>
> *Из неопубликованных афоризмов индейцев племени хуту*

> Заложенный в нас механизм реагирования не отличает внешнюю, реальную опасность и опасность, которую мы воображаем, которая нам только кажется. Представьте, что прямо сейчас открывается дверь, и в вашу комнату входит огромный саблезубый тигр…

Человек или… рептилия?

В середине прошлого века Йельский профессор Пол Маклин предложил теорию эволюции человеческого мозга, которая описывала мозг современного человека как структуру, содержащую все предыдущие этапы развития. В частности, Маклин выделил три этапа развития и, соответственно, «три мозга», заключённых в каждом из нас. Самая древняя часть — это **рептильный мозг**, такой тип мозга был уже у древних рептилий, откуда и пошло его название. Ему приписываются инстинктивные поведения — типа агрессии, доминирования, территориальности, а также ритуалистическое поведение.

Мозг палеомлекопитающих соответствует амигдале, гипоталамусу, гиппокампу и поясной коре. Маклин считал, что он возник у древних млекопитающих, его не было у рептилий, и приписал ему эмоции. В ранних работах Маклин называл его висцеральным мозгом, затем ввёл термин **лимбическая система.**

Мозг неомлекопитающих — кора головного мозга. По Маклину, это новейший мозг, несущий в себе язык, планирование, абстрактное мышление, анализ полученной информации.

Как преподаватель неврологии, я могу сказать, что эта теория является очень «облегчённой» моделью развития нашего мозга. Нейрофизиологи никогда не подтверждали такого описания и не соглашались с ним, но концепция Маклина «три мозга» была подхвачена психологами и популяризирована мотивационными спикерами уже в XXI веке. Поэтому я воспользуюсь этим описанием, чтобы представить общие механизмы реакции нашего мозга на ситуации опасности. Итак, ещё раз.

Древняя часть мозга, или **рептильный мозг**, отвечает за базовые функции, необходимые для выживания: условные и безусловные рефлексы, а также стремление к удовлетворению основных потребностей (еда, размножение, самосохранение и защита и т.д.). Анатомически ему соответствует продолговатый мозг, мозжечок и ретикулярная формация. Это именно та часть, которая автоматически реагирует на опасность способом, о котором вы все знаете и слышали: «бей или беги». Это то, что мобилизует весь организм, вызывает выброс адреналина и готовит тело к бою или к спасению бегством. В тот момент, когда активируется эта часть мозга, остановить каскад реакций в теле практически невозможно…

Средняя часть мозга — это наш **эмоциональный мозг**. Тут зарождаются наши эмоции, наши чувства, создаются социальные связи. В функции этой части входит обучение, эмоциональная память, эмоциональная окраска произошедших событий. Именно лимбическая часть мозга активирует и контролирует рептильный мозг. Именно здесь находится структура, которая называется **амигдала**. Это своего рода аварийная кнопка нашего мозга. Когда активируется амигдала, тогда весь организм приходит в состояние готовности — сражаться или убегать. Нашей сигнальной системе, запускаемой амигдалой, мы посвятим отдельную главу. В своей книге «Парадокс шимпанзе. Менеджмент мозга» известный английский психиатр Стив Питерс сравнивает наш эмоциональный мозг с поведением шимпанзе, который в любой ситуации мгновенно проявляет свои чувства.

К счастью, над эмоциональным мозгом есть ещё одна часть, которая называется **неокортекс** (лат. *neocortex* — новая кора) — это кора головного мозга, лучше всего развитая у нас, людей. **Новая кора** отвечает за мышление, речь, интеллектуальное развитие, самосознание, интеллект. Именно эта часть контролирует (по крайней мере должна) эмоциональные проявления (нашего «внутреннего шимпанзе»), думая не только о текущем моменте, но и о долгосрочных последствиях. Это наша аналитическая часть — структура, с помощью которой мы думаем, анализируем, принимаем решения.

Доказательство того, что уже у маленьких детей есть способности контролировать желания, было наглядно продемонстрировано в ходе известного исследования под названием Стэнфордский зефирный эксперимент (Stanford marshmallow experiment). В этом исследовании, названном ещё «исследованием отсроченного удовольствия», детям возраста трёх-пяти лет предлагали выбор между одним небольшим вознаграждением (кусочком зефира), предоставляемым немедленно, и увеличением награды вдвое (!) — если они смогут терпеливо ждать её в течение короткого периода (примерно 15 минут), во время которого экспериментатор покидал комнату. При этом изначальный кусочек зефира оставался доступен на протяжении всего времени ожидания, однако его употребление означало отказ от большего вознаграждения. Существует очень впечатляющее видео, на котором запечатлены самые настоящие «мучения» маленьких участников… Некоторые дети прикрывали глаза руками или поворачивались так, чтоб не видеть угощение. Другие — колотили по столу или теребили волосы. Третьи — играли с зефиром, как будто это было крошечное чучело. А четвёртые… просто съедали зефир сразу, как только исследователи уходили! Но вот, что самое удивительное, — в последующих исследованиях учёные обнаружили: у детей, которые были в состоянии дождаться отложенной увеличенной награды, жизнь, как правило, складывалась более благополучно! Такие выводы были сделаны по их школьным тестам (SAT), уровню образования, индексу массы тела (ИМТ) и другим показателям качества жизни.

> Я отношусь к нашей сознательной способности контролировать собственные импульсы как к самому значительному эволюционному достижению, которое выделяет нас из животного мира. Это именно то, что называется ВЫБОР и часто считается Божественным даром.

Лично я отношусь к этой нашей сознательной способности контролировать собственные импульсы как, возможно, к самому значительному эволюционному достижению, которое выделяет нас — человеческих существ — из всего остального животного мира. Это именно то, что называется ВЫБОР и часто считается Божественным даром. Это наша возможность выйти за парадигму «стимул — реакция», в которой функционирует весь животный мир. То есть, несмотря на первичные реакции (страх, обиду, гнев…), стимулирующие инстинктивные ответы, у нас есть возможность выбрать наиболее подходящую линию поведения — с учётом психологической особенности ситуации, этических и моральных факторов, а также долгосрочных возможных последствий! У кого-то реализовывать это право на выбор своего поведения получается лучше, чем у других. У кого-то с этим сложности… Поэтому существуют простые техники, помогающие как бы «растянуть» время на обдумывание и принятие решения, как себя повести в той или иной ситуации. К таким техникам относятся дыхательные практики или метод медленно считать про себя до десяти, перед тем как реагировать. Кому-то сдерживать своего «эмоционального шимпанзе» не удаётся, в чём человек начинает раскаиваться сразу же после того, как это происходит.

Интересно, что подобный подход «пролонгации» перед действием интуитивно, а может быть, и вполне осознанно, применяло командование в австрийской армии конца XIX — начала XX века. Военнослужащим, желавшим пожаловаться на поведение сослуживцев командирам, в приказном порядке предписывалось делать это исключительно в письменной форме, но ни в коем случае не ранее, чем через сутки (!) после соответствующего инцидента. Нарушители этого правила, пытавшиеся подать жалобу раньше, сразу же отправлялись на гауптвахту…

Возвращаясь к страхам, я хочу ещё раз подчеркнуть: в создании страхов и беспокойств участвуют две различные части мозга — эмоциональная и аналитическая.

В первой главе мы уже говорили о роли **префронтальной коры**, как раз относящейся к нашему неокортексу. Именно она «ответственна» не только за планирование, но также и за хроническое беспокойство. Никто в животном мире, кроме нас — людей, не живёт в состоянии хронического стресса. Животные не «задумываются» о том, что может произойти завтра. Ни волки, ни тигры, ни ваши домашние питомцы — кошки или собаки — не «думают», например, о том, что случится завтра, если у них не будет еды. У них просто нет такой способности! Владельцы кошек наверняка хорошо знают, что произойдёт, если их кошку вовремя не покормить. Но накануне ваша кошечка не будет сидеть и переживать по поводу того, что же будет, если завтра её миска окажется пустой. Только мы, люди, рисуем в своей голове картины тревожного будущего и этим пугаем себя, отравляя себе сегодняшнюю жизнь бесконечными ожиданиями завтрашних неприятностей!

За более острые реакции, в случаях грозящей опасности, когда нужно быстро мобилизовать весь организм, отвечает амигдала, являющаяся частью эмоционального мозга. Повторюсь, реакция страха в опасной ситуации — это нормально! Проблемы начинаются тогда, когда опасность, которую тело готовится отразить, не реальная, а воображаемая. Заложенный в нас механизм реагирования не отличает внешнюю, реальную опасность и опасность, которую мы воображаем, которая нам только кажется. Представьте, что прямо сейчас открывается дверь, и в вашу комнату входит огромный саблезубый тигр… Те люди, у которых действительно хорошее воображение, могут почувствовать, как всё тело напряглось! Это произошло потому, что амигдала восприняла внутреннюю картинку как реальную опасность.

Возможный ответ нашего тела на воображаемую опасность я хочу продемонстрировать на примере работы с людьми, страдающими нарушением сна. Бессонница — очень распространённая в наше время проблема, которая, согласно данным Американской ассоциации сна, затрагивает более 70 миллионов (!) американцев различного возраста. Причин, приводящих к нарушению сна, огромное множество — от различных заболеваний и приёма определённых медикаментов до нарушения простых, но важных правил гигиены сна. Среди них желательность отправляться в кровать в одно и то же время; не переедать; не перевозбуждать нервную систему просмотром или чтением определённой информации (для разных людей порог возбудимости сильно различается) и т. д. В этой книге мы рассмотрим два психологических механизма, приводящих к нарушению сна. Первый механизм, о котором я расскажу сейчас, будет иллюстрацией реакции мозга на воображаемую (в прямом смысле — то есть на создание определённых образов) опасность. О втором механизме, не позволяющем уснуть (он касается нашего внутреннего диалога), мы поговорим в главе «Как менять внутренний диалог».

«Ужастики» Майкла

Итак, начнём с первого «механизма». Достаточно часто, когда мы отправляемся спать и остаёмся наедине с самими собой, мы начинаем прокручивать в голове негативные события дня, неразрешённые конфликты или, что ещё хуже, глобальные мировые проблемы. Эти внутренние «фильмы ужасов», проигрываемые на «внутреннем экране» нашего воображения, приводят к таким же эффектам, как и при просмотре реального ужастика в кинотеатре на большом экране. Эмоциональная лимбическая система приходит в «боевую готовность», запуская реакцию на выброс адреналина и готовя тело к отражению опасности. Разница только в том, что в кинотеатре мы можем закрыть глаза или выбежать в самый страшный момент, а спастись от «просмотра» пугающего нас сюжета в своём внутреннем кинотеатре, если мы даже не подозреваем о его существовании, практически невозможно!

Совсем недавно я работал с Майклом — 40-летним финансовым консультантом, который страдал от бессонницы на протяжении нескольких лет. Он рассказал мне, что каждый вечер, когда приходит время отправляться в кровать, у него появляется страх того, что он опять НЕ СМОЖЕТ ЗАСНУТЬ, ПРОМУЧАЕТСЯ ВСЮ НОЧЬ, ВСТАНЕТ УТРОМ НЕ ОТДОХНУВШИМ, ВЕСЬ ДЕНЬ ПОЙДЁТ НАСМАРКУ и т.д. Не правда ли — «замечательный» настрой на крепкий и здоровый сон? Я начал расспрашивать его, что происходит в его голове, когда она опускается на подушку. Майкл ответил: как правило, он возвращается к событиям прошедшего дня, ко всем встречам со своими клиентами и начинает «просматривать» происшедшее: что пошло не так, что он сказал или сделал такого, после чего клиент остался недоволен и сделка не состоялась… Обычно это занимает около часа, и иногда он устаёт от этого и засыпает, но чаще это его так «цепляет», что сон полностью пропадает и он может заниматься «разбором полётов» часами. Я предложил ему закрыть глаза и представить свой внутренний экран, на котором он прокручивает события дня, находясь в кровати. Он сказал, что это достаточно большой экран, на котором он отчётливо видит каждую свою оплошность, причём с качественным громким звуком. Я попросил его обратить внимание на то, что происходит в теле, когда эти эпизоды прокручиваются в его воображении на большом экране с громким звуком. Он ответил: чувствуется напряжение в мышцах, особенно шеи, рук и плеч, а также ускоренное сердцебиение и неровное дыхание, то есть начал описывать все признаки реакции тела на стресс. В этот момент ему самому стал достаточно понятен механизм, который нарушает его сон. Точнее, механизм того, как он сам неосознанно год за годом «отгонял» свой сон. Дальше я предложил ему представить, что существует пульт управления внутренним экраном, который позволяет, так же как у телевизора, переключать каналы. И я попросил его поискать «ночные» каналы — с более спокойным содержанием: с видами природы, со звуками шума ветра, капель дождя, пением птиц... Он глубже ушёл в себя, его тело начало расслабляться, дыхание стало более глубоким, ровным. Через какое-то время его нахмуренные брови разгладились, и на месте сжатых губ появилось подобие улыбки. А ещё через несколько минут он демонстрировал все внешние признаки глубокого транса.

Как только Майкл вышел из состояния полного расслабления, он широко улыбнулся и сказал, что обнаружил целых четыре канала, предназначенных для «просмотра» во время ночного сна! Все они были вариациями видов природы с тихими убаюкивающими звуками или спокойной музыкой. Когда он пришёл через несколько недель, он рассказал, что впервые за последние годы у него было несколько замечательных ночей. Сложность в том, что, как он выразился, всё ещё привычно включаются «тревожные» каналы и надо было прилагать усилие, чтобы их переключить. Но, добавил он, теперь я знаю, как это делать!

Вот в деталях та самая техника, которой я обучил Майкла.

Техника «Переключение каналов внутреннего телевизора»

1. Представьте свой внутренний экран и обратите внимание, какие изображения и фильмы, на которые настроен ваш внутренний экран, не дают вам расслабиться и заснуть?
2. Вообразите пульт, который переключает «каналы» на вашем экране (пусть это будет экран «внутреннего телевизора»).
3. Найдите «ночные каналы» — т. е. более спокойное, расслабляющее изображение, лучше всего виды природы: леса, водной глади, горящего костра. Это может быть канал, на котором «хранятся» записи вашего отдыха, отпуска, походов, путешествий и так далее.
4. Воспользовавшись воображаемым пультом, настройте изображение и звук экрана так, чтобы они производили на вас максимальный убаюкивающий эффект.

На протяжении последующих нескольких недель, находясь в кровати, сознательно вспоминайте про экран и проверяйте, настроен ли он на нужную вам «вечернюю» тематику? Если нет — осознанно «включайте» свой любимый ночной канал.

Как я уже сказал, именно неокортекс — наша сознательная, думающая часть мозга — должна определять, как «распорядиться» информацией, полученной от наших эмоций. Хочу ещё раз напомнить, что любая эмоция — это лишь информация — полезная информация о том, что с нами происходит в данный момент. А как именно распорядиться полученной информацией — «решать» той части нашего мозга, куда поступает весь объём необходимой для принятия решения информации. И тут возможны различные сценарии. На принятие решения будут влиять такие факторы, как предыдущий опыт, набор убеждений, физиологическое состояние...

> Любая эмоция — это лишь полезная информация о том, что с нами происходит в данный момент. А как именно распорядиться полученной информацией — «решать» той части нашего мозга, куда поступает весь объём необходимой для принятия решения информации.

Это можно сравнить с реакцией матери на плачущего младенца. Если мать неопытна, не уверена в себе, измотана хроническим недосыпанием, то она может начать метаться, хаотически перебирая различные способы успокоения ребёнка и вызывая этим ещё более громкий плач. Если же мама остаётся спокойной, опирается на свой предыдущий опыт («я справлялась с такой ситуацией не один раз»), знает что нужно делать — ребёнок это чувствует и быстро успокаивается. Так же и наши действия на сильные эмоции могут варьировать от паники и потери контроля над ситуацией до мобилизации и спокойного, взвешенного принятия нужных решений, в зависимости от внутренних убеждений и установок.

Заканчивая разговор о модели «три мозга» человека, хочется отдать должное каждой из этих частей. Например, поблагодарить самую древнюю часть — рептильный мозг — за мгновенную стабильную реакцию с мобилизацией всех систем для отражения опасности. Без этого мы бы просто не выжили как вид в процессе эволюции! Наша лимбическая система — это наши эмоции и наши чувства — любви, привязанности и так далее. Недаром её называют «сердцем» мозга. И, наконец, венец эволюции — кора головного мозга, наш сознательный разум, место принятия решений.

Но как же с учётом всех этих поведенческих особенностей, связанных с функциями различных отделов нашего мозга, научиться «позитивно взаимодействовать» с нашими страхами, фобиями, тревогами и беспокойствами? То самое «позитивное взаимодействие» с нашими реакциями на изменения внешней (или внутренней) среды начинается с их полного принятия — с тотального принятия себя таким, какой я есть... Детально это описано, например, в книгах Экхарта Толле, немецкого писателя и духовного оратора, хотя есть и другие источники практик принятия. Принятие вовсе не означает, что надо «терпеть и страдать», ничего подобного! Наоборот — это первый шаг к изменениям, которые возможны лишь в том случае, когда человек осознаёт и принимает реальность такой, какой она является сейчас, и затем берёт на себя ответственность за своё прошлое для того, чтобы своими новыми выборами начать создавать желаемое будущее.

Ну а теперь перейдём непосредственно к стратегии преодоления страха и внутреннего беспокойства, которая состоит из пяти шагов, каждый из которых будет определённой вехой на пути не просто избавления от того, что вас беспокоило, но пути, приводящем к глубоким личностным изменениям.

«5 шагов „преодоления" страха»

Шаг 1. Признать наличие страха! Первый шаг — посмотреть своему страху «в лицо»... Очень часто мы пытаемся не замечать или, если и замечаем, игнорировать наличие страха или беспокойства. Чаще такая «невнимательность» к себе свойственна мужчинам. Даже когда окружающим людям становится очевидно, что с вами что-то происходит, некоторые продолжают утверждать — «всё в порядке» и «всё как всегда». Признать наличие страха требует определённого мужества! Но без этого мы не можем продвинуться дальше, позволяя страху разрушать ваше тело изнутри. И, кстати, встретившись со своим страхом, обычно мы обнаруживаем, что он стал... меньше!

Шаг 2. Разговор... со страхом. Очень важно «выслушать» и понять, что именно страх пытается сообщить вам. Хочу напомнить — у любой эмоции есть своя информационная составляющая, и именно игнорирование её приводит к тому, что эмоция повторяется снова и снова. Поэтому очень важно понять, когда появился страх, каковы причины его возникновения, как он проявляет себя физически, к каким последствиям наличие страха приводит и, наконец, какое сообщение этот страх пытается до нас донести. Пожалуйста, запишите полученные ответы.

Шаг 3. Составить план действий. Используя информацию из предыдущего шага, сформулируйте для себя цель более глобальную, чем просто избавиться от страха. Если страх останавливал вас на пути к достижению какой-то цели, то в чём заключается эта цель? О том, как формулировать цели, мы также поговорим в главе «НЛП — наука или искусство?», где пойдёт речь о постановке целей.

Шаг 4. Начните заботиться о себе! Помните три фактора успеха? По-настоящему хотеть, знать, что нужно делать, и… ДЕЛАТЬ! Эта книга посвящена тому, чтобы вооружить вас эффективными инструментами для преодоления страха. Даже просто внимательное прочтение данной книги уже является активной формой помощи самому себе. Но, конечно же, будет намного лучше, если вы начнёте выполнять предложенные упражнения. Возможно, вы захотите найти партнёра или небольшую группу единомышленников для выполнения этих упражнений, которые помогут вам не только научиться лучше понимать самого себя, но и натренировать ваши «эмоциональные» мышцы — чтобы лучше справляться с жизненными испытаниями.

Шаг 5. Изменить мышление. Также очень важно поменять восприятие себя как человека, с которым «жизнь сама случается» и от которого ничего не зависит, на мышление «капитана» или водителя, ответственного за происходящее. Я иногда использую образ человека, сидящего на заднем сиденье «автобуса жизни». Автобуса, который едет без управления, не выбирая дороги… Неудивительно, что такой пассивный «пассажир» подскакивает на ухабах, по которым мчится автобус. Эта простая аналогия для многих является убедительной иллюстрацией того, что случается в их жизни. И поэтому, когда я спрашиваю: «Не пришло ли время пересесть на место „шофёра" и взять управление в свои руки?» — люди понимают, что речь идёт об их готовности взять ответственность за свою жизнь на себя и начать предпринимать активные шаги по изменению ситуаций, которые их не устраивают. Но вот здесь-то и появляется «тот самый» важный нюанс! Как вы уже прочли выше, вам нужно чётко осознать, что за всё, уже

> Вам нужно чётко осознать, что за всё, уже происшедшее с вами, отвечаете, в конечном счёте, именно ВЫ — как бы ни хотелось переложить ответственность на кого-то ещё. Остальные лишь подыгрывали вам на сцене жизни.

происшедшее с вами, отвечаете в конечном счёте именно ВЫ — как бы ни хотелось переложить ответственность на кого-то ещё. Остальные лишь подыгрывали вам на сцене жизни. И вот тогда, если вы приняли на себя эту ответственность, то у вас появляется полное право изменить «линию жизни», взяв штурвал управления в свои руки! Если же «виноват кто-то», а вы ни при чём, то и поменять что-либо вы не в состоянии. Тогда, выходит, это в силах лишь тех, кто управляет вами и вашей жизнью. Но вы же так не хотите, правда?

Мы скоро продолжим наш разговор о страхах — после того как я расскажу вам ещё об одном из моих учителей. Точнее — учительниц…

С чего всё начиналось. Бетти Элис Эриксон

Сейчас я хочу рассказать вам о том, как в моей жизни и в моём врачебном арсенале появился гипноз.

Гипнозом я впервые заинтересовался, ещё учась в медицинском институте, задолго до стажировки в отделении психотерапии доктора Алексейчика. Во время же практики в отделении я решил получить официальный сертификат гипнотерапевта и обратился в Ассоциацию гипноза Литвы. В тот момент как раз шёл курс повышения квалификации для докторов, но шёл набор уже на второй, «продвинутый» уровень. Меня не хотели брать, предложили подождать, когда будет повторяться первый уровень. Я немного слукавил — сказал, что меня обучал гипнозу САМ доктор Алексейчик, и это сработало. Меня взяли на второй уровень, который я успешно закончил и получил право официально практиковать гипноз.

Учили нас традиционному директивному гипнозу (других подходов в то время просто не было) — это когда строгим голосом говорят: «Спать!». Более того, курс был в основном теоретическим. За все 160 часов обучения мы видели только одну демонстрацию реального гипноза, да и то потому что нам повезло — приехал один ирландский гипнотерапевт, хирург, который использовал гипноз как способ анестезии на своих операциях. Поэтому практическими навыками я овладевал самостоятельно, по крупицам собирая знания. В то время был популярен доктор Алиев, который практиковал так называемый динамический гипноз. Его подход «ключ к себе», который он впервые применил, об-

Бетти Элис Эриксон

учая самогипнозу космонавтов в Звёздном городке, благодаря Перестройке показали по телевизору, и он сразу стал сенсацией. Где-то на рынке, на «толкучке», я купил книгу и видеокассету с демонстрацией «Ключа». И затем, буквально по секундам, разбирал видеозапись, пытаясь понять, что же именно он делает.

Как я уже говорил, я тогда регулярно посещал «Апрельские семинары» доктора Алексейчика. И вот на одном из них мне довелось познакомиться с коллегой из Москвы, который увлечённо рассказывал об американском докторе Милтоне Эриксоне и его методе гипноза. Подняв мою руку, он продолжал рассказывать об этом новом направлении в гипнотерапии, рассчитанном на индивидуальный подход к каждому клиенту — подход, прежде всего использующий не директивное, а более мягкое и экологичное воздействие. Я слушал с восхищением и только потом заметил, что моя рука так и висит в воздухе… После минилекции он дал мне всего на одну ночь (!) ужасного качества ксерокопию книги «Гипнотические паттерны Милтона Эриксона», которую написали Р. Бендлер и Д. Гриндер. Не сомкнув глаз ни на минуту, я старался впитать как можно больше информации. Я сразу понял — это то, что я бессознательно искал всю свою жизнь! Так для меня наступила эра «эриксоновского гипноза».

В дальнейшем мне ещё раз очень повезло, потому что моё обучение эриксоновскому гипнозу началось очень правильно — с семинара его дочери Бетти Алис Эриксон.

Когда мне прислали информацию, что в Москву впервые приезжает Бетти Алис Эриксон и с ней группа психологов и они будут обучать эриксоновскому гипнозу, я, конечно, решил поехать. Сначала, правда, я подумал, что быть дочерью — это ещё не значит быть хорошим специалистом. Но что-то внутри меня подсказывало — надо ехать! И я не ошибся… Во-первых, Бетти сама много лет активно применяла подходы отца на практике. Во-вторых, она долгое время обучала врачей, психологов, гипнотерапевтов тому, что сейчас известно во всём мире как эриксоновский гипноз. И, самое главное, она смогла познакомить нас с создателем этого метода, своим отцом, как бы изнутри — ей удалось передать то, что обычно остаётся за рамками прочитанного или услышанного. Пожалуй, для меня это было особенно ценно, потому что с определённого времени, вникая в новую для меня идею или теорию, для меня также очень важной стала личность человека, в голову которого эта идея или теория пришла.

Бетти помогла мне поближе узнать этого действительно неординарного человека — своего отца. В детстве Милтон перенёс приступ полиомиелита. Врачи всерьёз опасались за его жизнь. «Если он доживёт до утра, — сказали они матери, — может, он и останется жить…» Они не знали, что он услышал эти слова! Всю ночь Милтон не сомкнул глаз. А когда он увидел в окне первые лучи солнца, он РЕШИЛ, что будет жить! Он ещё долгое время оставался недвижимым. Единственным его развлечением было наблюдать за членами семьи. Вскоре Милтон обнаружил, что те слова, которые люди произносят, часто не соответствуют тому, что «говорит» их тело. Когда болезнь отступила, он вновь учился ходить, повторяя движения своей младшей сестры, которая в то время делала первые шаги. Став психиатром, Эриксон сохранил свою поразительную наблюдательность, умение ставить цели и достигать их,

> Врачи всерьёз опасались за его жизнь. «Если он доживёт до утра, — сказали они матери, — может, он и останется жить…» Они не знали, что он услышал эти слова! Всю ночь Милтон не сомкнул глаз. А когда он увидел в окне первые лучи солнца, он РЕШИЛ, что будет жить!

а также способность извлекать уроки из всего, что бы с ним ни происходило. Он научился доверять своему подсознанию и учил этому других людей. И это то, чему научила меня Бетти Алис Эриксон. А также тому, что транс — это естественное и очень приятное состояние…

У Эриксона с рождения отсутствовало цветовое зрение. Из всех цветов он различал только пурпурный. Кроме того, у него не было тонального слуха. Например, он не мог воспринимать ритма песен. Тем не менее он мог подпевать, подстраиваясь к дыханию поющих. Его способности компенсировать то, что не додала ему природа и отняла болезнь, поражались все его ученики. Даже когда после второго приступа полиомиелита практически отнялась левая половина тела, он был способен контролировать свой голос и, изменяя его модуляции, погружал человека в транс. Вся его жизнь — это замечательный пример, как, поняв «язык» подсознания, можно преодолеть любые преграды и достичь того, чего до вас никто не достигал!

Вернувшись в Литву и находясь под огромным впечатлением от всего увиденного и услышанного от Бетти Эриксон, я загорелся идеей открытия Литовского института Эриксоновского гипноза. Для осуществления этой задумки я уговорил двух знакомых психиатров, также практиковавших гипноз, присоединиться ко мне. Мы обратились с соответствующей просьбой в Международный Фонд Милтона Эриксона, который отвечает за сохранение и развитие наследия доктора Эриксона и контролирует по всему миру работу институтов, преподающих эриксоновский подход в психотерапии. После прохождения достаточно сложной процедуры квалификации, где нас какое-то время оценивали, Литовский Институт был зарегистрирован. Таким образом Литва присоединилась к странам, нанесённым на «карту» этой престижной международной организации, со-директором которой на территории Литвы я оставался до моего отъезда в Америку.

Глава 4
Наша «аварийная кнопка»

— Позволь мне взглянуть в лицо опасности!
— Нет, это слишком опасная опасность!

«Монти Пайтон и Святой Грааль»,
цитата из кинофильма

> Если вы склонны к паническим проявлениям, если любая непредвиденная ситуация приводит к моментальной активации всей вашей нервной системы, можно предположить, что у вас легко возбудимая амигдала.

…Кто-то снова трясёт меня за плечо прямо посреди морозной зимней ночи… Я устал и почти ничего не соображаю… Но я точно знаю, что вставать надо прямо сейчас. Надо, потому что опять привезли очередного солдата с сильным обморожением. Зима 86-го — очень холодная. 86-го… Почему снова этот год? Неужели я опять в Зоне?! Неужели это так и не закончилось?! Почему на мне опять форма с сержантскими погонами и эмблемой санинструктора… Не может быть! Или может?.. Я выскакиваю наружу и сквозь ледяную темноту, днём и ночью пронизанную повышенным радиационным фоном, бегу в медпункт, который оборудован в брошенном многоквартирном доме, где когда-то проживало множество семей. Наши «казармы» находятся внутри средней школы буквально во дворе этого дома. Медпункт у нас почему-то на втором этаже… В парадном теплее, но ненамного. Я чуть не поскальзываюсь на полутёмной лестнице с остатками подтаявшего снега от солдатских сапог и вваливаюсь в коридор, где меня дожидается весь наряд — сержант и четверо солдат. Их срочно заменили, потому что один из бойцов, как они говорят, отморозил ногу… Он сидит прямо на холодном полу и тихо стонет. Я привычным движением распахиваю дверь медпункта, ему

помогают подняться и затаскивают внутрь... Я указываю на кушетку и прошу снять с него сапоги. Так... Особенно пострадала правая нога — пальцы почти полностью побелели... После того как в декабре ударили настоящие морозы, обморожения у нас участились. Если солдат перед уходом в патруль добросовестно не просушил портянки, они промерзают за считанные минуты. Сапоги при морозе совершенно не спасают, при такой температуре нужны настоящие сибирские валенки, которых у нас в обмундировании нет и в помине.

Я внимательно осматриваю ступню и пальцы. К счастью, несмотря на то что пальцы выглядят внешне безжизненными, ампутировать их не придётся. Вовремя хватились — призывник отогреется, и постепенно всё восстановится. Я обрабатываю образовавшиеся волдыри, перебинтовываю стопы, нахожу носки с тапочками и отпускаю пострадавшего, снабдив его запиской для командира роты с временным освобождением от службы. Говорю сержанту напоить подчинённого горячим чаем, как только они доковыляют с ним до его койки в казарме. Сержант кивает, и процессия начинает с грохотом двигаться вниз по гулкой лестнице...

...Я остаюсь один в медицинском пункте. Может быть, тоже выпить горячего чаю? Но... Почему-то холода уже совсем нет... Почему? И тут же я вдруг вижу себя на фоне шкафчиков с лекарствами... Что это? Тогда же не было таких лекарств! И тогда я понимаю, что нахожусь одновременно в двух реальностях... Я пытаюсь понять, как такое может быть и... просыпаюсь. Только теперь уже по-настоящему и окончательно. Я медленно открываю глаза, осознаю себя и вспоминаю всё...

Эти сны о Чернобыле. С какого-то момента они участились — когда я думал, что навсегда забыл о тех тяжёлых днях. Отбросил, задвинул, замуровал, запретил себе вспоминать! Но нет... Страх будто прячется за ширмой всего моего нынешнего благополучия — лишь для того, чтобы однажды вновь присниться мне. Страх терпеливо ждал меня все эти годы, умело убеждая, что его не существует. И теперь он мстит мне этими снами за то, что я позабыл о нём в делах, заботах и учёбе, нужной для моей будущей работы с пациентами, у которых свои страхи и своя «радиация»...

Днём его нет. Но он и там мстит исподтишка. Он со мной в те моменты, когда я почему-то выключаю телевизор, как только там начинают говорить о последствиях Чернобыля, и сразу откладываю в сторону газету с малейшим упоминанием об аварии.

Я знаю, что это называется в мой профессии процессом вытеснения, но от этого мне не легче... Неужели это тот самый случай, когда «сапожник без сапог»?! Я должен справиться с этим страхом, даже если всё это — правда, и мне действительно угрожает... Стоп! Что угрожает? Это же не моя мысль! Это снова он — пытается установить контроль над сознанием теперь уже и днём! Но я уверен, абсолютно уверен — я найду средства. Обязательно найду. Я знаю, что, возможно, мой страх и служит именно для того, чтобы, испытав его на себе, я нашёл эти самые средства и приобрёл опыт, который потом поможет страдающим, как и я сейчас, людям, приходящим ко мне за помощью. За лекарством. От Страха...

«Кнопка», «пульт» и «диспетчер»

Говоря о страхах, нельзя не уделить особое внимание той самой небольшой структуре, глубоко спрятанной в нашем мозге, о которой мы упоминали в прошлой главе. По размерам и по форме она похожа на миндальный орех — отсюда и название: миндалевидное тело (лат. *corpus amygdaloideum* или *amygdala*). Одна из основных функций амигдалы — воспринимать опасность и приводить в готовность внутреннюю систему организма на её отражение. Другими словами, амигдала отвечает за реакцию страха. Анатомически миндалевидное тело принадлежит лимбической системе, то есть в целом отвечает за эмоциональное восприятие действительности. Именно амигдала посредством гипоталамуса передаёт сигнал об опасности в более древние отделы мозга (рептильный мозг), которые приводят наше тело в готовность сражаться или убегать. И весь этот процесс занимает меньше секунды! Конечно, природа предусмотрела контроль над амигдалой, «назначив» своеобразного диспетчера, который принимает решение, когда на «пульт» поступает тревожная информация. Этой структурой является определённая часть нашей лобной доли, которая называется MPFC (Medial Prefrontal Cortex). От профессиональных действий этого «диспетчера» зависит, по какому сценарию будут развиваться события в нестандартных ситуациях.

На нормальную работу этой, контролирующей нашу амигдалу, части мозга могут повлиять такие факторы, как стресс, хроническая усталость, плохой сон, алкоголь или какие-то другие препараты. И даже неправильное питание! Одним словом — всё то, что снижает нормальное кровоснабжение лобной части мозга. При относительно небольшом весе нашего мозга (в среднем 1,4 кг — лишь 2% массы тела), его потребность в кислороде составляет целых 20% по отношению к потребности в кислороде всего организма — так как по сравнению с другими органами мозг обладает повышенной чувствительностью к недостатку кислорода, а также питательных веществ. Из этих 20% большая часть кислорода расходуется как раз на работу лобной доли. В любом состоянии организма (сон, бодрствование) мозг должен бесперебойно и равномерно получать кислород и питательные вещества, что осуществляется благодаря особому механизму кровоснабжения головного мозга. Поэтому нет ничего странного в том, что когда мы утомлены, хронически не высыпаемся, находимся под воздействием алкоголя или питаемся долгое время в ресторанах быстрого питания, мы становимся более раздражительными, озлобленными и эмоционально возбудимыми, а заодно и повышенно пугливыми! Контроль «диспетчера» ослабевает, и амигдала начинает «проявлять» себя более активно.

Важность функций такого «контролёра» не так давно мне пришлось испытать на себе — правда, в той ситуации речь шла о реальной красной кнопке и реальном диспетчере… А дело было так. Несколько месяцев назад я застрял в лифте. Впервые за мою американскую жизнь! Не знаю, что в этот день пошло не так, но лифт неожиданно остановился. Какое-то время я растерянно озирался, как будто пытаясь найти объяснения в пустой кабине лифта… Тут же нахлынули яркие воспоминания из моего советского детства — про отсутствие всяких шансов до кого-то достучаться в подобной ситуации и почти вечное ожидание помощи в тесном полутёмном ящике-лифте. Последний раз я застревал в лифте 35 лет назад, в день нашей свадьбы… Я отчётливо вспомнил и это! Мы оказались «подвешенными» между этажами с молодой женой и свидетелями, и слышали, как по лестнице, ворча, поднимаются гости, тщетно вызывавшие лифт. В общем, воспоминания, прямо скажем, не самые приятные… В следующее мгновение я решительно стряхнул с себя всю эту тяжёлую гору нахлынувшего прошлого и внимательнее присмотрелся к панели с кнопками. И, конечно, быстро обнаружил большую красную аварийную кнопку, на которую сразу нажал. Тут же раздался размеренный уверенный женский голос, и меня вежливо спросили, что произошло и нет ли пострадавших. Я объяснил — пострадавших нет, но я бы очень хотел выбраться наружу! Она задала ещё несколько вопросов, предложила мне набраться терпения и сказала, что высылает помощь. Её голос меня сразу же успокоил, и я приготовился терпеливо ждать. Минут через десять дверь лифта открылась, и я увидел двух крепких мужчин в пожарной форме, преисполненных решимости оказать любую возможную помощь. Они спросили, как я себя чувствую, и, получив ответ, что со мной всё в порядке, как по команде расступились, выпуская меня наружу… Инцидент был исчерпан!

> Слаженные действия между «аварийной кнопкой» и «диспетчером» являются необходимым условием для эффективной реакции в стрессовой ситуации. Этот механизм идеально работал тысячелетиями, сохраняя нашим предкам жизнь.

Слаженные, сбалансированные действия между «аварийной кнопкой» и «диспетчером» являются необходимым условием для эффективной реакции в стрессовой ситуации. Этот механизм идеально работал тысячелетиями, сохраняя нашим предкам жизнь. Но, как я уже говорил, в современном мире почти нет необходимости нападать на врага или убегать от хищника — и амигдала всё чаще отправляет «ложные вызовы», предупреждая о несуществующей опасности.

Непосредственная стимуляция амигдалы приводит, помимо реакции страха, к вспышкам злости, постоянной раздражительности и экстремальной агрессивности. Известен случай массового расстрела людей — один из первых таких случаев в современной Америке, когда бывший морской пехотинец Чарльз Витмен забаррикадировался на самом верху 28-этажной башни Техасского университета и в течение 96 минут (!) стрелял из Remington Model 700 по людям на улице. В ходе обстрела Витменом было убито 16 и ранено 32 человека. Это случилось вскоре после того, как Витмен убил свою жену и мать в их домах. Он вошёл в историю как «техасский стрелок». При задержании Витмен был застрелен полицейскими. Последующая аутопсия обнаружила наличие небольшой опухоли мозга, которая давила на миндалевидное тело, что, возможно, и стало причиной всей этой трагедии.

Существует, однако, и противоположное состояние, известное как синдром Урбаха-Вите — довольно редкое генетическое заболевание, при котором из-за отложения кальция происходит разрушение амигдалы. Люди, страдающие этим заболеванием, напротив, вообще не испытывают страха, что нередко также приводит к трагическим последствиям. Впрочем, иногда случается иначе. Описан случай, когда на американку с этим заболеванием по дороге в магазин напал грабитель и, приставив к её горлу нож, потребовал отдать ему деньги. На это жертва ему без всяких эмоций ответила, что он может её зарезать, если хочет, но она вернётся с того света и сделает его жизнь невыносимой... Так как на лице женщины в этот момент не было совершенно никаких признаков страха, злодей сам не на шутку испугался и, не причинив ей вреда, бросился наутёк. Эта женщина с врождённым поражением амигдалы не только не знает страха, но и не может распознать его в других людях. Более того — она художница и может талантливо изобразить любые эмоции... кроме страха!

Тренируйте амигдалу!

Если вы склонны к паническим проявлениям, если любая непредвиденная ситуация приводит к моментальной активации всей вашей нервной системы, можно предположить, что у вас легко возбудимая амигдала. В таком случае вы можете начать тренировать её, чтобы, продолжая оповещать вас о возможной опасности, каждый раз мгновенно не включалась вся «аварийная система» вашего организма. Иначе — как мы уже знаем — как только сигнал от «тревожной кнопки» достигнет структур более примитивной части нашего мозга, остановить процесс станет практически невозможно. В этом случае успокоение начинает наступать только после того, как мы одним или другим способом «израсходуем» поступивший в кровь адреналин, норадреналин, кортизол — весь набор «гормонов стресса». Чтобы этого не происходило, можно создавать контролируемые и дозируемые опасные ситуации — для укрепления «расшатавшейся» кнопки. Гиперчувствительность амигдалы притупляется, когда в «опасной» ситуации не происходит ничего ужасного. Чем чаще вы будете «тренировать» амигдалу, тем реже будет срабатывать механизм ложной тревоги. Для этого подойдут различные путешествия, туристические походы, ночёвки в лесу, водные переправы, боевые виды спорта и т.д. Так что, когда в следующий раз ваш сын или дочь соберётся с друзьями в поход, прежде чем говорить «Нет!» подумайте о той пользе, которую такие испытания могут принести. Также методами, способствующими тренировке амигдалы, являются медитации, аутогенная тренировка, самогипноз. В частности, исследование, проведённое нейрофизиологом Джули Брефчински-Льюис, показало, что когда люди с опытом медитации слышат неприятные звуки, миндалевидное тело у них активизируется меньше, в сравнении с людьми без такого опыта. Чем больше был опыт медитации у человека, тем меньше активизировалось миндалевидное тело.

Я вспоминаю одного пациента, которого прислали ко мне на психологическую реабилитацию, после того как он подвергся нападению вооружённых бандитов. Это было в неспокойные 90-е годы прошлого столетия. Он работал руководителем отделения банка, подвергшегося вооружённому нападению, и повёл себя достаточно мужественно даже под дулом пистолета, так и не отдав нападающим деньги. Руководство банка высоко оценило его поступок и, боясь, что после перенесённой психологической травмы он не сможет или не захочет продолжать работать, прислало его ко мне — чтобы я помог ему справиться со стрессом. Рассказывая мне о том, что произошло, он действительно выглядел достаточно спокойно, по-настоящему разволновавшись только в части рассказа, которая касалась его сотрудников. То есть эмоции присутствовали, были адекватными, но при этом порог страха был достаточно высоким. Я решил протестировать это, погрузив его в глубокий транс и предложив представить, что он находится один в тёмной пещере, из которой ему предстоит выбраться. Я постарался воссоздать поджидающие его опасности, но на всём протяжении гипнотической сессии он оставался достаточно спокойным. Гипнотическая реальность при глубоком погружении в чём-то похожа на виртуальную трёхмерную реальность, создаваемую в современных видеоиграх. Причём все эмоции, возникающие в этом «параллельном мире», реальные. Он действительно оставался спокойным. Когда сеанс закончился, я попросил его рассказать о том, что с ним происходило в этой пещере. Его рассказ больше напоминал описание прогулки по гроту, чем воспоминания о необходимости выбираться из «преисподней», в которую я его поместил. «А как же вы справились с темнотой?» — спросил я его. «С какой темнотой? — не понял он. — У меня в руках с самого начала была керосиновая лампа...» Мне оставалось только позавидовать способности его «тревожной кнопки» держать «напряжение в цепи»!

Нарушение функции амигдалы приводит, как мы уже поняли, к разным бедам, часто доставляющим душевную (как минимум) боль не только пациенту, но и его окружению. В таких ситуациях опытный врач может стать настоящим спасителем. Один из моих учителей как раз помог мне освоить целый ряд способов помощи страдающим пациентам — впрочем, и в случаях, не имеющих никакого отношения к миндалевидному телу.

С чего всё начиналось. Эрнст Росси

Мне довелось посмотреть много видеосеминаров и прочесть много книг, написанных учениками Милтона Эриксона. Более того, мне посчастливилось непосредственно учиться у многих его учеников. Некоторые из них прозрачно намекали на то, что именно он (автор книги или ведущий семинара) был лучшим (первым, любимым...) учеником Милтона. Я даже думаю, что Эриксон поддерживал и укреплял каждого из них в этой мысли. Именно благодаря множеству описаний работ Эриксона его учениками и появляется возможность оценить всю глубину и многоплановость его таланта. Тем не менее Эрнст Росси занимает позицию официально признанного «Первого ученика». Им написано больше всего книг о Милтоне и с Милтоном. Именно он редактировал собрание работ Милтона Эриксона после его смерти. Именно он смог задать больше всего вопросов Эриксону с просьбой объяснить, что же тот на самом деле имел в виду, когда что-то говорил или делал в том или ином конкретном случае. На это Эриксон неизменно отвечал новыми историями, которые рождали ещё больше вопросов...

Мне посчастливилось пройти обучение у Росси в середине 90-х годов прошлого века. Внешне медлительный, при более близком знакомстве Росси производил впечатление человека, находящегося в своём собственном измерении. Другими словами — в собственном трансе, который не только не мешал, а скорее помогал ему замечать вещи, не замеченные большинством присутствующих, и реагировать на них мгновенно!

Именно от него я впервые услышал о хронобиологии — разделе науки, изучающей значение биологических ритмов, а также взаимосвязи между биоритмами и здоровьем человека. В частности, он рассказал о том, что в 70-х годах в армии США провели очень дорогостоящие исследования, посвящённые изучению циклов эффективности. Для военных было важно узнать, почему через 1,5 часа эффективность человека регулярно падает. Эти исследования убедительно показали, что каждые 1,5 часа необходимо давать себе 20-минутный перерыв, особенно если человек занимается умственной деятельностью — иначе появляются ошибки. Во время такого короткого 20-минутного перерыва в организме происходит очень много положительных физиологических изменений, то есть за эти 20 минут система мозга и организма подготавливается к новому прыжку активности! Ещё более интересно, говорил Росси, что, как оказалось, эти дневные циклы полностью совпадают и с ночной «активностью» мозга!

Эрнст Росси

Доктор Флайтон, работающий в Чикагском университете, обнаружил: как раз приблизительно каждые 2 часа во время сна мы начинаем видеть сновидения. То есть примерно каждые 1,5 часа мы начинаем видеть сны, которые продолжаются около 20 минут. Если внимательно присмотреться, можно обнаружить, что практически вся наша жизнь подчиняется этим полуторачасовым ритмам, заключал Росси.

На практике он учил нас техникам наведения транса, которые не требуют слов — или почти не требуют. Учил, как пользоваться своими внутренними ресурсами, как общаться со своим собственным подсознанием…

Одна из техник, которую он предлагал нам, может показаться неправдоподобно простой, тем не менее она зачастую даёт результат там, где более «продвинутые» приёмы бессильны. Её используют при наличии у человека очевидного конфликта или проблемы. Техника заключается в том, что вы просите человека приподнять и развести руки ладонями вверх и спрашиваете: «В какой из них сосредоточена проблема?» Человек отвечает: «Вот здесь». И вы говорите: «Да, отлично. А что вы испытываете в другой руке — в „решении", по контрасту?» Он вам что-то отвечает, и вы говорите: «Замечательно». Затем вы предлагаете продолжать ощущать и то и другое одновременно и просите его поэкспериментировать, что происходит с обеими частями — само по себе. И очень часто после некоторой паузы руки неожиданно начинают двигаться навстречу друг другу! В какой-то момент они… соединяются. Таким образом «проблема» находит своё «решение»! И это происходит без сознательного усилия со стороны человека. Это и есть тот момент, когда бессознательное «берёт процесс в свои руки».

Оглядываясь назад во времени через весь опыт, который я наработал в моей практике, я могу сказать, что именно Эрнст Росси стал одним из моих первых наставников, предложившим целый арсенал очень полезных практик и техник, способных эффективно помочь пациенту, пришедшему с мучающей его проблемой.

Когда перед тобой реальный человек с реальной болью, то ты перебираешь все доступные тебе способы, чтобы уменьшить его страдание. Представьте замок, к которому вам надо подобрать ключ. Если у вас есть только, предположим, два ключа, то шансов немного. Если этих ключей намного больше, то и возможностей намного больше. Так и с болью — физической или эмоциональной: если методов много, то больше возможностей найти именно тот метод, который поможет. Моя задача — иметь в арсенале все возможные методы, один из которых обязательно подойдёт конкретному человеку для нахождения нужного решения.

> Когда перед тобой реальный человек с реальной болью, ты перебираешь все доступные тебе способы уменьшить его боль. Представьте замок, к которому вам надо подобрать ключ. Если у вас есть только два ключа, то шансов немного. Если же этих ключей намного больше, то и возможностей намного больше.

Глава 5
Анатомия страха

Храбрость — это когда только вы знаете, как вы боитесь...
Франклин Джонс,
духовный писатель и художник

> Вы застряли в лифте и испугались; ваш самолёт начало трясти, и вы решили, что это последний день вашей жизни; вы пошли плавать и начали тонуть — соединения какой-то одноразовой ситуации с реакцией страха порой достаточно для создания «файла», где обычное событие (поездка в лифте, полёт на самолёте, купание в озере...) будет уже ассоциировано со страхом!

Страх, беспокойство и фобия — разные лики Страха...

У страха много лиц и физических проявлений. От незначительного волнения до похожего на сердечный приступ состояния паники. Давайте начнём разбираться, в чём схожесть и в чём различие каждого из них.

Итак, непосредственно страх — это эмоция или чувство, возникающие вследствие **ощущения** опасности. Если мы знаем (или думаем, что знаем), чего боимся,— то это страх. Кроме того, страх является примером моментального ответа (стимул — реакция) и базируется на прошлом опыте.

В отличие от страха, беспокойство — это негативная эмоция неопределённого содержания. Не всегда можно чётко определить, по поводу чего мы волнуемся или беспокоимся, чаще всего это некое ожидание отрицательных событий, которые могут произойти в будущем. Другое отличие беспокойства от страха — это постепенное нарастание интенсивности переживания при беспокойстве в то время, как страх обычно является примером уже упомянутого моментального ответа. Как мы уже говорили, за страх и беспокойство отвечают разные участки мозга. Страхи рождаются в лимбическом мозге, в амигдале.

Беспокойство — это наши мысли, которые зарождаются в аналитической части нашего мозга, в лобной её доле.

А что же такое фобии?

Фобиями называют страхи, которые становятся слишком сильными и длительными. Фобия — это приобретённый или «выученный» страх.

Я уже несколько раз говорил о том, что реакция страха — это нормальная, здоровая реакция в ситуациях опасности. Так вот, оказывается, у нас есть ещё и не здоровые проявления, связанные со страхом. Это как раз и относится к фобиям. Что это значит? А это значит, что обстоятельства, с которыми подавляющее количество людей сталкиваются, не воспринимая их, как опасные, у некоторых людей будут вызывать неконтролируемую реакцию страха. Мы чуть позже убедимся, что на это всегда есть определённые психологические причины, пока же мы говорим о различии этих состояний. Так же, как и страх, фобия, в отличие от беспокойства, имеет очень понятный, хоть часто и иррациональный источник таких реакций.

Разберём все эти три состояния на примере боязни собак. Если на вас неожиданно бросается грозного вида пёс, то ощущение опасности будет мгновенным. Это почти наверняка вызовет защитную реакцию, основой которой станет страх быть укушенным — или чего-то ещё более пугающего. Иными словами, произойдёт очень быстрый эмоциональный всплеск в ответ на понятное изменение окружающей ситуации с понятными предположениями насчёт дальнейшего её развития. Однако может быть и другой вариант. Никакой явной опасности от собак сейчас нет, и взяться ей неоткуда. Тем не менее у вас внутри всё время присутствует опасение, волнение по поводу того, что, например, вон та овчарка, которую выгуливают неподалёку, может сорваться с поводка… Вы видите её каждый день, и всё как будто в порядке. Но почему-то, по необъяснимым причинам, вы постепенно всё больше беспокоитесь, когда вновь встречаете её, внутри нарастает какая-то смутная тревога, которую вы принимаете за предчувствие беды… Это и есть то самое «беспокойство». Ну и, наконец, если не только вид этой собаки, а даже сама мысль о ней вызывает у вас выраженное чувство паники, с которым вы плохо справляетесь или не справляетесь вообще, то имеет место устойчивая фобия, скорее всего, вызванная каким-то вашим драматичным или даже явно болезненным опытом встречи с какой-то конкретной агрессивной собакой в прошлом — возможно, ещё в детстве.

Фобия — квинтэссенция страха

Фобии заслуживают того, чтобы поговорить о них отдельно. Уже в самом этом слове будто заложен смысл «наедине со страхом» — «фоб (от фобос — страх) — и я».

Считается, что человек рождается практически бесстрашным. Дети не боятся высоты, не боятся дотронуться до огня, споткнуться, упасть, не боятся ни змей, ни пауков, ни многого другого… Эти страхи приобретаются нами потом, когда мы взрослеем, и нам начинают говорить — что опасно, а что нет. Учёные обнаружили всего несколько автоматических реакций страха в раннем детском возрасте, в основном связанных с резкими звуками (гром, крик) и с опасностью падения с высоты.

Что же такое фобия? Откуда берётся этот приобретённый или выученный страх? Фобия появляется, когда перед человеком в определённый момент жизни возникает ситуация, которая, как ему кажется, угрожает жизни. Реальной опасности может и не быть, но сам человек будет воспринимать происходящее как опасность. Это ситуация, в которой он испытал чувство инстинктивного страха. Какой вред, например, может принести закрытая дверь? Или необходимость выступить перед аудиторией? И, тем не менее, человек начинает испытывать страх — иногда просто панический! У некоторых людей ситуация «западни» иногда вызывает проявления клаустрофобии — боязни замкнутого пространства. Человек не может спать с закрытой дверью, панически боится тесных помещений, лифтов, автомобилей или самолётов…

Существуют различные определения фобии. Мне больше всего нравится определение Гарвардской медицинской школы: «Фобия — это стойкий, чрезмерный, нереалистичный страх перед объектом, человеком, животным, деятельностью или ситуацией. Это тип тревожного расстройства. Человек с фобией либо пытается избежать того, что вызывает страх, либо переносит это с большим беспокойством и страданием».

Устойчивость фобиям придают три вещи. Во-первых, это угроза жизни. Как я уже сказал, неважно, реальная или человеку просто показалось, что возникла опасность. Главное, это пережитое состояние опасности. Во-вторых — как эта информация «записывается» в нашей памяти. Внутреннее пространство человека наполнено ассоциациями, образами, звуками и чувствами, которые являются реальными, «настоящими» для данного человека. Не менее реальными, чем стул, стол или что-то ещё, что можно увидеть и потрогать. И даже несмотря на то (а может, именно благодаря тому!), что это внутреннее пространство не осознаётся, оно очень сильно влияет на человека. Это тот огромный мир внутри нас, о котором мы так мало знаем… Именно от того, как эти внутренние связи и ассоциации выстроятся, и будет зависеть, останется ли неприятное происшествие просто испугом или перерастёт в более устойчивую фобическую реакцию. Наконец, третья причина — это возможная вторичная выгода от фобии. То есть даже из болезненных, неприятных для нас обстоятельств мы способны извлекать определённые выгоды. Обычно об этом знает только наше подсознание, и оно это тщательно скрывает!

> Фобия — это стойкий, чрезмерный, нереалистичный страх перед объектом, человеком, животным, деятельностью или ситуацией. Человек с фобией либо пытается избежать того, что вызывает страх, либо переносит это с большим беспокойством и страданием.

Очень частая фобия, с которой ко мне обращаются, — страх летать на самолётах. Несмотря на существующую статистику, которая говорит о том, что каждый год на дорогах мира погибает около 1,2 млн человек (в тысячи раз больше, чем в авиакатастрофах), огромное количество людей всё равно считает самолёты самой опасной формой транспорта. Аэрофобы, специально для вас: согласно статистике, самолёт — самый безопасный вид транспорта! На 100 млн миль полётов погибает… 0,6 человек! Это не только меньше, чем количество погибших велосипедистов, но даже меньше количества людей, погибших за год от «рук» ослов! В среднем на 1 миллион вылетов случается одно авиапроисшествие. При этом следует учесть, что большинство из них приходится на небольшие частные самолёты. Может, это не самая комфортная форма транспорта (в случае, если вы не можете позволить себе летать бизнес-классом), но достаточно безопасная.

Тем не менее огромное количество людей цепенеют, холодеют, покрываются потом и демонстрируют весь набор симптомов начинающейся панической атаки при одной только мысли, что им предстоит воспользоваться самолётом, отправляясь в командировку или отпуск...

Вы даже не представляете, какое количество людей пытается «отключить» себя на время полёта, используя для этого медикаменты или алкоголь! Причём они начинают готовиться задолго до посадки. Большинство тех, кто сразу заказывает алкоголь, устроившись в своём кресле в самолёте, — это вовсе не хронические алкоголики, а хронические фобики, пытающиеся таким образом предотвратить паническую атаку! Не самый лучший способ справиться с фобией, но наиболее доступный для них в данный момент. И это при том, что избавление от фобии не только в принципе возможно, но и достигается достаточно легко и быстро! Здесь, правда, надо оговориться. Это всё же не значит, что вы полюбите летать или решите записаться в пилоты — но это сделает полёты на самолётах для вас возможными и даже, до определённой степени, комфортными.

Впрочем, даже говоря о страхе летать на самолётах, важно не сваливать в одну кучу различные виды фобий или различные причины, вызывающие фобические реакции. Например, у кого-то причиной может быть страх высоты, а у кого-то страх замкнутого пространства. Или что-то произошло во время конкретного перелёта — например, была сильная тряска, вы испугались, и этот страх теперь связан с пребыванием в самолёте. Или же вы себя просто плохо чувствовали во время последнего перелёта и, входя в самолёт в следующий раз, вы начинаете испытывать похожие ощущения.

Быстрые техники избавления от фобий

Возвращаясь однажды после проведённого в Литве семинара, я оказался рядом с молодым человеком лет девятнадцати. Уже при первом взгляде на него я понял, что мне предстоит «интересный» полёт — мой сосед явно нервничал и чувствовал себя неуютно. Я полюбопытствовал, как дела, и он скороговоркой рассказал, что летит поступать в университет (по-моему, мы направлялись в Копенгаген), что это его первое в жизни путешествие на самолёте, что он очень волнуется и что, по-видимому, он «что-то не то съел накануне»... По его внешнему виду было совершенно ясно: он выбирает между тем, чтобы потерять сознание, или выдать содержимое желудка наружу... Ни один из этих вариантов меня категорически не устраивал, поэтому я начал расспрашивать о его достижениях, которые привели к поступлению в этот университет, стараясь вовлечь его в беседу и отвлечь от его собственных мыслей и волнений. Постепенно он разговорился и заметно успокоился. Для закрепления я рассказал о том, как недавно отдыхал во Флориде и как **спокойно** и **расслабленно** себя там чувствовал. В процессе нашего общения он ещё несколько раз пытался вспоминать о своём волнении, но к концу полёта ощущал себя уже достаточно комфортно и даже с интересом рассматривал город при подлёте. Прощаясь, он пообещал мне, что после окончания университета вернётся работать в Литву. А если бы его первый полёт развивался по начальному сценарию, с большой вероятностью можно предположить — и последующие полёты превратились бы для него в кошмар!

Наш мозг учится очень быстро. Одного (иногда двух) эпизодов достаточно для того, чтобы мозг научился стабильно отвечать реакцией страха на определённую ситуацию. Ещё одна характеристика быстро обучающегося мозга — возможность обобщать информацию. Например, нам достаточно научиться открывать одну дверь, чтобы, подходя к другой двери, знать, как поступить с ней. К сожалению, то же происходит и с фобиями... Застряв в одном конкретном лифте, мы можем испытать страх, который затем перенесётся на любые разновидности, любые конструкции лифтов, а потом может распространиться и на любое закрытое помещение! Даже если оно достаточно просторное. Я хорошо помню одну пациентку, сначала просившую не закрывать дверь кабинета, а позже, когда она всё же согласилась прикрыть дверь, умоляла, чтобы я оставлял открытой хотя бы небольшую форточку. Никакой логикой это объяснить невозможно (в любом случае она не смогла бы пролезть в узкую форточку...), но тем не менее это помогало ей чувствовать себя спокойнее.

Однако так же быстро, как мозг попадает на этот «крючок страха», при определённых условиях мозг можно освободить от него за относительно короткий промежуток времени. Я считаю, что лучшее «лекарство» от фобии — это использование различных техник нейролингвистического программирования (НЛП). Мы поговорим об НЛП подробнее в одной из следующих глав, сейчас же я отмечу только один аспект, благодаря которому НЛП принципиально отличается от традиционной психотерапии. Это отличие заключается в том, что НЛП уделяет больше внимания структуре опыта, чем его содержанию. Что это значит? До появления НЛП практически все существующие терапевтические техники можно было свести к формуле «через боль к исцелению». Другими словами, для того чтобы изменить какое-то болезненное воспоминание, в процессе психотерапевтической работы через него нужно было каждый раз проходить снова и снова. Более того, умение «привести» пациента к первичной боли (психологической травме) являлось показателем мастерства терапевта! Считалось, что этот инсайт сам по себе целебен. И если пациент не хочет возвращаться к болезненному опыту (что в принципе понятно и вполне естественно) — его называли сопротивляющимся и заявляли, что он просто ещё не готов к изменениям…

Я работал со многими людьми, которые подвергались насилию, и отлично понимаю их нежелание возвращаться и проживать эту боль вновь. Можно называть это сопротивлением, а можно — естественной реакцией подсознания, старающегося защитить человека от повторной травмы. И я согласен с подсознанием! Я считаю, что одного раза достаточно! Тем более что есть куда более безопасные и менее болезненные способы изменения. В частности разработанная в НЛП очень успешная техника быстрого избавления от фобии.

Помню, как на одном из своих семинаров один из создателей НЛП Ричард Бендлер (подробнее о нём я ещё расскажу) говорил о том, как зародилась эта техника. «Мы решили смоделировать процесс самоисцеления от страха. Я дал объявление в газету примерно такого содержания: «Все, кто долгое время испытывал страх по поводу чего-либо и перестал бояться, просьба прийти по адресу. Вознаграждение гарантируется». Желающих поделиться своими историями и получить вознаграждение собралось немало. Всем им задавался примерно один и тот же вопрос: «Как вам удалось перестать бояться того, чего вы боялись?» Самое интересное, что и ответы были примерно одинаковые: «Я боялся (высоты, летать на самолёте, пауков…) много лет. И в один день я посмотрел на себя (!) и сказал себе — это смешно бояться тараканов (мышей, грома, родителей, смерти…)!» Чуть позже мы подробно разберём все элементы полученной модели, которая и легла в основу техники «Быстрого избавления от страха», пока же я хочу обнадёжить всех, кто пытается найти избавление от своих фобий — есть надёжный и достаточно быстрый инструмент для решения этой проблемы, который меня никогда не подводил и с которым я обязательно познакомлю вас на страницах этой книги. Хотя, признаюсь, за время моей практики ситуации бывали разные, в том числе казусные. Сейчас я расскажу об одной из них.

Помню, что дело было в субботу. Практически в конце приёма в кабинет вошла секретарша и сказала, что новый пациент настаивает по телефону, чтобы я обязательно принял его сегодня. Я взял трубку и услышал возбуждённый мужской голос. Мужчина взволнованно говорил о том, что завтра ему нужно вылетать в важную командировку, но сегодня он осознал — одна только мысль о необходимости ступить на борт самолёта вызывает у него приступ неудержимой паники! С ним это случалось и раньше, но когда он покупал билеты, он думал, что всё уже прошло… «У меня единственный способ совершить этот перелёт, — почти закричал он, — если кто-то внесёт моё бесчувственное тело в самолёт и после посадки извлечёт его!» Он даже обратился к друзьям с просьбой сделать это для него, но все отказались! К счастью, один из его знакомых был когда-то моим пациентом и посоветовал «обратиться к специалисту». Выслушав, я сказал, что мой рабочий день заканчивается, но, понимая его ситуацию, я готов его принять.

Примерно через час он уже сидел в моём кабинете. Я узнал, что год назад, когда он возвращался из очередной командировки, самолёт попал в сильную болтанку. «Нас начало ужасно трясти, а я был не в лучшей форме после празднования успешно заключённого договора — ради чего я и летал. Мне стало по-настоящему плохо, очень тошнило, но ещё больше я испугался за свою жизнь! Когда мы вышли из грозового фронта, я ещё долго приходил в себя… Позже, когда пришло время лететь в следующий раз, поначалу я даже не вспомнил о том, что случилось. Но как только в какой-то момент самолёт тряхнуло, со мной случился страшный приступ паники! После этого каждый полёт давался мне всё тяжелее и тяжелее. И вот сейчас я понял, что просто не смогу даже войти завтра в самолёт!»

Описание того, что с ним случилось, очень типично для развития фобических реакций. Первичный эпизод — это обычно комбинация нескольких факторов: экстремального стресса (разговор с начальником, домашняя ссора, подготовка к экзаменам…) и плохого физического состояния (алкогольный эксцесс, перенесённое простудное заболевание, недосыпание). Но для того чтобы это превратилось в состояние устойчивой фобии, должно произойти одно из двух. Первый вариант — спустя непродолжительное время эпизод должен быть воспроизведён — как в случае с этим человеком, когда самолёт повторно попал в тряску. Но очень часто происходит второе — когда повторным триггером является не реальное событие, а воображаемое. Другими словами, достаточно прокрутить первый эпизод у себя в голове и ассоциироваться с ним («войти в него»), чтобы пережить это снова. Тогда в дальнейшем в похожей ситуации будет достаточно подумать: «А что, если это случится опять…» — чтобы запустить приступ страха.

В уже упомянутой модели «быстрого избавления от фобий» первым шагом для всех людей, которые откликнулись на объявление, было представить себя как бы со стороны в ситуации страха, т. е. диссоциироваться (мы обязательно вернёмся к этому термину). Благодаря такому шагу человек впервые может более спокойно «взглянуть» на происходящее. Например, ко мне приходит пациент и говорит: «Я боюсь ездить в лифте». И сам при этом начинает трястись, бледнеть и прерывисто дышать, как будто дверцы лифта уже начинают закрываться за ним. «Хорошо, — говорю я ему, — а сейчас посмотрите на себя, боящегося ездить в лифте». «Ладно, — отвечает он совершенно спокойно. — Смотрю. Что дальше?»

Именно это я предложил сделать человеку, сидящему напротив меня, — мысленно вернуться в тот перелёт, который его напугал, и представить, что он видит происходящее на экране, а потом провёл его по всем остальным шагам техники, которую мы подробно разберём в главе «НЛП — наука или искусство?». И после этого предложил представить предстоящий завтрашний полёт. Было видно, что он достаточно спокойно смог это сделать. Когда он открыл глаза, он сказал, что удовольствия от полёта он не получил, но чувствовал себя достаточно спокойно. На этом мы и расстались. С каким же удивлением в понедельник утром я услышал, что он снова хочет меня срочно видеть! Я был заинтригован и сказал, чтобы он приезжал. Приехав, он рассказал, что вчера, к его удивлению, он достаточно спокойно вошёл в самолёт. И чувствовал себя вполне уравновешенно в ожидании полёта — пока капитан не объявил, что в самолёте обнаружена какая-то небольшая неполадка, которую сейчас исправляют, и поэтому вылет задерживается. По мере ожидания его настроение начало меняться на тревожное… В конце концов, продержав пассажиров два часа на борту, им объявили, что, к сожалению, неисправность не устранена, поэтому полёт переносится на следующий день. С этим их вернули в терминал.

Новость о неисправности самолёта вызывает беспокойство даже у бывалых путешественников. Но при низком базовом уровне беспокойства всегда найдутся рациональные аргументы, которые помогут справиться с ростом тревоги. Например: «хорошо, что самолёт так тщательно проверяют перед вылетом — именно это и помогло выявить неисправность». «Прекрасно, что это выяснилось на земле. Они профессионалы и знают что делают. Значит, пока не исправят — не разрешат взлетать» и т.д. У человека же с повышенным уровнем тревожности рациональная аргументация будет либо не воспринята совсем, либо окажется недостаточной, чтобы перевесить эмоциональный фон. Альберт Эйнштейн говорил: «Воображение всегда сильнее знания».

После случившегося он вновь не был уверен, удастся или ему справиться с предстоящим полётом, поэтому решил ещё раз воспользоваться моей помощью. Тем не менее, его нынешнее состояние отличалось от того, которое было в субботу, когда я видел его впервые. Как он ни

> У человека с повышенным уровнем тревожности рациональная аргументация будет либо не воспринята совсем, либо окажется недостаточной, чтобы перевесить эмоциональный фон. Альберт Эйнштейн говорил: «Воображение всегда сильнее знания».

старался теперь, но вернуться в состояние страха перед предстоящим полётом, которое он испытывал перед нашей первой встречей, он не смог. «Это сейчас — больше беспокойство о том, как я буду реагировать, если что-то опять пойдёт не так», — сказал мужчина. Мы создали мощный якорь на расслабление, которым он сможет воспользоваться для поддержания нормального состояния. И я также показал ему несколько простых дыхательных упражнений и упражнений на расслабление. С учётом того, что он больше ко мне не обращался, можно предположить, что проблема на этом была решена. О «якорях» и специальных упражнениях на расслабление вы также найдёте информацию в следующих главах книги.

Самое драматичное излечение от фобии

С какого-то момента информация о моей психотерапевтической практике вышла за пределы Вильнюса, и ко мне начали приезжать пациенты из различных уголков Литвы. Все случаи были достаточно сложными, но интересными, и поэтому запомнились мне надолго. В частности, ко мне обратилась женщина из небольшого курортного городка, известного своими санаториями. На её примере мы ещё раз разберём механизм возникновения фобий. Однако сначала хочу сказать, что с точки зрения НЛП фобию можно считать примером быстрого обучения — одна встреча со злой собакой или один неудачный перелёт на самолёте — и этот негативный опыт «застревает» и, более того, генерализируется. Но, исходя из такой логики, и переобучение или избавление от фобии должно быть быстрым процессом, а не занимать месяцы или годы терапии! Давайте рассмотрим по отдельности оба этих тезиса: 1) фобия — пример быстрого обучения; 2) избавление от фобии также должно проходить быстро.

1. Наш мозг учится быстро. Особенно, когда это относится к приобретению нового опыта. Например, обычно хватает и одного прикосновения рукой к горячей плите, чтобы навсегда сохранилась память боли от ожога, которая теперь окажется связанной со всеми возможными вариантами плит в будущем. Если воспользоваться компьютерной аналогией, то происходит объединение отдельных файлов: «рука» + «горячая плита» + «боль» (точнее, формула такая «рука» + «горячая плита» = «боль»), и эта новая комбинация сохраняется в отдельной «папке»! В дальнейшем, если рука начнёт приближаться к горячей плите, человек будет вспоминать о боли ещё даже до непосредственного контакта. Более того, используя способность нашего мозга обобщать приобретённый опыт, категория «плита» будет расширена на весь класс, т. е. на все виды плит — газовые, электрические, стеклокерамические и т.д. С точки зрения нейробиологии, мы можем сказать, что установились ассоциативные связи между различными частями мозга, отвечающими, в част-

ности, за визуальные репрезентации руки и плиты с одной стороны и сенсорными ощущениями (боль) — с другой. По такому же принципу «устроены» фобии, потому что фобию также можно рассматривать как «обучение с одной попытки»! Вы застряли в лифте и испугались; ваш самолёт начало трясти, и вы решили, что это последний день вашей жизни; вы пошли плавать и начали тонуть — соединения какой-то ситуации с реакцией страха порой достаточно для создания «папки», где обычное событие (поездка в лифте, полёт на самолёте, купание в озере…) будет уже прочно соединено со страхом! И тогда ваш мозг в следующий раз, когда вы окажетесь в такой же ситуации, «будет знать», каким файлом воспользоваться. Дальше запускаются механизмы генерализации (обобщения), и через какое-то время конкретный лифт превращается во всевозможные закрытые помещения, самолёт — во все виды перемещения по воздуху, иногда также включая страх высоты, а конкретное озеро — во все водоёмы!

2. Если вы сейчас осознали, как люди, включая вас, создают фобии, знайте, что в каждом случае работает тот же самый процесс. Люди и ситуации, в которых они оказываются, уникальны, но процессы возникновения фобий — универсальны! И если вы поняли структуру фобии, дальше вам будет понятнее, что нужно сделать для изменения этой автоматической реакции. Причём сделать это можно достаточно быстро — как в том примере, о котором я начал рассказывать.

Итак, ко мне обратилась женщина средних лет, основной жалобой которой было компульсивное мытьё рук. Пациентка могла мыть руки до 60 раз в день (!), и это при том, что она старалась ни к чему не прикасаться… Такое поведение было у неё уже на протяжении последних 18 лет. Ситуация с годами только ухудшается. Она рассказала, что если раньше могла хоть как-то контролировать своё состояние и как-то функционировать, то в последние годы справляется только с домашней работой и то не всегда. Практически не выходит из дома. Ни с кем кроме членов семьи не общается. Почтальон, приходя, даже не пытается позвонить и передать почту — оставляет снаружи, зная, что она не откроет. На протяжении всех этих 18 лет она на различных медикаментах — от успокаивающих до антидепрессантов и психотропных. Много раз госпитализировалась в психиатрическое отделение. Последние годы находится на инвалидности… В общем, налицо было так называемое обсессивно-компульсивное расстройство (ОКР) — системное психическое нарушение, проявляющееся в непроизвольно возникающих навязчивых, мешающих или пугающих мыслях — обсессиях, а также в том, что человек постоянно и безуспешно пытается избавиться от вызванной этими мыслями тревоги с помощью столь же навязчивых и утомительных действий — компульсий.

Я спросил, помнит ли она, как это всё начиналось? Началось, поправила меня она. «Это случилось…» — и она назвала конкретный день восемнадцать лет назад… Она работала молоденькой санитаркой в одном из санаториев, и в её обязанности входила уборка помещений, а также смена постельного белья. В это утро она меняла бельё в палате только что выписавшейся пациентки, о которой ходила слава охотницы за мужчинами. Ни для кого не секрет, что раньше в санаториях, куда съезжались люди из разных городов, а иногда из разных республик, «параллельно» с лечебным курсом часто вспыхивали краткосрочные романы, которые заканчивались, как только истекало время пребывания. И вот когда она меняла простыни на, как она выразилась, «не остывшей ещё от тепла тела» кровати, пробегавший по коридору доктор кинул на ходу: «Смотри не заразись», — и побежал дальше по своим делам. Он даже не подозревал, что вот этой на ходу обронённой фразой изменил всю её жизнь на следующие 18 лет! Возможно, эти слова упали на «подготовленную почву» страхов мнительной, легко восприимчивой натуры, возможно, сработали какие-то другие причины, но факт остаётся фактом — с этого дня её жизнь драматическим образом изменилась. В её душе поселился страх заразиться венерическим заболеванием, и она стремглав бросилась мыть руки! Помыв, через какое-то время она подумала, что сделала это недостаточно тщательно… Что было дальше, вы знаете. Начиная с этого дня, она перестала подпускать мужа к себе, их интимная жизнь в этот день полностью оборвалась. Через несколько дней она уволилась с работы, продолжая всё чаще и чаще «отмывать» свои руки от невидимых возможных микробов.

Её рассказ заставил меня задуматься — ведь, по сути, глубинной причиной, которая привела к ОКР, была так до сих пор и не разрешённая pathophobia — страх заражения. Поэтому, думал я, если «извлечь» этот компонент, то вся конструкция, возможно, посыплется как карточный домик. Я погрузил её в глубокий транс и попросил представить вполне конкретный маленький телевизор — тогда были популярны чёрно-белые переносные

«Шилялисы» Каунасского радиозавода. На экране этого телевизора ей было предложено просмотреть эпизод того самого утра, где 18 лет назад она выполняет свою привычную работу, мимо проходящий доктор что-то говорит, она вздрагивает, а потом продолжает перестилать бельё и убирать комнату...

Было видно, что она достаточно спокойно представила всё происходящее со стороны. Затем я предложил «промотать» весь эпизод в обратном порядке — этап, при котором происходит изменение устоявшихся нейронных связей, связанных с той ситуацией. По сути, это момент «снятия с крючка» ассоциации случившегося со страхом, в данном случае — страхом заразиться. И на последнем этапе я предложил ей «войти в экран» и помочь «главной героине» более спокойно среагировать на фразу, обронённую доктором (как позже выяснилось, в этот раз она просто её не расслышала). Затем я попросил её представить, как сложилась бы её жизнь, если бы этого эпизода не произошло. На этом наш сеанс закончился. Она вышла из транса гораздо более спокойной и несколько растерянной. Мы ещё немножко поговорили, и я спросил — не изменилась ли её потребность в мытье рук? Она задумалась и сказала, что не видит необходимости сейчас делать это столь часто. Я был настойчив и спросил, сколько раз в день она собирается мыть руки. Она начала загибать пальцы и насчитала от 6 до 8 раз — перед едой и после посещения уборной. Я решил, что это более адекватная цифра, чем была в начале, и отпустил её. Через месяц я получил от неё письмо, в котором она писала, что чувствует себя хорошо, порывы, когда ей хочется срочно бежать и отмывать свои руки, не повторялись. И дальше она написала, что всю первую неделю прорыдала от жалости к себе, оплакивая вычеркнутые из жизни 18 лет. И что она до сих пор не может поверить, что одна встреча со мной смогла всё вернуть назад! И только сейчас она поняла, как её семья и в особенности её муж натерпелись с ней...

Помню, что, читая её письмо, я недоумевал — почему, вместо того чтобы радоваться факту, что всё завершилось, у неё была именно такая драматическая реакция? Что и говорить — я ещё был совсем молодым специалистом...

Впрочем, говорят, молодость и неопытность — это очень быстро проходящий недостаток. Тем более, когда с прекрасными и мудрыми учителями в начале жизненного пути везёт так, как повезло мне!

С чего всё начиналось. Фрэнк Фаррелли

Пожалуй, одним из лучших мастеров, научивших меня добиваться быстрых изменений, из всех, у кого я обучался, был создатель Провокативной психотерапии Фрэнк Фаррелли. Все эти встречи со звёздами психотерапии происходили в середине 90-х годов прошлого уже века, в период моего становления как психотерапевта. Сначала Фаррелли шокировал нас своим нарядом — он выглядел, как типичный ковбой — в джинсах, ковбойских сапогах со шнурком и с каким-то украшением вместо галстука на шее... Первым делом Фрэнк рассказал об истории возникновения своего подхода — она началась ещё во времена его первого опыта работы с так называемыми «сопротивляющимися пациентами». Затем он дал своё понимание того, чем провокативный подход отличается от многих других школ психотерапии. Основное отличие, говорил он, заключается в том, что терапевт должен уметь, когда надо, брать на себя роль «адвоката дьявола» — для того чтобы помочь человеку справиться со своими психологическими блоками в том случае, когда уговоры и подбадривание просто не работают. Он проиллюстрировал это примером из опыта — не менее шокирующим, чем его наряд, но очень наглядным.

Это была история о дрессировщике, который старался научить свою собаку, бассета по кличке Спат, новому трюку — перепрыгиванию через обруч. Если вы не знаете, как выглядит бассет, просто представьте себе лицо самого печального человека, которого вы встречали... Хозяин использовал все возможные поддерживающие и мотивационные слова. Он кричал: «Ты молодец, ты можешь, ты справишься!» Но собака явно не была заинтересована в перепрыгивании через обруч... Упорный тренер делал всё возможное и невозможное, чтобы убедить Спата прыгнуть, в то время как собака просто продолжала смотреть на него добрыми

Фрэнк Фаррелли

печальными глазами. Совершенно измотавшись, отчаявшийся дрессировщик схватил собаку «за шиворот» и пропихнул через злополучный обруч! После чего захлопал в ладоши с радостными криками: «Я же говорил, что ты сможешь!»

Закончив рассказ, Фрэнк сказал, что прямо сейчас огромное количество терапевтов в своих офисах делают то же самое: подбадривают своих клиентов, уговаривая и объясняя, что изменения — это хорошо, в то время как сидящий в кресле напротив пациент печально смотрит на своего терапевта, безуспешно пытаясь понять, что же от него хотят… Становясь же «адвокатом дьявола», вы как бы на время принимаете негативную часть клиента и усиливаете её! И цель этого заключается в том, чтобы при таком подходе сам человек **был вынужден встать на СВОЮ сторону**, начиная доказывать «безжалостному» терапевту, что он всё-таки может измениться! При этом энергия сопротивления клиента — частый фактор в терапевтическом процессе — направляется на положительные изменения.

Во время семинара я был просто восхищён мастерством Фаррели находить новые аспекты, подходы к тем проблемам и ситуациям, о которых заявляли люди, садясь в «клиентское» кресло напротив него. То, что происходило дальше при работе с конкретной проблемой, внешне было похоже на беспощадное словесное побоище. Фрэнк шокировал, провоцировал, высмеивал, не оставляя камня на камне от старых ограничивающих убеждений. Он переворачивал ситуации с ног на голову (а может, наоборот…), выворачивал наизнанку, и буквально через несколько минут человек, заявивший, к примеру, что он «не видит никакого смысла в жизни», начинал с жаром доказывать ценность своей жизни, находя всё больше и больше аргументов, лишь бы убедить «скептически настроенного» Фрэнка! К тому времени, когда Фрэнк милостиво соглашался — «да, твоя жизнь, пожалуй, чего-то стоит…», клиент готов был сражаться, отстаивать свои вновь найденные жизненные ценности и даже знал уже, что именно он начнёт делать на этом пути немедленно!

Глава 6
«Автономия» — внутри нас

> Положительные люди действуют на нервы, плохие — на воображение...
>
> *Оскар Уайльд,*
> *ирландский писатель и поэт*

> Есть простой способ почувствовать действие обеих частей автономной нервной системы. Всякий раз, когда вы делаете глубокий вдох, вы активируете симпатическую нервную систему — в результате всплеск адреналина ускоряет работу вашего сердца. Выдох в свою очередь активирует парасимпатическую нервную систему, что замедляет работу сердца.

Вегетативная нервная система и её симпатическая часть

Почему внезапный испуг заставляет сильнее биться ваше сердце? Почему обычный человек не может по своему желанию взять, да и остановить собственное сердце или прекратить процесс переваривания пищи в желудке?

Существует отдельная часть нервной системы человека, которая управляет многими непроизвольными функциями нашего организма. Она называется вегетативной нервной системой. Это, по сути, автономная нервная система, действие которой не контролируется нашим сознанием. В то же время под контролем этой системы находится активность различных желёз, сокращение гладких мышц, работа почек, сокращение сердца и многие другие функции! Вегетативная нервная система поддерживает на заданном природой уровне кровяное давление, потоотделение, температуру тела, обменные процессы, деятельность внутренних органов, кровеносных и лимфатических сосудов…Последствия того, что может произойти, когда сознание пытается вмешаться, чтобы контролировать наши физиологические процессы, происходящие в автоматическом режиме, я могу проиллюстрировать на примере ещё одной неожиданной фобии.

Помните одно из определений фобии — иррациональный, т. е. не поддающийся логическому объяснению, страх? Ко мне обратилась молодая приятная женщина, которая мучилась от фобии, связанной с боязнью воды (aquaphobia). Причём в её случае это выражалось в том, что она боялась… пить воду! Точнее, когда она пришла ко мне, она просто не могла сделать ни одного глотка! Попытка проглотить любую жидкость приводила к мышечному спазму глотательных мышц… Можете себе представить, какие мучения испытывала эта женщина? Необычность ситуации заключалась в том, что при определённых неврологических или возрастных проблемах трудности глотания в основном связаны с твёрдой, пусть даже хорошо разжёванной пищей. Она же, напротив, не испытывала никаких сложностей в разжёвывании и проглатывании стэйка, пиццы или любой другой твёрдой пищи. Но вот запить эти блюда чем-либо или порадовать себя тарелкой супа она просто физически не могла. Какое-то время она старалась приспособиться к сложившейся ситуации, пытаясь компенсировать нехватку жидкости мякотью арбуза или дыни, но начала замечать, что организму этого явно недостаточно, и к тому же такой сладковатый привкус быстро «приелся». Так как наш организм намного болезненнее реагирует на нехватку жидкости, чем на недостаток пищи, происходящее достаточно быстро начало отражаться на её общем самочувствии, что и подтолкнуло её к поиску профессиональной помощи.

Отвечая на мой вопрос о том, с чего всё началось, она рассказала, что не так давно отдыхала на океане, где однажды во время купания её накрыло волной, и она чуть не захлебнулась, наглотавшись воды… Обычная история, не правда ли? Кто из нас не испытывал что-то подобное? Для подавляющего большинства такой эпизод закончился бы небольшим испугом, не приведя к дальнейшим драматическим последствиям. Но, как вы уже знаете, стоит добавить к первичному происшествию ещё два необходимых ингредиента, превращающие испуг в фобию — богатое, неконтролируемое воображение и классический вопрос: «А что, если?!» — и новое «блюдо» готово! Придя в себя на берегу, она заказала коктейль, поднесла бокал к губам и вдруг спросила себя: «А что, если я сделаю глоток и опять поперхнусь?!» Воображение тут же не просто нарисовало яркую картину такого развития событий, но и создало сценарий того, что это происходит в реальности! Причём настолько убедительный, что тело включилось в игру.., и она действительно поперхнулась! Следующий «логический» вопрос был: «А что, если так теперь будет всегда?!» Соответственно, к следующему своему напитку она подходила с большой осторожностью, решив для себя сознательно контролировать весь процесс попадания жидкости в желудок. И тут её ждало ещё большее разочарование — чем больше она пыталась представить этот процесс, тем больше запутывалась в последовательности действий — что в итоге привело к спазму глотательных мышц! С этого момента такая последовательность (страх повторения приступа — сознательное «участие» в обычно автоматическом процессе — мышечный спазм) закрепилась и стала преследовать её при попытке «употребить» любую жидкость. А поскольку изначально все неприятности были связаны только с водой, то на твёрдую пищу это не распространилось.

Передо мной сидела напуганная, очень напряжённая молодая женщина. Можно было сказать, что она красива и, вероятно, нравится мужчинам, однако это была какая-то искусственная, кукольная красота, вызывающая больше сострадание, чем восторг. Эффектные чёрные волосы, длинные накладные ресницы, и сквозь всё это — настороженность с явным оттенком постоянного, никуда не исчезающего страха… Несмотря на яркие внешние данные, в её облике проступала какая-то безысходность. Возможно, потому что она изо всех сил пыталась скрывать свою проблему от окружающих и, если бы не явные физические страдания, до которых она себя довела, наверное, терпела бы и дальше.

Учитывая всё это, во время нашей первой встречи я начал с простых приёмов расслабления. Ну а к следующему визиту у меня уже был готов план действий. Я понимал, что, помимо избавления от первичного страха захлебнуться, нам нужно решить не менее сложную проблему — помочь ей «отпустить» контроль над процессом глотания. То есть позволить телу вновь начать выполнять работу, которая контролируется и управляется автономной частью нашей нервной системы, не предполагающей сознательный контроль. Перед началом трансовой работы я принёс стакан воды и предложил ей сделать несколько глотков. Я увидел, как от ужаса расширяются её глаза, а при попытке поднести стакан к губам мышцы шеи заметно напряглись... Никаких сомнений в её словах не осталось. Для нашей работы я выбрал простую, но наглядную притчу про сороконожку. Погрузив её в глубокий транс, я начал рассказывать о том, что однажды муравей, увидев бегущую по дорожке сороконожку, остановил её и поинтересовался — как это ей удаётся так хорошо справляться со всеми своими ногами, и знает ли она, с какой из 40 ног нужно начинать движение? Сороконожка задумалась и, застыв, не смогла сдвинуться с места, растеряно глядя на муравья... И тут, добравшись до этого места, я неожиданно осознал, что притча иносказательно и очень хорошо иллюстрирует пример вмешательства сознания в автоматические действия, но... не предлагает никакого решения! Вероятно, сороконожка из притчи в итоге отвлеклась от своего мыслительного процесса, и автоматизм действий восстановился, но для моей пациентки мне нужно было предложить очень простой механизм, способный «усыпить» бдительность её контролирующего сознания! В состоянии транса у нас активируется бессознательная часть, которая очень хорошо «читает» смысл метафор и историй и достаточно буквально воспринимает предлагаемые действия. Поэтому я сказал, что, замерев на какое-то время, сороконожка... запела свою любимую песню и побежала дальше по дорожке! Вернув женщину из транса, я предложил ей то же самое — начать петь и затем вновь попробовать сделать несколько глотков. Она послушно начала напевать, держа стакан в руках, сначала негромко, затем всё увереннее и, неожиданно отпив, сделала первый глоток! Проглотив, она замерла, но я жестом показал продолжать. Она запела вновь, время от времени делая маленькие глотки! Это было первым шагом к решению проблемы, превратившей всю её жизнь в ежедневный кошмар.

> Нормальное функционирование вегетативной нервной системы обеспечивается сбалансированной работой двух её ветвей: симпатической, которая действует как определённый ускоритель процессов тела, и парасимпатической, функцию которой можно сравнить с тормозом в машине.

Нормальное функционирование вегетативной нервной системы обеспечивается сбалансированной работой двух её ветвей: симпатической, которая действует как определённый ускоритель процессов тела, и парасимпатической, функцию которой можно сравнить с тормозом в машине. Эти «взаимные эффекты», как называл их Дарвин, работая вместе, играют важную роль в управлении физиологическими процессами, поддерживающими стабильность гомеостаза нашего тела. Одна система участвует в расходовании нашей энергии, другая — в её консервации. Симпатическая нервная система отвечает за возбуждение, включая реакцию «бей или беги». По Дарвину — «поведение бегства или избегания». Почему у этой части нервной системы именно такое «симпатичное» название? Почти 2000 лет назад её так назвал римский врач Гален — симпатическая, то есть «сочувствующая» система. Смысл такого термина в том, что она обеспечивает проявление наших эмоций (*sym* и *pathos* — греч. Πάθος — страдание, страсть, возбуждение, воодушевление). Симпатическая нервная система очень чувствительна к эмоциональному воздействию. Печаль, гнев, тревога, страх, апатия, половое возбуждение — эти состояния вызывают изменения функций органов, находящихся под контролем всей вегетативной нервной системы. Например, как я уже сказал, внезапный испуг заставляет сильнее биться сердце, дыхание становится более частым и глубоким, в кровь из печени выбрасывается глюкоза, прекращается выделение пищеварительного сока, появляется сухость во рту… Организм готовится к быстрой реакции на опасность и, если требуется — к самозащите!

Именно с активацией симпатической нервной системы связаны все физиологические реакции, которые мы испытываем в состоянии страха (да и в состоянии стресса в целом). В том числе:

— повышение частоты сердечных сокращений и артериального давления;

— расширение зрачков, чтобы глаза впитывали как можно больше света;

— сужение вен на коже, чтобы направить больше крови к основным группам мышц (именно поэтому иногда люди испытывают озноб, когда им страшно, и бледнеют);

— увеличение уровня глюкозы в крови;

— напряжение мышц, которые получают энергию от адреналина и глюкозы (отсюда мурашки на коже: крошечные мышцы, прикреплённые к каждому волоску, напрягаются, и волосы вытягиваются вверх);

— расслабление гладких мышц, чтобы позволить большему количеству кислорода поступать в лёгкие;

— отключение несущественных систем (например пищеварения и иммунной системы), чтобы дать больше энергии аварийным функциям;

— проблемы с концентрацией внимания на мелких задачах (мозг направлен на то, чтобы сосредоточиться исключительно на большой картине происходящего).

С симпатической частью вегетативной (автономной) нервной системы мы, вроде бы, разобрались. А как же другая часть — она что, не такая «симпатичная»?

Парасимпатическая ветвь — «против эмоций»

Вторая ветвь вегетативной нервной системы — парасимпатическая («против эмоций») — напротив, способствует более «долгоиграющим» функциям самосохранения, таким как пищеварение и заживление ран. Её активирует освобождение ацетилхолина. Это вещество представляет собой органическое соединение, которое стало первым из открытых нейромедиаторов (проводников нервных импульсов). Оно осуществляет нервно-мышечную передачу, а также выполняет функцию основного нейромедиатора в парасимпатической нервной системе. В организме ацетилхолин очень быстро разрушается специализированным ферментом — ацетилхолинэстеразой. Помимо сказанного ацетилхолин играет важнейшую роль в таких процессах, как память и обучение.

При активации парасимпатической ветви происходит уменьшение возбуждения, замедление сердцебиения, расслабление мышц и замедление дыхания. Как указывал Дарвин, «пищеварение, безопасность и размножение» в целом зависят именно от парасимпатической нервной системы. Парасимпатическая система способствует поддержанию нормального функционирования организма — получению энергии и «строительного материала» из пищи, а также избавлению от отходов.

Есть простой способ почувствовать действие обеих частей автономной нервной системы на себе. Всякий раз, когда вы делаете глубокий вдох, вы активируете симпатическую нервную систему. В результате всплеск адреналина ускоряет работу вашего сердца — что объясняет, почему многие спортсмены делают несколько коротких глубоких вдохов перед началом соревнований.

Выдох в свою очередь активирует парасимпатическую нервную систему, что замедляет работу сердца. Если вы посещаете занятия йогой или медитацией, ваш инструктор, вероятно, будет учить вас обращать особое внимание именно на фазу выдоха. Причина как раз в том, что глубокий долгий выдох поможет вам успокоиться.

Существует поучительное вполне правдоподобное предание, связанное с Александром Македонским. Оно гласит, что легендарный полководец отбирал воинов в свою личную охрану особым способом. Кандидатов выстраивали в шеренгу, и каждый из них получал... мощную пощёчину! Следом шёл сам Александр, наблюдая за реакцией кожи лица на удар — побелеет или покраснеет. По сути, он использовал вариант примитивного стресс-теста для определения тонуса вегетативной нервной системы. Таким нехитрым, но эффективным путём царь выяснял, какой отдел вегетативной нервной системы доминирует у человека — симпатический или парасимпатический. Напомним, что симпатический отдел отвечает за напряжение, а парасимпатический — за расслабление. Иными словами, предание утверждает, что Александр предпочитал набирать так называемых ваготоников (от *vagus* — главный нерв в парасимпатической системе), а не симпатотоников — тех, у кого преобладает симпатический отдел нервной системы, рассчитывая на то, что в стрессовой ситуации ваготоники не запаникуют и не будут подвержены импульсивному принятию решений. Может быть, в том числе, и с этой «методики», которая помогла удачливому завоевателю сохранить жизнь от покушений и прочих опасностей, начались его грандиозные победы, дошедшие до нас через толщу времён? Во всяком случае, теперь мы знаем, что Александр тоже не был совершенно бесстрашным — иначе он бы не стал, опасаясь за свою жизнь, проводить столь строгий и тщательный отбор в личную охрану.

> Предание гласит, что Александр Македонский предпочитал набирать ваготоников, а не симпатотоников — тех, у кого преобладает симпатический отдел нервной системы, рассчитывая, что в стрессовой ситуации ваготоники не запаникуют и не будут подвержены импульсивному принятию решений.

Ну а кроме всего этого, мы ещё знаем об Александре, что он ставил перед собой самые трудные военные задачи, а затем успешно добивался цели, находя правильные решения в самых тяжёлых ситуациях. Причём нередко эти решения были синтезом разных убеждений о войне, бытовавших в те времена.

Одним из интересных подходов, с которым мне довелось познакомиться, было как раз направление, также соединяющее, казалось бы, совершенно противоположные представления.

С чего всё начиналось. Хамид Пезешкиан и его позитивная психотерапия

В середине 90-х в Вильнюс приехал сын создателя позитивной психотерапии Носсрата Пезешкиана — Хамид Пезешкиан. Являясь так же, как его отец, психиатром и психотерапевтом, он помогал отцу популяризировать это направление в Европе, да и во всём мире. Позитивная психотерапия (не путать с позитивной психологией Мартина Сэлигмана) — это направление в психотерапии, в котором философия и мудрость Востока соединяются с рациональностью Запада. Такой «интегративной особенностью» позитивная психотерапия обязана биографии её создателя Носсрата Пезешкиана, родившегося в Иране, но получившего медицинское образование в Германии, где он и практиковал затем всю жизнь. Поэтому большая роль в этом направлении терапии отводится культурным различиям, которые часто встречаются в смешанных семьях, вопросам адаптации в социуме, вопросам принятия.

Тот период моего вхождения в профессию был важен тем, что после достаточно однообразного начального подхода к душевным проблемам, который нам преподавался раньше, в начале 90-х границы распахнулись (государственные и информационные), и нам открылось разнообразие теорий и подходов. Я чувствовал себя, как изголодавшийся человек, который попал на невероятное пиршество...

Хамид Пезешкиан

Позже, уже будучи в Америке, я где-то прочитал о том, что в США существует более 144 (!) психотерапевтических школ и направлений. От классических аналитических (психоанализ, транзактный анализ) — до телесноориентированных направлений и более экзотических, как, например, терапия первичного крика (которой, кстати, интересовались Джон Леннон, Йоко Оно и Стив Джобс). Каждое из этих направлений имеет своё понимание процесса изменений, предлагая людям, ищущим помощи, разнообразную палитру подходов. Очень многие из этих направлений, безусловно, обращаются к историческому и культурному наследию, заключённому в книгах и фильмах. Я помню, когда я проходил обучение методам групповой психотерапии, какое огромное впечатление произвели на меня сначала просмотр, а затем обсуждение в группе фильма «Принц приливов» (The Prince of Tides, 1991) с Барбарой Стрейзанд в роли психоаналитика. Обсуждение этой киноленты помогло некоторым участникам группы начать говорить о своих проблемах, которые они не решались озвучить раньше. В другой группе я присутствовал на обсуждении фильмов Тарковского, каждый из которых «заряжен» глубоким психологическим смыслом. Обсуждения фильмов в психотерапевтической группе сильно отличается от разбора отснятого материала кинокритиками. Каждый присутствующий в группе пришёл сюда со своей собственной болью и, если происходящее на экране резонирует с его проблемой, это помогает взглянуть на ситуацию со стороны и, возможно, увидеть другие варианты развития событий — а иногда и решения. Поэтому такие обсуждения в группе обычно горячие и продуктивные.

> ...Тогда я и подумал впервые о том, что работа Сталкера во многом похожа на то, чем я занимаюсь — ты можешь помочь человеку не потеряться в этом лабиринте, но ты не всегда можешь предсказать, чем эта встреча обернётся в дальнейшем...

В основном обсуждались фильмы «Солярис» и «Сталкер». После вступительного разделения на тех, «кто вообще ничего не понял», и на тех, «кто понял всё», и дальнейшего обсуждения того, насколько фильмы отличаются от авторских текстов, зазвучали темы одиночества, поиска смысла жизни, попыток понять самого себя... Многие увидели в образе моря на планете Солярис человеческое бессознательное, которое возвращает нам именно то, что мы пытаемся в нём найти — плохое или хорошее. А поход в «Зону» — это путь в лабиринте к собственному Я со всеми подстерегающими на этом пути опасностями — например, страху разочарования, но также и надежде, что эта встреча изменит нашу жизнь.

Вот тогда я и подумал впервые о том, что работа Сталкера во многом похожа на то, чем я занимаюсь — ты можешь помочь человеку не потеряться в этом лабиринте, но ты не всегда можешь предсказать, чем эта встреча обернётся в дальнейшем...

Позитивная психотерапия Пезешкиана базировалась на убеждении в том, что все люди наделены всем необходимым, чтобы жить счастливой жизнью. У каждого есть доступ к неисчерпаемому источнику жизни, который можно использовать для своего индивидуального раскрытия и личностного роста. Сам подход к терапии был очень структурирован и чётко организован, что позволяло довольно быстро выявлять и разрешать внутренние конфликты. Носсрат Пезешкиан предложил целый ряд инновационных терминов и техник, достаточно простых, которые пациенты обычно легко осваивают и начинают ими пользоваться. Например, меня на тот момент поразило использование технического термина «инвентаризация» применительно к выявлению и описанию перечня эмоциональных проблем пациента, которых обычно оказывается больше той (или тех), с которой/ыми пациент изначально обращается. В процессе терапии человек учится основным приёмам и может уже сам помогать себе и своим близким. Носсрат Пезешкиан, а за ним и Хамид часто говорили: «Здоров не тот, у кого нет проблем, а тот, кто умеет их решать». Но, конечно, больше всего меня впечатлило обильное использование специалистом в своей работе различных пословиц, притч, необычных интересных историй. Наполненные мудростью Востока, они способны помочь человеку посмотреть на свои проблемы под другим углом, отстранённо, абстрагироваться от субъективных переживаний и обсудить свои трудности со специалистом, будучи в то же время независимым от него.

Неделя обучения основам позитивной психотерапии оставила смешанное чувство — с одной стороны я действительно оценил терапевтическую силу историй, метафор, и в дальнейшем, изучая гипноз, мне это очень пригодилось. С другой стороны — немецкий «алгоритмический» подход ощущался мною «сковывающим». Даже использование историй было «запротоколировано» — нам объяснялось, на каком этапе терапии какую именно историю нужно рассказать. Тем не менее, я бы рекомендовал всем, кто интересуется психологией, найти и прочитать книжку Носсрата Пезешкяна «Торговец и попугай». Это сборник восточных историй, которые иллюстрируются примерами из его психотерапевтической практики. Я хотел бы привести здесь одну из этих историй. Она называется **«Наберись смелости — сделай попытку»**.

Итак, однажды царь решил подвергнуть испытанию всех своих придворных, чтобы узнать, кто из них способен занять в его царстве важный государственный пост. Толпа сильных и мудрых мужей обступила его. «О вы, подданные мои, — обратился к ним царь, — у меня есть для вас трудная задача, и я хотел бы знать, кто сможет решить её». Он подвёл присутствующих к гигантскому дверному замку — такому огромному, какого ещё никто никогда не видывал. «Это самый большой и самый тяжёлый замок, который когда-либо был в моём царстве. Кто из вас сможет открыть его?» — спросил царь.

Одни придворные только отрицательно качали головой. Другие, которые считались мудрыми, стали разглядывать замок, однако вскоре признались, что не смогут его открыть. Раз уж мудрые потерпели неудачу, то остальным придворным ничего не оставалось, как тоже признаться, что эта задача им не под силу, потому что она слишком трудна для них.

Лишь один визирь подошёл к замку. Он стал внимательно его рассматривать и ощупывать, затем пытался различными способами сдвинуть с места и, наконец, одним рывком дёрнул его! О чудо, замок открылся! Он был просто не полностью защёлкнут! Надо было только попытаться понять, в чём дело, и смело действовать...

Тогда царь объявил: «Ты получишь место при дворе, потому что полагаешься не только на то, что видишь и слышишь, но надеешься на собственные силы и не боишься сделать попытку».

Практические инструменты — начинаем изменения

Глава 1
НЛП — наука или искусство?

> Мир — это комплекс ощущений восприятия.
>
> *Дэвид Юм, шотландский философ*

Говоря современным языком, НЛП уместно сравнить с технологической платформой, на базе которой можно создавать полезные приложения в различных областях человеческой жизни.

«Карты» восприятия и «козыри» опыта

Нейролингвистическое программирование — это особый подход к межличностному общению, развитию личности и психотерапии. Некоторые считают его точной наукой, другие — своеобразным психологическим искусством. А вот если вы захотите прочесть об НЛП в Википедии, то обнаружите, что там его настойчиво именуют «псевдонаукой»... Но почему?

НЛП занимается моделированием внутреннего опыта человека. Какой же именно опыт интересует НЛП? В первую очередь — успешный! Если кто-то достиг результата, избавился от страха, состояния подавленности, тревожности, то нас, конечно, интересует, как же он это сделал?! Ниже на страницах этой книги мы, в частности, очень подробно рассмотрим модель быстрого избавления от страха, созданную на основе подтверждённого опыта людей, которые самостоятельно избавились от своих страхов, доставлявших им страдания многие годы. И, как оказалось, все они пользовались очень похожими приёмами, сами не осознавая этого!

Я думаю, многие из вас согласятся с тем, что нам зачастую очень сложно объяснить и уж тем более обучить других «ходам» и способам достижения такого же хорошего результата, который получили мы сами. Ведь для этого необходимо выявить шаги, их последовательность, создать универсальное описание и так далее. И вот здесь на помощь может прийти язык описания, разработанный в НЛП. Действительно, до сих пор вокруг НЛП существует очень много недопонимания и вымыслов несмотря на то, что в конце прошлого века вполне уважаемый журнал *Psychology Today* сравнил важность открытия этого направления с созданием интернета. Ну а раз так, давайте ознакомимся с основными понятиями и принципами НЛП.

Вначале о названии. Сам термин «нейролингвистическое программирование» (Neuro-linguistic programming) состоит из понятий «нейро», «лингвистическое» и непосредственно «программирование». Разберём каждое. Нейро обозначает весь опыт, который поступает в мозг, а затем обрабатывается и кодируется в мозге. «Лингвистическое» — это понимание того, как пришедший опыт проявляется в языке. «Программирование» — организация внутреннего опыта. Другими словами, стратегии («программы»), с помощью которых мы организуем и направляем наше поведение, складываются из нервных и языковых паттернов. Таким образом, подход НЛП возник на стыке нейрофизиологии, лингвистики и психологии. Однако, несмотря на то что внутри него разработаны эффективные терапевтические техники, НЛП не является психотерапевтическим направлением. Это скорее методология, т. е. хорошо структурированная система описания. Говоря современным языком, НЛП уместно сравнить с технологической платформой, на базе которой можно создавать полезные приложения в различных областях человеческой жизни. Речь идёт о сферах, затрагивающих любые формы коммуникации — внутренней (с самим собой) или внешней (с другими людьми). Поэтому наработки НЛП широко используются в педагогике, бизнесе, политике и, конечно, в психологии и психотерапии. В основе метода — построение точной модели внутреннего процесса человека, позволяющей изменить то, что нуждается в изменении, и сделать осознанными успешные интуитивные стратегии. Создатели метода — Джон Гриндер и Ричард Бендлер — были учениками таких психотерапевтических звёзд своего времени, как Фриц Перлз, Вирджиния Сатир и Милтон Эриксон. Они часами записывали терапевтические сессии этих мастеров, ища ответ на вопрос: как каждому из них, используя такие разные подходы, удавалось стабильно получать замечательные результаты? Что определило успешность терапевтического вмешательства? Как создать модель, которая была бы воспроизводима при определённой тренировке любым человеком и приводила бы к тем же результатам? Ответы им удалось найти тогда, когда они уделили больше внимания самому процессу коммуникации, а не содержанию. Ими были выделены умения, которые отличают эффективных коммуникаторов, — это способность формулировать цели, позитивное мышление, сенсорная восприимчивость и гибкость поведения. Сейчас мы коротко остановимся только на некоторых базовых понятиях, лежащих в основе эффективной коммуникации.

Итак, воспринимая мир, мы создаём своё впечатление о нём с помощью пяти органов чувств: мы видим, слышим, чувствуем, обоняем и пробуем на вкус. Пять способов восприятия мира, пять так называемых «репрезентаций» мира... Это гениальная находка НЛП, о которой все до этого вроде бы знали, но не могли использовать! Давайте проследим хотя бы одну репрезентацию — зрительную. Попадая в глаз, изображение

> В основе НЛП — построение точной модели внутреннего процесса человека, позволяющей изменить то, что нуждается в изменении, и сделать осознанными успешные интуитивные стратегии.

претерпевает несколько этапов трансформации, начиная с того, что, проходя через хрусталик, картинка переворачивается на 180 градусов и отображается на сетчатке «вверх тормашками». Дальше ещё интереснее: фотоны света, достигая сетчатки, активируют специальные фоторецепторы — палочки (для восприятия чёрно-белого изображения) и колбочки (восприятие цветов), превращающие визуальную информацию в электрический сигнал — единственный «язык», который понимает наша нервная система! Двигаясь далее по оптическому нерву, преображённая информация достигает затылочных долей головного мозга, отвечающих за переработку зрительной информации. Именно здесь этот электрический сигнал декодируется, давая нам возможность воспринимать окружающий мир в виде картинок и образов. И, кстати, именно здесь изображение ещё раз переворачивается, ставя всё «на ноги»! Так вот, название «репрезентация» от этого и возникло: информация, которая претерпела несколько этапов изменения до того, как мы её восприняли. Иными словами, до нас дошла уже репрезентация, некое отображение или даже преломление мира! С этой точки зрения (и в прямом, и в переносном смысле…) очень важно понимать, что наше восприятие мира и реальность — всё-таки несколько разные вещи. Одну и ту же «реальность» каждый воспринимает по-своему. Каждый из нас создаёт свою собственную «карту» реальности, событий, опытов. Есть одна старинная китайская пословица, которая мне очень нравится: «Семь человек, идущих по мосту в деревню, идут по семи разным мостам в семь разных деревень».

Наша внутренняя «карта» восприятия действительности формируется на основе наших индивидуальных информационных фильтров — определённых внутренних «настроек» внимания. Какие-то из них более гибкие, какие-то более устойчивые. Я думаю, многие из вас сталкивались с таким феноменом: вы приобрели новую машину и «внезапно», на протяжении последующих нескольких недель, вы начали замечать, какое огромное количество машин той же марки, как ваша, ездят по дорогам! Что произошло? Неожиданно окружающие бросились приобретать ту же машину, что и вы? Конечно нет! Просто ваш фокус внимания сместился на данную марку машин, и внутренний информационный фильтр, который раньше «стирал» не значимую для вас информацию, сейчас начал допускать её к вашему сознанию. Через какое-то непродолжительное время эти «фильтры» перенастроятся, и вы перестанете расстраиваться по поводу того факта, что вы ничем не выделяетесь из армии обладателей ТАКИХ ЖЕ машин, а значит — сможете сполна насладиться своим приобретением! Знакомо? Это пример «перестройки» поверхностных фильтров внимания. Но у нас есть более «глубинные» и стабильные фильтры, которые делают наше восприятие происходящего уникальным лично для нас. И тут мы опять возвращаемся к понятиям репрезентаций, предложенным создателями НЛП Р. Бендлером и Д. Гриндером. Как я уже упоминал раньше, первое важное открытие, сделанное создателями НЛП, заключается в том, что они обратили внимание на, казалось бы, очевидный факт: наша голова наполнена информацией, доставляемой нашими органами чувств или, говоря научно, информационными каналами. Иными словами, наш «бортовой компьютер» оперирует образами, звуками, ощущениями, запахами, вкусами! Каждый компонент и является своеобразной «единицей» — «атомом восприятия». Объединяясь, такие «атомы» формируют «молекулу» уникального опыта. Не углубляясь, скажу, что эта находка позволила ввести определённый язык описания нашего субъективного опыта.

Второе важное открытие, касающееся формирования нашего внутреннего опыта, создания наших «карт» восприятия действительности, напрямую связано с различными «репрезентациями» опыта. Оказалось, что у каждого из нас есть свои предпочитаемые информационные каналы, которым мы доверяем больше и используем чаще, формируя нашу «реальность». Иными словами, есть люди, которые больше «оперируют» образами, для других важнее, «как это звучит», третьим же важно «пощупать руками». На языке НЛП первые называются «визуалами», вторые «аудиалами», а третьи «кинестетиками» (от лат. кинес — движение). Выбор предпочитаемого информационного канала происходит бессознательно, на основе нашего раннего детского опыта, и оказывает значительное влияние на нашу жизнь и выборы, которые мы совершаем — начиная от того, во что одеваться (красиво или удобно) и чем заниматься. Есть более «визуальные» профессии: художники, программисты, математики, дизайнеры… и более «кинестетические»: скульпторы, спортсмены, механики, и, конечно, «аудиальные»: певцы, музыканты, дикторы, преподаватели иностранных языков.

> Выбор предпочитаемого информационного канала происходит бессознательно, на основе нашего раннего детского опыта, и оказывает значительное влияние на нашу жизнь и выборы, которые мы совершаем — начиная от того, во что одеваться и чем заниматься.

Другое преломление того же внутреннего опыта — наш выбор с кем общаться. Вам известно это чувство, которое бывает, когда встречаешься с незнакомым человеком, и через несколько минут появляется ощущение, что вы давно знакомы? Оно возникает, если вы находите человека «одной крови» с вами, а точнее — совпадающего с вами в канале восприятия информации. Ну и, конечно, наши преобладающие репрезентационные каналы проявляют себя в нашем поведении. Например, в речи визуальные люди наполняют свои высказывания словами, описывающими образы: яркий, красивый, большой, смотреть, видеть; в речи аудиалов много слов, описывающих характеристики звука: слышать, громкий, тихий, шёпот, говорить… Что же касается людей с кинестетическими предпочтениями, то они пользуются описаниями ощущений: давление, тёплый, холодный, массивный.

Ещё одно открытие, сделанное на ранних стадиях развития НЛП, заключается в том, что наши движения глаз указывают на определённую сенсорную информацию, к которой обращён в данный момент человек. Они как бы являются «ключами», открывающими доступ именно к данной информации в нашем мозгу. Например, «верхний этаж» — это доступ к визуальной информации. Поэтому когда у вашего собеседника глаза уходят вверх — он в это время рассматривает или создаёт картинки, образы. Если глаза перемещаются горизонтально, как бы глядя на собственные уши — человек вспоминает или конструирует звучание. У нас, человеческих существ, в процессе эволюции сформировался ещё один, самостоятельный информационный канал, связанный со звуками. Это канал, который отвечает за осмысление приобретённого опыта посредством внутреннего диалога. У детей на ранних этапах развития есть потребность проговаривания происходящего. Вырастая, мы перестаём делать это вслух, но сама потребность не исчезает — она становится неосознанной или, точнее, часто не осознаваемой… Об этом мы больше поговорим в главе, посвящённой внутреннему диалогу. Когда мы проводим время в своём внутреннем диалоге, наши глаза опускаются вниз и влево. И, наконец, когда глаза направлены вниз и вправо, нам открывается возможность получить доступ к ощущениям.

Эта информация помогает мне в моей каждодневной работе лучше понимать, как, если можно так сказать, «устроена» проблема конкретного человека, сидящего напротив меня в моём кабинете. Это понимание структуры или «матрицы» проблемы даёт представление о том, трансформация каких элементов системы приведёт к быстрым, эффективным и экологичным для этого человека изменениям. Например, это помогает понимать, как «устроены» страхи у разных людей. В частности, визуалы «пугают» себя, создавая драматические картины или целые катастрофические фильмы в своей голове, аудиалы используют для этого свой внутренний голос, задавая, например, вопросы: «А что, если?..» и находя огромное количество вариантов того, что ещё может пойти не так. Кинестетики вновь и вновь проживают травматические события, ощущая боль и страх — так, как будто это происходит с ними прямо сейчас! При учёте этого появляется возможность более точно подбирать средства решения проблемы. В целом же могу сказать, что, используя вполне чёткие принципы нейролингвистического программирования, можно создавать свою новую реальность — более стабильные, здоровые состояния, новые, более эффективные паттерны личного поведения. Вот почему я убеждён: НЛП — это наука и искусство одновременно!

Постановка целей

Применяя принципы НЛП, можно добиться в жизни намного большего. Но вот вопрос — чего именно добиваться, и нужно ли это мне НА САМОМ ДЕЛЕ?! Ведь нередко случается так — человек достигает всего желаемого и запланированного, а потом понимает, что «дело было не в этом» и счастья нет! Как же быть?

В 1953 году в Восточном университете Коннектикута была защищена дипломная работа на тему «Постановка целей». Человек, писавший эту работу, обнаружил, что только 3 % студентов, попавших в выборку, поставили себе долгосрочные цели… Двадцать лет спустя, в 1973, всех исследованных проверили ещё раз и обнаружили, что доходы тех самых трёх процентов оказались выше, чем доход всех остальных вместе взятых! Это пример того, как наш мозг организовывает наше поведение, когда у него есть понимание цели. Возможности мозга поистине безграничны. Мы носим на своих плечах самый мощный компьютер на планете! Когда-то я прочитал в научной статье, что нейробиологов спросили: если стало бы возможно построить компьютер, выполняющий все функции нашего мозга, какого размера был бы такой компьютер? «Это невозможно — последовал ответ. — Но если всё же допустить такую возможность, этот компьютер был бы 150 метров в высоту и занял бы площадь, равную площади Франции…» Проблема, однако, заключается в том, что нас никто не учит, как правильно обращаться с таким мощным «инструментом». Нам всем нужна «инструкция к применению» — причём начиная с того, как правильно объяснять своему «бортовому компьютеру», куда он вас должен доставить!

В самом деле — отправляясь в любую дорогу, очень важно чётко представлять себе цель, которую хочешь достичь, и тщательно разработать маршрут, не правда ли? Иначе можно потратить много усилий, но так и не добраться до конечного пункта либо оказаться совсем в другом месте… Также очень важно разобраться, чего же действительно вы хотите.

Давайте ещё раз вспомним «Зону» Стругацких и персонажей фильма «Сталкер», которые рискуют в ней жизнью. Помните, зачем? Писатель и Профессор отправляются в это аномальное место, которое славится тем, что там исполняются желания… В итоге, преодолев множество смертельных опасностей и достигнув заветной Комнаты, Писатель отказывается загадывать желание, объяснив это тем, что никому не дано в полной мере понять и признать свои самые сокровенные желания! Сейчас мы поговорим о том, как лучше формулировать свои цели, которых вы действительно хотите достичь. Иначе — в контексте нашей темы — без хорошо сформулированного результата процесс избавления от страхов и волнений становится случайным и неконтролируемым. Я же предлагаю вам перевести его в разряд задач, которые надо решить.

> Отправляясь в любую дорогу, важно чётко представлять себе цель, которую хочешь достичь, и тщательно разработать маршрут. Иначе можно потратить много усилий, но так и не добраться до конечного пункта либо оказаться совсем в другом месте...

Итак — каковы же принципы хорошо сформулированного результата? Их несколько:

1. Цель должна быть сформулирована позитивно.

Следует определить именно то, чего вы хотите достичь — а НЕ то, чего хотите избежать!

Вспомните — в детстве, когда вы писали письмо Деду Морозу, вы не начинали свой список с того, чего вы не хотели! Вы сообщали очень точно о том, что вы действительно хотите. Вы даже знали, что если список будет слишком длинным, вы рискуете не получить ничего… Часто люди, приходя на консультации, начинают формулировать своё желание через систему отрицания: «Хочу не бояться, не волноваться, не думать о еде, не пить, не курить…» Что происходит в нашем мозгу, в механизме нашего восприятия, когда мы даём себе установку не думать о чём-то, ну, например, не вспоминать о торте или не бояться?

Сейчас я попрошу вас, дорогой читатель, сделать следующее простое упражнение. На протяжении следующих трёх минут постарайтесь не думать про… зелёного слона! Время пошло! Только, пожалуйста, НЕ думайте, как можно сильнее… Ну как — получается? Подозреваю, что нет. То же самое происходит, когда вы «не ДУМАЕТЕ» о страхе! Другими словами, для того чтобы вашему мозгу стало понятно, о чём вы хотите НЕ думать, ему сначала нужно понять, о чём идёт речь, и только после этого совершить действие по прекращению мыслительного акта, то есть перестать фокусироваться на нежелательном предмете. Поэтому с самого начала начинайте формулировать свою цель в терминах конечного результата: чего именно вы хотите достичь? Например, в случае вашего персонального страха, как вы хотите чувствовать себя в ситуациях, в которых раньше вы испытывали страх? У кого-то ответ будет: «Стать спокойнее». У кого-то: «Стать смелее». Для кого-то это будет состояние внимательности или уверенности в себе. Или какое-то другое. Теперь запишите, пожалуйста, свой ответ.

2. Цель должна быть сенсорно проверяемой.

Определите точку результата: как вы поймёте, что результат достигнут? Что вы увидите, услышите, почувствуете при этом? Это очень важный пункт правильной формулировки результата! Ярко представьте, как вы хотите выглядеть при достижении результата? Как вы будете чувствовать себя? Как должен звучать ваш голос? Что окружающие люди станут говорить о вас, когда вы достигните результата? Конечно, каждый человек по-своему справляется с этой задачей. Кому-то не составляет труда создавать в воображении картинки, а кому-то легче замечать новые ощущения в организме, ну а кто-то ещё легче ориентируется по высказываниям окружающих. Я предлагаю повторять это упражнение неоднократно, дорабатывая и привнося свежие детали в создаваемый образ. Желательно также наполнить вашу персональную картинку звуками и ощущениями.

3. Цель должна находиться под вашим личным контролем.

Необходимо определить, что зависит от вас лично, и за что вы можете взять на себя полную ответственность. Этот простой вопрос позволит оценить вашу конкретную ситуацию и понять, что именно в достижении цели зависит только от вас. Кто-то скажет: «Всё!» — и будет неправ! Другой начнёт, как обычно, находить оправдания в сложившейся ситуации или в действиях других людях. Ответьте себе сами — что лично вы можете и должны сделать для достижения результата? С чего, по-вашему, надо начинать? Кто вам может помочь, а кто — поддержать в нужный момент? В чём конкретно? В каком виде, в какой форме вам нужна помощь от этих людей? Кто действительно порадуется вашим достижениям? Запишите, пожалуйста, это всё!

4. Результат должен быть сформулирован конкретно.

В каком конкретно контексте вам нужен этот результат? В какой ситуации? При общении с кем конкретно? Это очень важный пункт в формулировании результата, который касается избавления от страхов! Нельзя абстрактно стать смелым или бесстрашным. Точнее, можно, но это может быть… наказуемо. Можно ведь начать «бесстрашно» ходить по крышам и проезжать на красный свет… Письменные ответы на этот пункт помогут вам намного лучше понять, где именно вы хотите оказаться.

5. Цель должна быть экологичной.

Необходимо осознать, может ли достижение цели иметь негативные последствия для вас или окружающих вас людей? Ещё до того, как вы сделаете первый шаг, до того, как отправитесь «в путь», вы можете и должны ответить себе на очень важный вопрос: не окажется ли так, что, достигнув цели, которую вы сформулировали для себя выбранными вами методами, вы больше потеряете, чем приобретёте? Не утратите ли вы что-то важное? Что изменится в вашей жизни при достижении цели? Может быть, этот «плохой» и «ненужный» страх — ваш страж и имеет свой смысл, с которым вы ещё просто не разобрались?

Однажды к нам в отделение положили молодую женщину, у которой была агорафобия — боязнь открытых пространств, плюс ещё несколько страхов. Она с трудом покидала свой дом, из-за чего её общение с миром значительно сократилось. И это её сильно угнетало. К тому времени я убедился, насколько хорошо работает техника быстрого лечения фобий, и, конечно, решил воспользоваться ею буквально в одной из первых сессий. Всё действительно замечательно сработало, она себя намного лучше почувствовала. Казалось, проблема решена… Но на следующий день, когда меня не было в отделении, во время занятий общей терапевтической группы всего отделения эта теперь уже «бесстрашная» женщина начала вести себя очень воинственно и агрессивно! Не успев ещё стать частью отделения, не разобравшись в происходящем, она разразилась гневными тирадами в адрес психолога, который работал в группе с пациенткой! Закончилось всё тем, что она назвала врачей отделения садистами, а заведующего тираном, после чего была удалена из группы… Оказалось, что развившиеся у неё страхи выполняли определённые положительные функции, сдерживая её внутреннюю агрессивность.

Этот случай многому научил меня — например тому, что перед осуществлением любых изменений нужно сначала оценить их последствия. Это называется ЭКОЛОГИЕЙ изменений.

А теперь вернёмся к нашему пятому пункту. Точно так же, представив себе, что ваша цель достигнута, очень важно понять — как это повлияет на окружающих вас людей, на весь мир? Не зря мудрецы утверждают, что настоящие цели должны служить общему благу, даже если они, как иногда кажется, ваши личные… Объяснение простое — каждый из нас является частью цельной системы мира, а в ней всё взаимосвязано, хотя мы это не всегда осознаём! Можете считать этот пункт своеобразной техникой безопасности перед «выходом». Начиная осознавать на данном этапе возможные последствия, вы ещё раз оцениваете свои цели и при необходимости вносите в них коррективы. Поэтому уделите ему пристальное внимание и обязательно запишите свои рассуждения!

6. Первый шаг и исследование возможных препятствий.

Если на предыдущем этапе вы только укрепились в своих намерениях, то можно продолжать и наметить первый шаг. С чего именно, вы считаете, следует начать продвижение к цели? И какие трудности могут встретиться на вашем пути? Исследуйте их внутренним взором, а потом запишите их и попробуйте распределить по степени значимости: от самых весомых к менее важным. Как их преодолеть? С каких из них вы хотели бы начать? С самых сложных? Или с относительно простых препятствий, постепенно приближаясь к более сложным? Запишите!

Возвращаясь к описанному выше случаю с пациенткой, хочу также добавить, что он дал мне важное понимание: быстрые изменения — это не всегда хорошо. Несмотря на то что в своей практике я остаюсь сторонником быстрых изменений, приобретённый профессиональный опыт научил меня относиться с уважением к симптомам и проблемам. Я как-то даже написал статью, которая называлась «Любите свои проблемы». В ней шла речь о том, что именно возникающие в жизни человека проблемы создают то «напряжение в системе», которое позволяет нам продвинуться, перейти на другой уровень развития. И при этом очень важно разделять непосредственно изменения, которые могут произойти быстро, и подготовку к изменениям, которая может и должна занимать необходимое время. Именно ПОДГОТОВКА человека к принятию — а иногда просто к допущению самой возможности изменений — является показателем качественной работы психотерапевта.

Используя в комплексе все эти шесть принципов, вы, уважаемые читатели, значительно повысите вероятность того, что в конце вашего пути к цели вы не просто достигнете желаемого, но и получите именно то, чего хотели на самом деле — наиболее эффективным образом. Рассказав об основных принципах НЛП, я хочу теперь чуть подробнее представить вам одного из его создателей, у которого мне посчастливилось обучаться этой науке и искусству одновременно.

С чего всё начиналось. Ричард Бендлер

Когда в середине 70-х годов прошлого века только зарождалось легендарное нейролингвистическое программирование, Ричард Бендлер был студентом университета, в котором преподавал Джон Гриндер. Это происходило в небольшом калифорнийском городке Санта-Круз. Бендлер изучал математику, физику и увлекался появившимися тогда компьютерами. Их совместным интересом стало изучение «работающих» терапевтических подходов, причём в этом они очень хорошо дополняли друг друга. Если Джон больше внимания уделял словесным особенностям того или иного успешного терапевта, то Ричард занимался особенностями поведения — позы, жесты, мимика. Он, например, записывал в нотную тетрадь звуковые характеристики голоса. Открытия начались позже — когда обнаружилось, что некоторые представители различных психологических школ, разных по стилю, подходам, темпераменту, используют очень схожие языковые и поведенческие приёмы, чаще всего даже не осознавая этого. Объединяло этих людей то, что они добивались хороших результатов чаще остальных. Так начала появляться модель эффективной коммуникации. В дальнейшем круг моделируемых людей стал расширяться. В него начали входить успешные и выдающиеся люди из различных областей человеческой деятельности: учёные, учителя, бизнесмены, продавцы, артисты, художники, писатели… Это было интересное и продуктивное время — создание новых моделей, техник, которые в дальнейшем начнут выстраиваться в систему, школу — то, чем

Ричард Бендлер

на сегодняшний день является НЛП. Это было началом преподавания, потому что открытиями очень хотелось поделиться, сделать их достоянием как можно большего числа людей! Скоро преподавание превратилось в систему обучения со своими критериями и стандартами. В дальнейшем пути Джона и Ричарда разошлись. Каждый из них продолжает развивать НЛП в своём собственном стиле — Джон в более классическом, как науку, дисциплину. Ричард — больше в поведенческом — как некое умение, мастерство. Я лично думаю, что это только пошло на пользу НЛП в целом. Но проблема, как мне кажется, заключается в том, что последователи Джона и Ричарда начали проводить границы, возводить баррикады, споря о том, какое НЛП более «правильное»…

Изначально я отнёсся к НЛП как к способу структурирования гипноза. Для меня это был в первую очередь эдакий «гипноз без гипноза» — разговорная терапия, которая не требует формального погружения в транс. Так что НЛП в мой арсенал влилось очень плавно и естественно. Другое дело — в те годы волна восторженных почитателей НЛП буквально накрыла весь бывший Советский Союз, про НЛП только и говорили! Я был во втором потоке обучающихся НЛП, а в Литве — первым сертифицированным НЛП-тренером. Очень быстро начал сам вести семинары, обучать людей. Но из-за чрезмерной моды на это направление, из-за восторженных молодых людей, которые с горящими глазами на каждом углу кричали о том, что «они знают, о чём думают другие люди!», к НЛП относились очень настороженно. После одного из семинаров по НЛП, который я посетил, я собрал докторов в отделении и продемонстрировал им технику быстрого лечения фобий. Они меня послушали, похлопали по плечу и… разошлись. Я был обескуражен, я надеялся, что они начнут перенимать эту технику! Но, увы, этого не произошло…

В результате всего этого я взвалил на себя ношу, по крайней мере, в Литве, донести до специалистов, что такое на самом деле НЛП и почему оно действительно работает. Думаю, с этой миссией я справился.

До моего отъезда в Америку я успешно преподавал НЛП и использовал этот метод в своей практике. Ну а потом, уже после приезда в США, у меня появились новые возможности для получения знаний. Когда я только начинал заниматься НЛП, имена его создателей были какой-то абстракцией. Я, конечно, знал, что это всё «напридумывали» Джон Гриндер, Ричард Бендлер и небольшая группа их единомышленников. Но даже когда я только начинал, НЛП уже было зрелой системой со своей методологией, отточенными техниками — системой, которая прочно вошла в очень многие сферы человеческой жизни: психологию, образование, рекламу, бизнес и многие другие. Поэтому, когда я думал о её создателях, на ум приходили лики седых почтенных академиков. Причём неизвестно — здравствующих или уже нет. И только позже их лица начали «проступать»…

Так как всё моё предыдущее обучение в НЛП от практика до тренера было в классическом, гриндеровском стиле, мне, конечно, хотелось «почувствовать разницу». Поэтому, узнав о тренерском курсе, проводимом Ричардом с его новым партнёром Джоном Ла Валлем в Орландо (Флорида), я тут же позвонил и записался. В Америке Ричард проводит семинары раз в год. Обычно это три курса подряд (Практик — Мастер — Тренер), иногда комбинации прикладных и сертификационных курсов. Это всегда становится событием, на которое собирается множество людей со всего мира. Запись обычно заканчивается за полгода. Конечно, я ждал начала курса с огромным нетерпением. И вот этот день настал…

Огромный зал гостиницы Sheraton в центре Орландо, в котором проходил семинар. Знакомства в фойе, заполнение анкет… Джон делает вступление и, наконец, представляет: «Доктор Ричард Бендлер!». На сцене появляется Ричард. Большой, подвижный, весёлый. Буквально через несколько минут весь зал уже был вовлечён в захватывающую работу. Это было настоящее мастерство! Теоретические знания вдруг начали оживать, становиться более понятными и простыми. С каждым днём мы двигались от состояния неуверенности и сомнений к компетентности, решительности и готовности делиться этими знаниями. В самом начале я пытался отслеживать — что же из того, чему он учит, Ричард реально использует? По-моему, всё! Он делал многие вещи одновременно — очень просто и элегантно. Вообще, одна из основных идей мастерства, которому учил Ричард, — делать сложные вещи простыми. «Учиться можно весело и приятно!» И то, в каком ты состоянии, очень сильно будет определять, что и как воспримут люди, с которыми ты общаешься, которых ты учишь, лечишь, убеждаешь и т. д. Но самым главным из всего было пришедшее ко мне чёткое понимание: если по-настоящему захотеть, есть реальная возможность научиться достигать желаемого результата!

Глава 2
Наше внутреннее состояние

Перестань оправдываться — ты единственный, кто тебя останавливает!

*Исса Рэй,
американская киноактриса*

> Разница между теми, кто терпит поражение, и теми, кто достигает результата, — это различие между не умеющими войти в нужное и полезное в данный момент состояние и теми, кто умеет пользоваться своими ресурсами в нужный момент!

Каждый из нас в разные периоды жизни переживает разные эмоции, чувства и ощущения — это вполне естественный процесс. Но вопрос, в каких именно состояниях мы проводим большую часть времени? И можно ли выбирать состояние, в котором я хочу находиться и удерживать его затем продолжительное время? Согласитесь, было бы очень хорошо научиться выбирать и удерживать желаемое внутреннее состояние, ведь все мы так или иначе стремимся лишь к одному: получать от жизни больше радости в её самых разнообразных формах! О том, как приобрести этот навык, мы сейчас и поговорим.

Всем известны такие состояния, как уверенность, внутренняя сила, любовь, вера, непосредственно радость... Нам также известны и противоположные состояния — неуверенность, растерянность, страх, беспокойство, горе... Первая группа состояний в НЛП относится к нашим ресурсным состояниям, вторая — к состояниям «вне ресурса».

Внутреннее состояние — один из ключевых факторов изменений, достижения результата. Это та энергия, то топливо, которое либо приводит нас к победам и достижениям, либо препятствует им. В НЛП есть, на первый взгляд, очень простая формула, которая описывает необходимые факторы, обеспечивающие достижение результата:

**НАСТОЯЩЕЕ СОСТОЯНИЕ + РЕСУРСЫ =
= ЖЕЛАЕМОЕ СОСТОЯНИЕ**

Чтобы понять её, давайте разберём каждую составляющую. Итак, мы должны:

— осознавать исходную точку — наше настоящее состояние (если хотите, проблему);

— как можно лучше сформулировать желаемое состояние (помните — «Хорошо сформулированный результат»?);

— и определить, какие ресурсы понадобятся для достижения этого результата.

Под ресурсами здесь мы понимаем именно те внутренние ресурсные состояния, о которых шла речь выше. Говоря шире, ресурсы — это всё, что нам может помочь в достижении цели. Ресурсы могут быть внутренние (убеждения, способности, мысли, качества, умения, состояния) и внешние — деньги, другие люди, время и т. д. Тем не менее, говоря о достижениях, мы в первую очередь фокусируемся на наших внутренних ресурсах — то есть на наших состояниях. Ведь даже для того, чтобы воспользоваться каким-то внешним ресурсом, например убедить человека, от которого зависит принятие важного для вас решения, вам нужно воспользоваться, скажем так, определёнными коммуникативными навыками — что является вашим внутренним ресурсом.

Для закрепления давайте сделаем очень простое упражнение.

Упражнение «Поиск ресурса»

Выберите то, что вы хотите изменить (актуальное состояние), и напишите список конкретных ресурсов, которые могут пригодиться для изменения (достижения желаемого состояния). Если для достижения результата нужны внешние ресурсы — тогда напишите внутренние ресурсы, которые помогут получить эти внешние.

Примеры внутренних ресурсов:
— уверенность в себе;
— терпение;
— способность эффективно взаимодействовать с другими людьми;

— убеждение, что «я могу справиться со сложной ситуацией»;
— настойчивость;
— целеустремлённость;
— расслабленность;
— собранность.
Повторите это для ещё трёх других актуальных состояний.

Вообще, я должен сказать, что разница между теми, кто терпит поражение, и теми, кто ДОСТИГАЕТ результата, — это различие между не умеющими войти в нужное и полезное в данный момент состояние и теми, кто УМЕЕТ пользоваться своими ресурсами в нужный момент!

Помните историю Валентина Дикуля, о котором я рассказывал в самой первой главе книги «Исследования мозга…»? На протяжении многих лет ему пришлось буквально собирать себя по частям! Для этого понадобилась огромная ВЕРА в себя, упорство, энтузиазм и умение радоваться даже самым минимальным достижениям! Случались ли у него минуты отчаяния, ощущения безысходности, страха? Безусловно! Все светила медицины настойчиво твердили ему: старания бесполезны… И что же? Именно умение мобилизоваться и удерживать необходимое состояние позволило достичь результата! При нашем общении он достаточно чётко определял эти факторы. Он сказал, что вся предыдущая жизнь подготовила его к этому. Будучи артистом цирка, он сам разрабатывал трюки, каждый раз их усложняя. Именно убеждение, что предыдущий успех ведёт к последующему («Успех рождает успех!») позволили ему «цепляться» даже за малейшие двигательные улучшения в парализованных мышцах, мотивируя себя продолжать заниматься изо дня в день на протяжении многих лет (он начал ходить спустя пять лет после своего падения), пока он полностью не восстановил своё тело и не вернулся на арену цирка.

На протяжении всей истории люди пытались научиться изменять своё состояние. Алкоголь, сигареты, секс, наркотики, пища, музыка, медитация, молитва… — далеко не полный перечень способов добиться этих изменений. Многие из этих способов разрушительны — какие-то более, другие менее. Сейчас мы попробуем разобраться, что влияет на состояние, в котором мы находимся. И затем я покажу, как входить в ресурсные состояния. Но для начала мы начнём просто обращать внимание на то, что происходит внутри нас, обнаружим это самое внутреннее состояние и, самое главное, научимся оценивать интенсивность преобладающей эмоции.

Повторюсь, у меня нет задачи сделать из вас, уважаемые читатели, бесстрашных людей. Я лишь хочу, чтобы вы оценили вашу реакцию страха — насколько она здоровая, насколько она адекватная. Даже внутреннее беспокойство может быть полезной эмоцией при определённых обстоятельствах. Например, я говорю своим студентам, которым преподаю неврологию, что если они, когда готовятся к экзаменам, совсем не будут беспокоиться, то вряд ли им удастся подготовиться хорошо.

Как же понять, насколько нормальна та или иная ваша реакция, адекватна ли она, или интенсивность реакции переходит некий «порог», после чего вы вообще теряете контроль над вашими эмоциями? Самый очевидный ответ — начать обращать внимание на своё тело!

Наши эмоции — это эволюционный инструмент, дающий возможность донести информацию о происходящем вокруг нас и внутри нас через наше тело до нашего сознания. Можно сказать и чуть по-другому: эмоции — это не до конца осознанные реакции на изменения внешней или внутренней обстановки. Но в первую очередь эти «эмоциональные реакции» доносят информацию о физической опасности (эмоции страха, гнева), о неподходящей пище (отвращение), неудовлетворённости (грусть, печаль) и, наоборот — об удовлетворённости (радость). Поэтому не надо пытаться «починить» эмоцию — важно понять, ЧТО ИМЕННО она в данный момент пытается нам сообщить, на что нужно срочно обратить внимание.

> Наши эмоции — это эволюционный инструмент, дающий возможность донести информацию о происходящем вокруг нас и внутри нас через наше тело до нашего сознания.

Если же мы пытаемся не обращать внимания на свои эмоции или подавлять их — интенсивность эмоций только увеличивается. И здесь очень полезно ввести такое понятие, как шкала эмоций.

Предлагаю вам создать некий воображаемый термометр, которым вы сможете измерять преобладающую эмоцию — будь то эмоция страха или эмоция внутреннего беспокойства.

Упражнение «Термометр эмоций»

Сядьте удобно, закройте глаза и представьте перед собой большой градусник. Может быть, проще его представить в виде того градусника, которым мы измеряем себе температуру, когда болеем. А может быть, кому-то легче представить термометр за окном, измеряющий температуру воздуха. Главное — представьте его большим! В пять-десять раз больше, чем в реальности. Предлагаю расположить его вертикально. Теперь мысленно создайте на нём разметку — от 0 до 10. И на этой шкале сделаем несколько градаций:

От 0 до 2–3 — это здоровое беспокойство, здоровая порция страха. И этот отрезок термометра представьте зелёного цвета.

От 3 до 4–5 — это жёлтая зона, здесь ваш страх или беспокойство переходит за грань нормального адекватного чувства, но не достигает ещё интенсивности, которую уже невозможно игнорировать. Это то «подпороговое» разрушающее воздействие стресса или негативных эмоций, которое может длиться достаточно длительное время, особенно у людей, находящихся в постоянной спешке и не привыкших рефлектировать или просто обращать на себя внимание. Тело уже реагирует мышечным напряжением, но вы его не замечаете и не отдаёте себе в этом отчёта…

От 5 до 7–8 — оранжевая зона. Этот уровень эмоции вы уже обычно чувствуете, у многих начинаются физические проявления, которые невозможно не заметить, в виде, например, головной боли, повышенного давления, нарушения дыхания и т. д. Напряжение в мышцах шеи или плечах уже настолько сильное, что это доставляет дискомфорт или физическую боль — как у пациента в той же самой первой главе!

От 8 до 10 — последний отрезок шкалы, красная зона. Не знаю, доходили ли вы до этих отметок — это ситуации, когда вы попадаете в больницу с паническими атаками или гипертензивными кризами. Это тот отрезок, то «зашкаливание» эмоций, с которым организм уже совсем не справляется. И если у вас в жизни такое было, вы точно знаете, что это.

Представьте всю эту шкалу, весь «градусник», потом откройте глаза и запишите (зарисуйте) на бумаге, как выглядит ваш градусник — как в вашем конкретном случае распределились эти зоны, какие цифры вы выбрали для себя на этой шкале.

Если кому-то удобнее использовать градацию от 0 до 100, чтобы «шаг» был больше — сделайте это.

Теперь давайте воспользуемся этим термометром. Ещё раз закройте глаза, обратитесь внутрь себя, почувствуйте своё тело, почувствуйте, насколько ваше тело напряжено. В каких местах в теле вы ощущаете напряжение? Соберите всю эту информацию о том, в каком состоянии находится ваше тело, а потом обратитесь к образу термометра и попробуйте определить, насколько вы напряжены, насколько чувство страха или беспокойства интенсивно — другими словами, где вы находитесь на этой шкале в данную минуту? Сделайте своё первое измерение. Откройте глаза и запишите эту цифру. Например, если мы говорим о страхе, который вы хотите преодолеть, то, думая о нём, на каком отрезке этой шкалы вы находитесь? В зелёной зоне? Тогда эта эмоция является лишь отражением происходящего, но тело полностью справляется с ситуацией, и вы продолжаете находиться в «зоне комфорта». Или в жёлтой зоне? В ситуации, когда вы пытаетесь игнорировать сигналы тела, не обращать на них внимания, как когда-то это делал я сам, в надежде, что ситуация как-то разрешится. Возможно, ваш термометр покажет, что вы уже в оранжевой зоне, и ваши попытки игнорировать происходящее уже привели к определённым последствиям, которые выражаются в физических симптомах. Причём телесные проявления могут быть очень разнообразными. Уже упомянутые мною головные боли, повышенное кровяное давление, мышечные зажимы относятся к самым очевидным. Но «болезни неотреагированных эмоций» — это вообще основа психосоматических заболеваний — большого спектра состояний, проявляющих себя физическими страданиями, но имеющих эмоциональную природу возникновения. По крайней мере на начальных этапах. Это могут быть и желудочно-кишечные проявления, и астматические симптомы, и различные кожные заболевания, и нарушения сердечного ритма… И, конечно, мышечные и суставные боли!

Я приведу пример одного из таких состояний, которое имеет название «черепашья шея». Оно заключается в напряжении и мышечной боли в шее, часто сопровождающейся головными болями. Механизм этого состояния напрямую связан с длительным состоянием страха — когда человек рефлекторно втягивает

шею в плечи, как это делают черепахи, пряча голову в панцирь. Но, в отличие от черепах, нам некуда прятать свою голову, и она так и остаётся «вжатой» в плечи, приводя к мышечному спазму и головным болям.

Про попадание в красную зону люди обычно узнают и без «термометра» — это состояния, требующие срочной медицинской помощи. Поэтому основная идея данного «измерительного прибора» — не допускать попадания в такие ситуации. Хочу заметить, что таких «измерительных приборов», таких «термометров» может быть несколько. Для кого-то на данном этапе именно страх — основная эмоция, но вообще в жизни чаще вы сталкиваетесь с беспокойством, поэтому можно создать отдельный «термометр» для страха, отдельный — для беспокойства.

> «Болезни неотреагированных эмоций» — это основа психосоматических заболеваний, большого спектра состояний, проявляющих себя физическими страданиями, но имеющих эмоциональную природу возникновения.

Рекомендую сознательно поиграть с этим «термометром» в течение хотя бы нескольких недель. После этого навык обращать внимание на происходящее в теле станет автоматическим. Несколько раз в день делайте такие замеры для того, чтобы почувствовать, когда напряжение усиливается, а беспокойство увеличивается. Проснулись, лёжа в кровати — начните с замера, чтобы понять, в каком состоянии вы начинаете день, и если цифры высокие с самого утра — то это не лучшее состояние для вхождения в новый день. Или, возможно, вы заметите, что цифры повышаются в каких-то определённых ситуациях, на которые вы даже не обращали внимания. Упражнения, которые мы будем разбирать в этой книге, помогут вам привести себя в порядок, а «термометр» — это инструмент, позволяющий вам как можно быстрее определять, в каком вы состоянии, и сравнивать своё состояние до того, как вы сделали упражнение, и после.

Но что же ещё влияет на внутреннее состояние? Что быстрее всего может помочь его изменить?

Есть два компонента, влияющие на наше состояние. Первый — наша внутренняя коммуникация. Какие образы вы создаёте в своей голове, что и как вы говорите себе — всё это непосредственно влияет на ваши ощущения и поведение. Второй компонент — это наша физиология. Под физиологией здесь понимается «жизнь тела» — поза, мимика, дыхание или как раз наоборот — отсутствие или, скорее, недостаточность жизни в теле.

Соответственно, исходя из этого, существует два способа изменения внутреннего состояния. Мы можем:

1. Изменить внутреннюю коммуникацию — вместо наихудшего сценария представить себе более оптимистичное развитие событий. Это значит научиться контролировать своё воображение — в случаях, когда оно начинает создавать для нас драматические сценарии, где с главным героем (вами) происходят ужасные события. А также научиться замечать свой внутренний диалог и останавливать бесконтрольные проявления критического голоса. Мы поговорим о том, как это делать, в следующей главе. Сейчас же мы рассмотрим второй, более быстрый способ изменения состояния.

2. Изменение внутреннего состояния при помощи физиологии. Наша внутренняя коммуникация и наша физиология тесно взаимосвязаны. Воздействуя на одно, мы автоматически воздействуем и на другое. Такие составляющие, как мышечное напряжение, поза, в которой мы находимся, то, как мы дышим, выражение лица, то, что мы едим, биохимия крови, имеют огромное воздействие на наше состояние! Изменив один или несколько из этих компонентов, мы добьёмся перемен во внутреннем состоянии.

Вспомните, как выглядит человек, находящийся в депрессии. Правильно — спина сгорблена, плечи ссутулились, руки висят беспомощно, голова понуро опущена, выражение лица печальное, дыхание неровное, поверхностное, иногда прерывающееся глубокими тяжкими вздохами... Если вы сейчас «слепите» позу, которую я только что описал, начнёте именно так дышать и сделаете грустное выражение лица, то... я уверен, вы начнёте испытывать подавленное состояние немедленно!

Изменить физиологию — значит заняться каким-то другим делом, переместиться в другое место, изменить обстановку вокруг себя, остановиться и перевести дыхание, если неприятные мысли гонят вас куда-то. Начать двигаться — если сидели на одном месте, а если были голодны — поесть! Словом, сделать что-то принципиально другое! Этот подход — изменение внутреннего состояния через изменение физиологии — а точнее, через изменение положения тела, нашёл научное подтверждение в известной работе профессора гарвардской школы бизнеса Эми Кадди. Проведённое её командой исследование показало, что наша поза напрямую влияет на наш гормональный фон. Другими словами, изменяя положение тела, мы тем самым создаём разные «внутренние коктейли» на основе различных гормональных ингредиентов! У участников эксперимента измерялся начальный уровень гормона «мужественности» — тестостерона и гормона стресса — кортизола. Затем определённой части испытуемых предложили принять одну из «поз силы», а другим участникам — одну из «поз слабости». Всего на две минуты! И затем вновь измерили уровень этих двух гормонов. Оказалось, что даже за это короткое время уровень тестостерона у тех, кто был в «сильной» позе, повысился на 20 %, а у тех, кто был в «слабой» — снизился на те же 20 %! Уровень кортизола тоже существенно отличался: у первых упал на 25 %, а у вторых вырос на 15 %. Что же это за такие позы силы и позы слабости? Позы силы, или доминирования, универсальны для всего животного мира. Это так называемые позы «расширения». В животном царстве они предполагают увеличение. Животное становится больше, размашистее, занимает больше места, раскрывается. Да, именно раскрывается, и это касается всех животных — не только приматов. Как оказалось, люди делают то же самое! Расправляют плечи, раздвигают руки, поднимают их вверх. Всем вам знакома поза победителя, которую, например, бегуны принимают, пересекая финишную линию. Руки вверх и слегка приподнятый подбородок! Так вот, оказалось, что это делается вовсе не для зрителей на трибунах! Ну, или не только для них. Наблюдения показали: так же ведут себя и незрячие спортсмены, которых точно не заботит, как это выглядит со стороны. Всё это они делают для себя, потому что в этот момент их переполняют гормоны «силы»! Не обязательно поднимать руки вверх — вот ещё одна поза силы: спина гордо выпрямлена, подбородок приподнят, руки на бёдрах. Работает так же хорошо. А что мы делаем, когда чувствуем себя бессильными? Мы делаем обратное — закрываемся, обхватываем себя руками... Мы уменьшаемся, мы не хотим быть замеченными! Опять же, это присуще как животным, так и людям. Поэтому в следующий раз, когда вы захотите унять внутреннее беспокойство (снизить уровень кортизола) и усилить ощущение уверенности (повысить уровень тестостерона), вы сможете сделать это просто, приняв хотя бы на две минуты одну из поз силы!

Предлагаю вам прямо сейчас сделать вот это упражнение под названием «Телесные изменения».

Упражнение «Телесные изменения»

Встаньте. Немного разомнитесь, потянитесь, подвигайтесь, расправьте плечи, разомните шею, почувствуйте прямую спину, убедитесь, что голова не опущена. Обратите внимание на своё дыхание. Можете поднять руки вверх, формируя букву V (Victory) или примите позицию — руки на бёдрах. Заметьте, как вы себя чувствуете и изменилось ли что-то? Закройте глаза и сделайте ещё один замер на своём термометре эмоций. Сравните полученный результат с предыдущим измерением. Если вы сделали всё правильно, скорее всего, вы заметите снижение интенсивности страха или напряжения.

Дыхательные упражнения

Ещё один фактор, способный изменить внутреннее состояние почти мгновенно, — это наше дыхание. Наверняка вы испытывали на себе: когда вы напряжены, волнуетесь или испытываете страх, дыхание становится очень поверхностным или вы даже вообще задерживаете его, прерывая нормальный ритм. Поэтому самое простое, что вы можете сделать для успокоения, — это обратить внимание на дыхание и осознанно сделать несколько глубоких вдохов и выдохов. Все, кто занимался хатха-йогой, знают, какое большое внимание в ней отводится осознанному дыханию, предлагая множество вариаций правильного вдыхания и выдыхания воздуха. Этому же посвящён специальный раздел в древнеиндийской ведической медицине — Аюрведе, достижения которой не раз подтверждались современными исследованиями. Йоговские дыхательные техники называются **пранаяма** (букв. «контроль или остановка дыхания») и считаются управлением праной (жизненной энергией) с помощью специальных дыхательных упражнений. Наиболее известное и простое из них заключается в том, что вы попеременно закрываете пальцем каждую ноздрю, при этом через открытую ноздрю делаете спокойный выдох, затем ею же вдох, закрываете её, открывая другую, опять выдох-вдох — уже другой ноздрёй — и повторение цикла. В зависимости от состояния и цели такую пранаяму можно делать от 5 до 20 минут 2–3 раза в день или по необходимости.

Существуют и другие техники. Я не могу выделить какую-то одну — «самую правильную» из всех. Из моего опыта все варианты хороши, главное, чтобы вы научились обращать внимание на дыхание в ситуациях, когда требуется изменить своё внутреннее состояние. Я приведу несколько примеров простых и эффективных дыхательных упражнений, которые я рекомендую своим пациентам.

Упражнение «7 на вдохе — 11 на выдохе»

Глубоко вдыхаете, спокойно и медленно считая до семи, затем медленно выдыхаете, считая до одиннадцати. Сделайте несколько таких циклов.

Другой вариант дыхательного упражнения для быстрого входа в спокойное состояние требует большей внимательности и самоконтроля, но при выполнении этих условий для многих он оказывается очень эффективным.

Техника «Квадратное дыхание»

Эта техника позволяет перейти из любого позитивного или негативного состояния в более нейтральное. Помогает успокоиться на важных встречах и перед публичными выступлениями, убирает мандраж и волнение. И тоже не требует никаких особых навыков. «Квадратное дыхание» названо так не зря. Все этапы происходящего в нём процесса равны друг другу — вдох, выдох и паузы между ними составляют равный временной промежуток. Например: вдох длится 5 секунд, далее пауза с удерживаемым объёмом воздуха в лёгких длится столько же, затем следует выдох продолжительностью те же 5 секунд, и снова пауза. Это составляет один цикл, и такие циклы повторяются в едином ритме минимум 8 минут кряду.

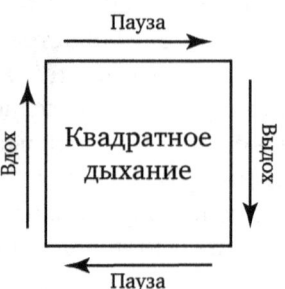

Подробное описание техники «Квадратное дыхание»:

1. Примите удобную позу стоя или сидя (можно закрыть глаза).
2. Сделайте вдох, одновременно считая про себя: «один, два, три, четыре, пять» или «двадцать один, двадцать два, двадцать три…» — как вам удобнее считать.

3. Задержите воздух в себе, одновременно считая про себя: «один, два, три, четыре, пять» или «двадцать один, двадцать два, двадцать три…».
4. Сделайте выдох, одновременно считая про себя: «один, два, три, четыре, пять» или «двадцать один, двадцать два, двадцать три…».
5. Задержите дыхание, одновременно считая про себя: «один, два, три, четыре, пять» или «двадцать один, двадцать два, двадцать три…»

Вам нужно 7–8 минут дышать по схеме, показанной на картинке. Как я уже сказал, вдох, выдох и паузы примерно равны по длительности, а нормальный, комфортный для большинства ритм — примерно 4–6 секунд.

Такое дыхание позволяет восстановить оптимальное мышечное напряжение. Оно применяется для тренировки фри-дайверов — людей, ныряющих без акваланга. Мне говорили, что таким типом дыхания пользуются американские «морские котики». Расслабление помогает им потреблять меньше кислорода и дольше находиться под водой.

Если вначале вам сложно сконцентрироваться, вы можете попросить кого-то руководить вами: партнёр водит рукой по квадрату и командует: «вдох, пауза, выдох, пауза, вдох…», а вы старательно всё выполняете. Очень скоро вы легко убедитесь, что, когда вы устали или раздражены, эта дыхательная техника может быстро восстановить силы и снять стресс.

Существует также эффективная дыхательная практика, которую стоит отнести скорее к вырабатываемому типу дыхания, а не к упражнению, хотя начинать её можно именно в качестве упражнения. Кстати, в индийской Аюрведе именно такое дыхание рекомендуется освоить всем, но в первую очередь мужчинам.

Диафрагмальное дыхание

Диафрагмальное (брюшное) дыхание (лат. *respiratio diaphragmatica*) — тип дыхания человека, активное участие в котором принимает грудно-брюшная часть диафрагмы. Осуществляется преимущественно за счёт сокращения диафрагмы и брюшных мышц. Характерно для физиологического дыхания мужчин.

Начать можно с позы лёжа, выполняя следующие рекомендации и действия:
— мышцы живота в течение всего процесса должны оставаться расслабленными;
— левую руку положите на грудь, правую — на живот (в районе пупка);
— делайте вдохи средней глубины и выдохи дольше вдохов;
— двигаться при дыхании должна только правая рука (которая на животе);
— важно следить за тем, чтобы движения живота осуществлялись за счёт движения воздуха.

Со временем такое дыхание войдёт в привычку уже в любом положении и без участия рук, а результат не заставит себя ждать.

Холотропное дыхание

Наконец, я хочу поделиться своим собственным опытом освоения особого вида продвинутой дыхательной техники, которое называется холотропное дыхание. Как я уже упоминал, что для меня лучший способ понять метод — это приобрести свой собственный опыт прохождения. **Холотропное дыхание** было разработано чешско-американским психиатром Станиславом Грофом на основе **ребёфинга** (от англ. *re-birthing* — «повторение рождения»). Ребёфинг был создан как практика в 70-х годах прошлого века американским исследователем Леонардом Орром. Изначально целью ребёфинга было именно «перепроживание» рождения и освобождение от родовой травмы, так как доказывалось, что, интенсивно дыша определённым образом, человек попадает в изменённые состояния сознания и может высвободить подавленные переживания, осознать и исцелить их. Однако достаточно быстро выяснилось, что осознанное интенсивное дыхание способно «попутно» решать целых ряд других, менее глубоких проблем, связанных с текущими напряжениями и стрессами. Если опустить детали, то разница между техниками ребёфинга и более серьёзного холотропного дыхания, требующего сопровождения специально обученным человеком, заключается лишь в специфике выдоха. В первом случае (техника, подходящая для самостоятельного использования) необходимо делать достаточно частые сильные вдохи, а затем полностью свободные выдохи — без дополнительных усилий. Поэтому такая практика получила название **«свободное дыхание»**. Если же не только вдох, но и выдохи сопровождаются постоянными выраженными усилиями, то это уже то самое холотропное дыхание, в результате которого (хотя и не сразу) может наступить мощное и не всегда контролируемое самим человеком изменение состояния сознания. Именно это и случилось со мной!

После инструктажа и вводных упражнений на освоение техники этого особого вида глубокого дыхания мы приступили к основной части — так называемому «дыхательному марафону». Оно заключалось в том, что

> А потом я... улетел. Я испытал то, что называется «выход из тела». И в то время, когда моё тело продолжало лежать на коврике в зале, где находилась наша группа, я в позе Будды совершал астральное путешествие в космосе, посещая другие планеты...

каждый участник должен был лечь на коврик, закрыть глаза и на протяжении 20–30 минут дышать, совершая интенсивные глубокие вдохи и выдохи. Я помню, вначале это было очень непривычно, на каком-то этапе я начал испытывать сильный дискомфорт и был готов прекратить, но опытный инструктор издали замечала, когда кто-то из участников сталкивался с «застреванием», и тут же подходила, чтобы успокоить, поддержать и призвать продолжать дышать в том же режиме. А потом я... улетел! Я испытал то, что называется «выход из тела». И в то время, когда моё тело продолжало лежать на коврике в зале, где находилась наша группа, я в позе Будды совершал астральное путешествие в космосе, посещая другие планеты... «Возвращение» произошло где-то через час или полтора. Когда я открыл глаза, рядом со мной сидела наша инструктор, внимательно отслеживая всё происходящее со мной. Я не помню, обсуждали ли мы мой трансовый опыт друг с другом или нет, но я помню, что этот опыт поразил и напугал меня одновременно... Больше я никогда не возвращался к нему.

Якоря сознания и как ими пользоваться в повседневной жизни

Давайте возвратимся к пониманию того, что наши телесные проявления (поза, дыхание, жесты, мимика) — всё то, что мы определили термином «физиология», — напрямую влияют на наше внутреннее состояние и наоборот — определённые состояния требуют поддержки нашей физиологии. Тогда встаёт естественный вопрос: как же всё это осуществить в реальности? Значит ли это, что мы должны постоянно мониторить своё тело и в «ручном режиме» изменять его проявления каждый раз, когда мы замечаем какие-либо отклонения от оптимальных параметров? В принципе, да, но в таком случае с точки зрения нашего сознательного контроля это может превратиться в достаточно энергозатратный процесс! К счастью, многие процессы можно «автоматизировать», довести их до уровня привычки или полезного ритуала. Сейчас мы попытаемся понять, что такое привычка и как она образуется.

Наш мозг ежесекундно создаёт множество ассоциативных связей. Какие-то из них кратковременные, какие-то становятся более устойчивыми и долгосрочными. Мы уже говорили, что если одно и то же интенсивное состояние неоднократно повторяется в одних и тех же условиях, то мозг непременно создаст устойчивую связь между данным состоянием и данными условиями. Это и является нейронной базой формирования привычки. Для описания этого эффекта на психологическом уровне существует специальный термин, который носит название «якоря». Что такое якорь?

> Якоря — это триггеры, спусковые крючки, которые вызывают те же самые эмоции/реакции, которые возникают в момент связывания определённого внутреннего состояния с каким-то уникальным на тот момент стимулом.

Якоря — это триггеры, спусковые крючки, которые вызывают те же самые эмоции/реакции, которые возникают в момент связывания определённого внутреннего состояния с каким-то уникальным на тот момент стимулом.

Якорь может сформироваться случайно, а может быть намеренно сформирован у себя или у другого человека. По воздействию якорь может быть конструктивным (вызывающим ресурсное состояние) и деструктивным (вызывающим нересурсное состояние).

Примером деструктивного якоря может быть, например, реакция страха на повышенный голос, хотя ситуация, в которой вы находитесь сейчас, при объективной оценке вовсе не является по-настоящему угрожающей. Просто много лет назад, когда вы были маленькой девочкой или юным мальчиком, ваш «внутренний ребёнок» отреагировал на крик одного из ваших родителей состоянием ужаса... Ещё хуже, если это повторялось неоднократно — другими словами, этот якорь между повышенным тоном голоса и реакцией страха неоднократно подкреплялся. Прошли годы, вы выросли, но каждый раз, когда в общении с кем-то ваше ухо улавливает интонации повышенного голоса, вы мгновенно регрессируете и становитесь тем ребёнком, которым были, когда испытывали очередной приступ страха во время ссоры любимых вами родителей! Подобных крючков-якорей в нашем сознании может быть много. Основная проблема заключается в том, что они заставляют нас реагировать автоматически, лишая свободы выбора...

Как вы уже знаете, якоря могут быть положительными (вызывать приятные реакции) и отрицательными. Например, песня, которую мы любили в молодости, или просто любимая мелодия, под которую вы танцевали на дискотеке с друзьями... Как хорошо, весело и приятно было тогда — воодушевление, задор молодости, первая любовь... Возник естественный якорь, который теперь срабатывает автоматически — воссоздаёт связанную с той мелодией реакцию — приятное, вдохновляющее состояние. Вы не успели и оглянуться, а «цепочка» сработала мгновенно: стимул (любимая мелодия) — реакция (подъём настроения)! В то же время мелодия знаменитого па-де-де из балета «Лебединое озеро» у многих живших в период позднего СССР навевает тоску — она до сих пор нередко ассоциируется у них с очередной смертью руководителя угасающей страны, ну или вообще с бесславным путчем ГКЧП... А вот ещё возможный якорь. Запахи детства — может быть, пирогов или варенья, которые пекли или варили мама и бабушка...

Запахи как таковые являются очень мощными якорями. Зная «устройство» нашего мозга, это легко объяснить. Дело в том, что именно информация о запахах поступает в мозг напрямую, без предварительной обработки в структуре, называемой таламус, который выполняет функцию секретаря — решая, какую именно сенсорную информацию и в каком виде «положить на стол боссу-мозгу». Однако запахи попадают прямиком (как вы, возможно, уже догадались) в наш «эмоциональный мозг» — т.е. в лимбическую систему. Американский психиатр Брюс Перри приводит историю мальчика, плохо учившегося в школе, так как учитель пользовался тем же дезодорантом, что и его отчим, издевавшийся над ним. Мальчик был абсолютно уверен, что учитель его ненавидит, хотя и не понимал почему! Он чувствовал сильный страх и агрессию всякий раз, когда учитель к нему приближался. Сразу же после того, как учитель сменил дезодорант, их отношения заметно потеплели.

Якорь-запах был очень хорошо известен испокон веков. Именно так умело использовались разные ароматы в некоторых племенах североамериканских индейцев. С помощью запахов индейцы «фиксировали» воспоминания! Мужчина носил на поясе герметические коробочки с различными сильнопахнущими веществами. Это могло быть масло из коры каскариллы, особый бальзам из камеди или «ликвид-амбар» — ароматическая смола стираксовых деревьев. В минуты сильных переживаний индеец открывал какую-либо коробочку и вдыхал аромат. Даже спустя годы при вдыхании того же запаха в воображении вставала не только яркая картина давнего события, но и человек целиком наполнялся состоянием, которое было у него тогда! Получалось, что индеец всю жизнь хранил при себе важные для себя состояния — ровно столько, сколько коробочек умещалось на поясе.

А вот конкретный пример из современной жизни, связанный с якорем другого типа. Жена пришла домой очень раздражённой, взбудораженной — неважно, по какой причине. Муж встречает её, обнимает за плечи и говорит: «Здравствуй, дорогая». Через некоторое время жена успокаивается, отвлекается на что-то, в это время к ней подходит муж точно так же, как раньше, обнимает за плечи и говорит: «Пойдём в кино?» И получает в ответ совершенно нелепую реакцию агрессии: «Да пошёл ты со своим кино!»... Что произошло? Характерное прикосновение, объятие подсознательно связалось с ощущением раздражения и, будучи воспроизведённым в точности так же, как в первый раз, вызвало то же чувство! Объятие в этом случае стало якорем, вызвавшим выраженную агрессию и злость.

Когда руководитель, пригласив подчинённого в кабинет, пытается «поговорить по душам», этому нередко препятствует «увесистый» якорь в сознании сотрудника — кабинет для него уже не раз бывал местом, где он испытал неприятные эмоции. Разговор окажется более успешным, если руководитель поговорит с подчинённым наедине на рабочем месте подчинённого, где тот привык быть более откровенным с коллегами, нежели в кабинете начальника.

Якоря существуют не только на индивидуальном уровне, но и в области коллективного поведения. Запах хвои, мандаринов и оливье, а тем более конфетти, «дождика» и хлопушек у очень многих из нас с детства ассоциируется с радостной встречей Нового Года. Хорошим примером «коллективных якорей» являются легко узнаваемые логотипы известных нам кампаний. Когда мы видим характерную стилизованную букву «М», мы мгновенно вспоминаем McDonalds, а у многих в голове начинает звучать мелодия и даже почему-то (!) появляется неудержимое желание отведать гамбургер! (На это и рассчитывали «коварные рекламисты».) А когда мы видим известный силуэт «надкусанного яблока», мы сразу понимаем — перед нами продукция компании Apple! То же самое, например, с эмблемами Adidas, Nike и многих других популярных брендов.

В приведённых выше примерах я продемонстрировал «образцы» якорей из всех информационных каналов (то, что мы ранее называли репрезентациями): аудиальном — любимая песня, «Лебединое озеро»; кинестетическом — запахи, прикосновения; визуальном — лого разных компаний. Ещё более очевидный пример визуального якоря — светофор, где сменяющийся цвет автоматически вызывает определённые внутренние состояния: ожидание — готовность — действие!

В начале главы я упомянул, что мы можем вполне осознанно создавать якоря на нужные нам состояния, такие как уверенность, спокойствие, радость, сострадание и т. д. Также мы уже знаем, что состояние, в котором мы находимся, очень сильно влияет на наши действия, а действия — на результат. Именно поэтому так важно научиться якорить состояния вашей наибольшей эффективности и применять их в повседневной жизни.

Как же самостоятельно заякорить желаемое состояние? Для этого существует специальное упражнение или практика.

Упражнение «Якорь»

Шаг 1. Сядьте удобно, закройте глаза и вызовите в памяти какое-то приятное состояние, для которого хотите создать якорь.

Шаг 2. Когда вы действительно почувствуете это состояние и когда ваше тело расслабится, соедините большой и указательный палец левой руки — если вы правша, или правой — если вы левша. Надавите довольно сильно, чтобы почувствовать соединение, а не просто коснитесь.

Шаг 3. Откройте глаза, встряхнитесь, может быть, встаньте, немного походите.

Шаг 4. Через некоторое время опять соедините пальцы (не перепутайте руку и пальцы, которые использовали, когда ставили якорь!). И вы почувствуете, как ваше тело начинает выдавать ту же реакцию. Вы ощутите расслабление и то приятное ощущение, которое было, когда вы ставили якорь. В будущем, когда будет необходимость успокоиться — просто соедините пальцы!

Существуют также определённые требования при «постановке» якоря, выполнение которых обеспечит необходимый результат:

1. Уникальность. Якорь должен быть единственным в своём роде, не вызывать у вас личных ассоциаций, не являться общекультурным действием типа пожатия руки или похлопывания по плечу.

2. Повторяемость. Важно хорошо запомнить, как поставлен якорь, каким жестом, какой интенсивности прикосновения. Чем точнее воспроизведён якорь, тем эффективнее он сработает.

3. Своевременность. Для того чтобы якорь был максимально рабочим, его следует устанавливать в момент наивысшей интенсивности переживания.

Просто? Иногда самые простые техники дают самые лучшие результаты. И не нужно сложных «навороченных» подходов для того, чтобы приводить себя в порядок. Единственное, когда вы чувствуете себя хорошо, обновляйте и подгружайте этот якорь. Например, вы посмотрели хорошую комедию, у вас хорошее настроение — закрепите созданный якорь ещё раз. И когда следующий раз он вам понадобится, якорь у вас будет актуальный и интенсивный.

Другой пример — у вас намечается презентация важного проекта, и от того, насколько уверенно вы расскажете о нём и обо всех его неоспоримых плюсах, зависит не только судьба проекта, но и ваше повышение. Очень важно провести презентацию в уверенном состоянии. Для того чтобы волнения не преодолели вас — якорим уверенность! Вспомните ситуацию, где ваша уверенность была проявлена максимально сильно. Как вы выглядели? Двигались? Какой тон голоса был у вас? Вспоминаем максимально ярко и погружаемся в это состояние! Поскольку вам нужно будет включить уверенность перед презентацией, то необходимо учитывать, что музыка, ароматы или резкие движения могут не подойти для якорения в данной ситуации. Можно, предположим, почесать левое ухо (хлопнуть себя по колену, сложить ладони вместе или соединить пальцы руки, как в первом упражнении) — и представить, как это движение соединяется с состоянием уверенности, которое в данный момент у вас на пике.

Соединив выбранное вами движение с состоянием уверенности, отвлекитесь на что-то совершенно другое: на разговор с кем-то, почитайте прогноз погоды или пару строк из новостной ленты. Потом снова примените якорь — почёсывание того самого уха и наблюдайте, восстановилось ли состояние уверенности или нет, то есть насколько правильно поставлен якорь.

Полезными могут быть не только приятные якоря. Очень часто я обучаю своих пациентов, которые приходят для того, чтобы избавиться от каких-то вредных привычек, невероятно простой, но эффективной технике, которая, в сущности, является примером другого кинестетического якоря. Назовём её для простоты «Резинка». Используя этот приём, вы, по сути, вырабатываете у себя условный рефлекс, благодаря которому можно постепенно исключить из своей жизни не только мысли об алкоголе или сигаретах, но и явно негативные эмоции и мысли, несущие лишь деструктив.

Упражнение «Резинка», или «Тактильный якорь»

Шаг 1. Найдите обычную резинку, которой, например, соединяют деньги. Она должна быть достаточно плотной и надёжной.

Шаг 2. Наденьте резинку на запястье любой руки, оттяните её другой рукой и отпустите. Удар должен быть достаточно чувствительным и умеренно (!) болезненным.

Шаг 3. Начинайте вырабатывать привычку — как только к вам приходит любая негативная мысль или эмоция, вовсе не доставляющая вам радость, немедленно оттягивайте резинку и хлопайте себя ею по запястью.

Шаг 4. Следите за собой — через очень небольшое время регулярной практики (обычно от нескольких дней до недели, если вам удалось часто вспоминать о резинке) вы будете сразу же останавливать себя уже без всякого «хлопанья» — как только осознаете лишь начальные отголоски негатива внутри.

Шаг 5. Можете снять резинку — ваш «анти-негативный» условный рефлекс теперь с вами! При необходимости время от времени вновь надевайте и используйте резинку, «освежая» его.

Разрушение ненужных якорей

Для того чтобы научиться быстро изменять не ресурсные состояния, например волнение перед публичным выступлением, мы воспользуемся техникой, которая позволяет устранить нежелательный якорь за счёт соединения его с ресурсным состоянием.

Упражнение «Коллапс якорей»

Для этого нужно сначала установить два разных якоря в двух разных местах — позитивный и негативный. Установка негативного якоря аналогична установке позитивного, только нужно вспомнить какое-то вполне конкретное неприятное для вас событие, связанное с состоянием, от которого вы хотите избавиться. Воспользуемся предложенным выше состоянием излишнего волнения перед публичным выступлением. Вспомните, когда вы испытывали его последний раз. Когда вы его вспомните и почувствуете в теле, сожмите кулак противоположной руки — не той, которую вы использовали в предыдущем упражнении, когда вы создавали позитивный якорь. Теперь отпустите. Отвлекитесь. А теперь вспомните что-то хорошее, приятное, прочувствуйте это — сожмите кулак другой руки. Всё что вам осталось сделать — это в какой-то момент сжать оба кулака! При этом активируются оба якоря, которые нейтрализуют друг друга. Отвлекитесь. Затем попробуйте вызвать то же негативное состояние. Если вы выбрали позитивное состояние примерно такого же уровня интенсивности, что и негативное, то, вероятно, почувствуете, как вы или совсем не можете вызвать ту же негативную эмоцию, или она гораздо слабее. А теперь подумайте о беспокоящей вас ранее ситуации. Как вы к ней относитесь сейчас? Если всё сделано правильно, ваше отношение к предстоящему выступлению изменится на более нейтральное.

С якорями можно делать много полезных манипуляций — ставить новые и убирать старые, эффективно применяя эти практики в своей повседневной жизни. Так что используйте их во благо себе — для успешной жизни и достижения своих целей. Ну а кроме того — якоря могут быть очень полезны для гармонизации уроков от одного из главных наших Учителей… О нём пойдёт речь ниже.

С чего всё начиналось. Учитель Страх...

Говорят, все события, обстоятельства, мысли и даже эмоции, приходящие к нам в жизни, должны нас чему-то учить. Дело лишь в том, чтобы научиться распознавать, чему именно, да и вообще «не забыть вспомнить» в этот самый момент очередного «обучения», что мы всего лишь проходим очередной важный урок в классе под названием «Наша жизнь».

Это в полной мере относится и ко всем нашим страхам. А может быть, в первую очередь ко всем нашим страхам! Попробуйте вспомнить, какой была ваша САМАЯ ПЕРВАЯ встреча со Страхом? Не исключено, что вспомнится далеко не самый первый случай, но тогда это значит, что в вашей жизни имеет значение именно то событие, которое первым всплыло из глубин памяти. Что это было? Неожиданная встреча с огромной (как вам показалось) собакой, когда рядом не было взрослых? «Гигантское» страшное насекомое, которое теперь вы, возможно, вообще не особо заметите или легко отгоните от себя? А может быть, что-то более опасное, действительно представляющее реальную угрозу? И не повторялась ли похожая ситуация снова — в уже более взрослой жизни?

Мне столько раз доводилось, используя техники НЛП и гипноза, приводить людей «на встречу» с их первичными страхами или другими обстоятельствами психологической травмы, о которых они достаточно часто просто не помнили и которые во многом объясняли, почему какие-то жизненные ситуации повторяются снова и снова в различных вариациях... Что касается меня лично — мой Большой Страх настиг меня спустя много лет после моего участия в ликвидации Чернобыльской аварии. Несомненно, какие-то страхи были раньше — и детские, и недетские — как у всех. Но именно этот, «пост-чернобыльский», Страх, вполне осязаемый, подкреплённый фактами и потому достаточно убедительный, я считаю одним из тех незаменимых Учителей, с которых начались мои «уроки» на нелёгком пути постижения природы страхов и фобий вообще. Изучив Страх на себе и внутри себя, на своём собственном опыте, поняв, как именно можно с ним совладать, я получил бесценный опыт взаимодействия со Страхом, который очень помог мне в дальнейшем справляться со всем спектром проблем моих пациентов, так или иначе имеющих отношение к страху. Но сначала я совершил все возможные типичные ошибки, с которыми часто сталкиваются люди, «выстраивая» свои отношения с возникшей проблемой. Я «учился жить» со страхом (или, точнее, «жить в страхе»). В то время я был убеждён в том, что поскольку это моя персональная проблема, справляться с ней я должен самостоятельно — оставшись один на один со своим страхом… А мои близкие даже не подозревали, через что я проходил, — они принимали внезапные смены моего настроения за особенности характера. Я же считал, что если я полностью исключу из своей жизни упоминание чернобыльской темы в разговорах, новостях, воспоминаниях, то буду в безопасности… С первым мне удалось справиться достаточно хорошо. Я заблокировал все свои воспоминания, переключал канал и менял тему разговора при любых упоминаниях чернобыльской темы! И какое-то время это работало. Однако ещё через какое-то время я стал замечать, что периодически меня начинают накрывать волны даже не страха, а парализующего Ужаса — когда перехватывает дыхание и всё тело покрывается противным липким потом. Ядром моего страха, насколько я мог осознать его, была мысль о том, что моя жизнь закончена, полученной дозы радиации достаточно, чтобы она оборвалась в любой момент. Поэтому зачем к чему-то стремиться? И дальше рисовались картины мучений и смерти. Хотя рациональным умом я и понимал, что это далеко не так.

У Страха есть одно свойство, лишь осознание которого уже становится половиной успеха на пути к избавлению от него. Страх очень «любит», когда боятся его самого! Независимо от его природы, для начала он «подталкивает» боящегося агрессивно отвергать его, то есть, по сути, бояться, осуждать и отвергать самого себя — боящегося Страха! Тогда вы оказываетесь в его власти, на его стороне. Вы начинаете сражаться с самим собой, думая, что боретесь со Страхом — и этим лишь укрепляете его власть в постоянной внутренней «битве не на жизнь, а на смерть», из которой выйти победителем практически невозможно…

Техники и рекомендации, которые вы уже прочли и ещё найдёте на страницах книги, во многом стали результатом моих собственных уроков, преподанных мне Учителем Страхом. Вот почему я благодарен ему за эту «науку», с которой, в том числе, начинались мои знания и профессиональный опыт.

Глава 3

Изменение внутреннего состояния: меняем внутреннюю коммуникацию

> Когда мы больше не в состоянии изменить ситуацию, мы вынуждены изменить себя.
>
> *Виктор Франкл,*
> *австрийский психиатр, психолог и философ,*
> *бывший узник нацистского концлагеря*

> В момент, когда вы с кем-то спорите, ругаетесь и начинаете чувствовать, что у вас закипают эмоции — посмотрите на себя со стороны! Это самое простое, что вы можете сделать и что быстрее всего даст результат — представить, как это выглядит со стороны. Всё начинается именно с этого шага — с возможности посмотреть на себя со стороны.

За кулисами страхов…

Итак, в прошлой главе мы поговорили о нашем внутреннем состоянии и специальных приёмах, которые помогают его изменять. А сейчас давайте вместе отправимся «за кулисы» — туда, где, собственно, всё и происходит, туда, где рождаются наши страхи и беспокойства…

Если представить себе часы, то снаружи — это циферблат, на котором меняются цифры или движутся стрелки, однако весь часовой механизм, обеспечивающий эти внешние перемены, спрятан внутри. У меня есть знакомый, программист, у которого хобби восстанавливать механические часы. Он может часами рассказывать, сняв крышку часов, об их устройстве, о причинах поломки и способах восстановления, используя такие слова, как шестерёнки, заводная пружина, барабан, ротор и т.д. Но таких людей единицы. Большинство из нас начинает задумываться о «здоровье» часов лишь тогда, когда стрелки перестают двигаться… Точно так же и со страхами или беспокойством! Мы замечаем только их внешние проявления. Поэтому я хочу пригласить вас заглянуть «по ту сторону циферблата» — за кулисы ваших эмоциональных проявлений. Попробуем разобраться, как именно это происходит, из чего ваши страхи и волнения состоят, и, в этой связи, чем «наполнена» наша голова.

Мы уже говорили о том, что «внутреннее пространство» в нашей голове заполнено образами, картинками, звуками и ощущениями, которые они создают. Упрощая, можно сказать, что у каждого из нас есть «внутренний экран», на который мы смотрим — так же, как смотрим любой фильм или спектакль на настоящем телевизионном экране. Если продолжить метафору с телевизором или кинотеатром — у нас есть привычные, предпочитаемые художественные жанры. Для кого-то это нечто весёлое, интересное, занимательное, ну а у кого-то большую часть времени эти экраны, к сожалению, настроены на фильмы ужасов… Я уже использовал образ «привычных каналов», когда мы говорили о проблемах сна в главе «Три мозга человека и стратегия преодоления страха». **Так вот, пришло время открыть для вас тайну — мы продолжаем пользоваться нашими «внутренними экранами», и когда мы бодрствуем!** Так устроена наша «операционная система» — мы оперируем этими битами информации, которые наш мозг декодирует и воспринимает в виде картинок, звуков, запахов, вкусов, тактильных ощущений.

Если я спрошу тех из вас, кто «предпочитает» крутить фильмы ужасов в голове, почему вы постоянно себя пугаете, вы, конечно, ответите, что не хотите этого делать — так происходит без вашего желания… Но мы сейчас не будем останавливаться на том, почему так происходит. Условимся только — это наши внутренние неосознанные выборы. Мы поговорим о том, как научиться пользоваться «пультом», о котором шла речь в той же главе «Три мозга человека…», и начать переключать привычные, но неприятные каналы на более позитивные и информативные, хотя и непривычные.

Недавно мне попалась интересная фраза, с которой я полностью согласен: «Если на пути к достижению результатов вы сталкиваетесь с вашими привычками, имейте в виду — привычки победят». Печально, но это действительно так! Самое сложное — именно научиться изменять свои привычки! И если вы привычно выбираете каналы для просмотра, где происходят какие-то катастрофические события с вашим участием и участием ваших близких, то не стоит удивляться, что вы себя так плохо чувствуете. Но как ВЫГЛЯДЯТ наши страхи? И как изменить эту картинку?

Давайте и начнём с того, как же выглядят страхи…

Общий ответ — конечно, у каждого они выглядят по-разному. Но давайте всё же обратимся к этим образам, к этим картинкам. Я часто прошу своих пациентов «извлечь» внутренние образы страхов из головы и спроецировать их вовне. Другими словами — перенести на бумагу изображения в голове, нарисовать свой страх. Это простое действие позволяет сделать два первых шага из 5-шаговой стратегии, а именно: взглянуть в лицо своему страху и затеять с ним разговор. Ниже я приведу рисунок одного из моих пациентов, который описал свой страх как тень, которая повсюду следует за ним. «Познакомившись» с ним, после того как он изобразил свой страх, он сказал, что «он даже симпатичный какой-то, с цветочком. И не такой страшный, как я раньше думал…»

> «Если на пути к достижению результатов вы сталкиваетесь с вашими привычками, имейте в виду — привычки победят».

Субмодальности — тонкие различия внутри модальностей

Мы уже знаем, что наш субъективный опыт составляют картинки, звуки и ощущения в различных комбинациях. Но у каждой из этих репрезентаций нашего опыта (модальностей) есть свои составляющие, свои более мелкие характеристики. Прежде чем начать говорить о них, я хочу попросить вас вспомнить ситуацию, когда вы чувствовали себя по-настоящему хорошо. Может быть, когда вы отдыхали, и это было так приятно… Или когда вас хвалили (и это было ещё приятнее!), или, может быть, вы чувствовали себя хорошо просто так, без всякой причины? А теперь, когда вы выбрали такую ситуацию, всмотритесь внимательно — как вы выглядели тогда, во что вы были одеты? Обратите внимание на все детали, на то, что вас окружало… Теперь, удерживая эту картину у себя в голове, проделайте с ней следующие вещи: сделайте её более яркой, затем увеличьте в размере и потом приблизьте к себе. (Пусть это займёт какое-то время: у кого-то получается быстрее, кому-то надо чуть больше времени —

это не так важно. Пусть это длится столько, сколько вам необходимо.) Ну что — как изменяются ваши ощущения?

Теперь наоборот — сделайте картину более тусклой, маленькой и удалите её от себя. Замечаете разницу в ощущениях? В первом случае я перечислил характеристики визуальной модальности, которые усиливают интенсивность ощущений, во втором — характеристики, которые уменьшают интенсивность. То есть увеличивая яркость, размер, приближая картинку приятного воспоминания, мы обычно можем усилить наши приятные ощущения.

Аудиальные и кинестетические репрезентации также имеют свои более тонкие составляющие. Эти характеристики репрезентационных систем (модальностей) называются субмодальностями — то есть составными частями модальности.

Ну а модальности — это способы восприятия мира.

Мы можем видеть (В — визуальная модальность), слышать (А — аудиальная модальность) и чувствовать (К — кинестетическая модальность). Субмодальности же, как и следует из названия — это различия внутри модальности. Например, картинка (В-модальность) может быть темнее или светлее, цветной или чёрно-белой, располагаться во внутреннем представлении в различных местах и на различном расстоянии. Звук (А-модальность) может быть громче или тише, глуше или звонче, стерео или моно... Ощущения (К-модальность) могут обладать различной интенсивностью, располагаться в различных местах, двигаться или быть статичными.

Субмодальности касаются только способа представления информации, но не её содержания. Когда вы смотрите телевизор, вы можете сделать изображение ярче или темнее, добавить цветов, отсесть подальше. Также вы можете поиграть со звуком. При этом содержание не меняется — как шла какая-нибудь новостная программа, так и продолжает идти. Меняется только то, как вы это воспринимаете!

Именно при помощи субмодальностей мозг кодирует наше отношение к происходящему.

Для человека очень важна оценка действий, предметов, событий: «это важно, это неважно, синий цвет мне нравится, я люблю эту мелодию, меня раздражает, как этот человек говорит...» и т. д. Эти различия в отношении и кодируются при помощи субмодальностей! Вещь, которая нам не нравится, во внутреннем представлении может быть более тёмной, размытой и распола-

Рисунок одного из моих пациентов,
который описал свой страх как тень

гаться дальше, чем вещь, которая нам нравится. Голос человека, которому мы верим, может быть громче, чётче, чем голос человека, которому мы верим меньше. И так далее.

Интересно при этом, что **у каждого человека свой собственный способ кодирования.** Несмотря на некоторые общие «тенденции» — например, обычно отдаление и уменьшение картинки приводит к уменьшению интенсивности переживания — у каждого из нас будет свой собственный, присущий только ему, набор субмодальных кодировок.

Ещё один важный момент заключается в том, что наш мозг, как правило, использует одну субмодальность в каждой модальности для кодировки одного оценочного параметра. Такая «избранная субмодальность» получила название **критическая субмодальность.**

Если мы меняем критическую субмодальность — будут меняться и многие другие. Например, неприятная ситуация может быть меньше, тусклее и располагаться внизу слева, приятная — больше, ярче и располагаться напротив. Изменение размера и яркости при этом не приводят к изменению оценки, но изменение положения меняет все остальные субмодальности тоже.

Как можно использовать субмодальности

Управляя субмодальностями, мы можем управлять оценкой! То есть изменять оценку ситуации с неприятной на приятную (или наоборот), убирать или создавать навязчивости (например, переедание и курение — это навязчивости), превращать замешательство в понимание, создавать и изменять убеждения и ещё много-много интересных и нужных вещей!

> Субмодальности — это «командный язык» для управления нашими эмоциями и состояниями. Зная этот язык, можно вызвать у себя нужное состояние, создать новое или изменить на желательное.

Наше внимание управляется тоже при помощи субмодальностей. Зная это, можно направлять «луч внимания» именно на то, что сейчас является самым важным! Также управляется субмодальностями и наше восприятие. Ну а меняя СПОСОБ ВОСПРИЯТИЯ текущей ситуации, можно вообще сделать много весьма «забавных» вещей: контролировать своё состояние, убирать лишнее (например, не слышать мешающий шум), замечать то, что пропускают другие, настроиться только на то, что происходит снаружи или наоборот — полностью погрузиться в себя...

Субмодальности — это «командный язык» для управления нашими эмоциями и состояниями. Зная этот язык, можно вызвать у себя нужное состояние, создать новое или изменить на желательное. Давайте познакомимся с этими тонкими различиями, которые создают значительные различия в наших состояниях (Differences That Make A Difference):

Список субмодальных характеристик

Зрительные характеристики	
Положение	Где находится картинка? Где этот образ расположен в пространстве? Покажите местоположение образа руками.
Размер	Какой размер у картинки?
Расстояние	Как близко-далеко от вас находится образ?
Цветное — чёрно-белое	Изображение цветное или чёрно-белое? Есть ли в картинке цвета?
Цвета	Какие цвета преобладают в этом образе?
Яркость	Эта картинка яркая, тёмная, тусклая, блёклая? На шкале от 0 до 10 какова яркость цветов?
Чёткость изображения	Этот образ чёткий или он размыт?
Фон — Фигура	Что преобладает в картинке: фигура над фоном или фон над фигурой?
Ассоциация — диссоциация	Вы видите себя со стороны или смотрите на всё своими глазами? Если диссоциация: вы видите себя справа, слева, сверху, снизу? Вы видите своё лицо или спину?
Двухмерность — трёхмерность	Изображение плоское или объёмное?
Панорамность	Видите ли вы границы изображения, или это панорамное изображение?
Рамка	Есть ли у этой картинки границы, или её края расплывчаты? Есть ли у изображения рамка?

Движение (слайд — фильм)	Это кино или слайд (фотография)? Есть ли в этом образе движение, или он статичен? Насколько быстро это движение?
Звуковые характеристики	
Звук	Есть ли в картинке звук?
Положение	Вы слышите это изнутри или снаружи? Источник звука расположен внутри вас? Откуда этот звук исходит?
Высота	Какова высота звука? Звук скорее высокий или низкий?
Громкость	Какова громкость на шкале от 0 до 10?
Моно — стерео	Звук объёмный? Вы слышите это с одной стороны, с обеих сторон, или звук окружает вас?
Темп	Это быстро или медленно?
Ритм	Есть ли в этом звуке ритм?
Длительность	Это непрерывное или прерывистое?

Упражнение «Субмодальные изменения»

Шаг 1. «Загляните» внутрь себя, чтобы обнаружить картинку, которой вы себя пугаете. Когда вы её обнаружите, замерьте своё состояние на термометре эмоций и запишите цифру — какая в данный момент интенсивность эмоции. Старайтесь не углубляться в содержание этого образа, фокусируясь на характеристиках самого изображения. Используйте для этого список субмодальных характеристик из таблицы выше.

Шаг 2. Постарайтесь собрать как можно больше технических характеристик. Как минимум ответьте себе на следующие вопросы:

— где эта картинка находится в пространстве?
— эта картинка цветная или чёрно-белая?
— это застывшая картинка или в ней есть движение, и это больше похоже на видео?
— есть ли в картинке звук?

Шаг 3. Меняем картинку:

— отодвиньте картинку от себя;
— заключите её в рамку;
— уменьшите картинку вместе с рамкой;
— если картинка была цветная, то представьте её чёрно-белой;
— сделайте стоп-кадр, если изначально в картинке были движения.

Шаг 4. Ещё раз замерьте своё состояние по термометру эмоций. В норме интенсивность негативных ощущений должна снизиться.

Шаг 5. Представьте, что вы повесили эту маленькую картинку на стену напротив окна, откуда на неё падает солнечный свет, поэтому изображение тускнеет — как это бывает с фотографиями на ярком свету. Далее представьте, что проходит какое-то время, вы занимаетесь своими делами, а картинка продолжает тускнеть. И в какой-то момент вы замечаете, что изображение совсем выцвело и практически не различимо. На стене осталась только рамка и, может быть, смутные воспоминания о начальном изображении…

Шаг 6. Опять замерьте своё состояние по термометру эмоций.

Получилось? Уменьшилось состояние тревоги, беспокойства или страха? Если вы всё сделали правильно, то обязательно должно получиться! Правда, скорее всего, за жизнь вы «напридумывали» себе такое количество страхов, что это упражнение нужно проделать не один раз, а многократно, для того чтобы создать для себя некую «галерею бывших страхов»! Нет — конечно, если вам НРАВИТСЯ себя пугать, можете продолжать это делать… Но я вижу своей задачей дать вам выбор, потому что если до этого, сами того не осознавая, вы всё время смотрели только «канал ужасов», то выбора у вас просто не было! Освоив это упражнение, вы БУДЕТЕ иметь такой выбор. И тогда только ВАМ решать, хотите ли вы продолжать себя пугать или готовы освободить время, энергию для того, чтобы, освоив достаточно простые приёмы, начать чувствовать себя по-другому и стать, наконец, «часовщиком», способным, открыв заднюю панель, настроить внутренний механизм на более правильную и гармоничную работу.

Такое упражнение полезно делать каждый вечер перед сном, уже лёжа в постели, засыпая. Просто вспомните события, произошедшие в течение дня. И если были моменты, вызвавшие негативные эмоции (поспорили с домашними, что-то не поделили с коллегой на работе и т. д.), то сделайте из этих моментов маленькие чёрно-белые картинки, поместите в рамку и повесьте на воображаемую стену — или отправьте в мусорное ведро... Ещё можно помещать эти маленькие блёклые картинки в специальный альбом, существующий только в вашем воображении, а альбом запирать в некий сейф и доставать его только тогда, когда вам вдруг, по каким-то причинам, захочется почувствовать себя плохо... Или для того, чтобы, когда вы будете готовы, сделать определённую работу над ошибками и, проанализировав «историю ваших страхов», извлечь необходимые уроки и прекратить наступать на одни и те же грабли. Очень полезно делать такую гигиеническую очистительную работу перед сном регулярно (как почистить зубы), отправляя все негативные моменты «куда-то подальше».

Вы, наверно, уже заметили, что есть определённые характеристики, которые увеличивают или, наоборот, уменьшают интенсивность ощущений. В данном случае, говоря о негативных чувствах (беспокойстве, страхе, волнении), мы, естественно, хотим уменьшить интенсивность этих ощущений. И этого можно добиться, если уменьшить картинку, заключить её в рамку, остановить движение, сделать чёрно-белой и как можно более блёклой! Если же вы хотите УСИЛИТЬ приятное состояние, то можете вспомнить, например, как вы замечательно провели лето, и, наоборот, сделайте картинку большой, более яркой, добавьте цвета, придвиньте поближе к себе... И вы почувствуете, как эти приятные ощущения нарастают! А потом, достигнув пика приятных ощущений, не забудьте «поставить» якорь.

> Перед сном полезно собрать все позитивные моменты дня. Сделайте каждую картинку большой, яркой и на другой воображаемой стене создайте «радостную галерею»! Следующим утром, проснувшись, обратитесь к этой «галерее», начиная день с воспоминаний ваших предыдущих достижений (помните: «Успех рождает Успех!»).

Перед сном также полезно собрать все позитивные моменты дня. Сделайте каждую картинку большой, яркой и на другой воображаемой стене создайте «радостную галерею»! И следующим утром, проснувшись, обратитесь к этой «галерее», начиная день с воспоминаний ваших предыдущих достижений (помните: «Успех рождает Успех!»).

Итак, надеюсь, я донёс идею о том, что с помощью контроля своих внутренних образов и звуков вы можете выбирать и создавать нужное состояние. Поэтому сейчас я предлагаю сделать упражнение, сравнив характеристики приятного воспоминания — с одной стороны, а с другой — ситуации, связанной со страхом. После такого упражнения все сомнения по поводу «разницы кодировки» отпадают. Более того, несколько упражнений с использованием двух-трёх различных приятных и пугающих ситуаций помогут понять, что существует некие сходные субмодальные профили — похожие характеристики свойственны ресурсным состояниям, и также существует типичный набор характеристик нересурсных состояний.

Упражнение «Сравнение субмодальностей различных состояний»

Шаг 1. Выберите два воспоминания, первое — приятное, радостное и второе — пугающее.

Шаг 2. Используя таблицу, запишите характеристики, относящиеся к каждому из этих состояний:

Сравнительные характеристики состояний

Зрительные субмодальности	Состояние 1 (приятное)	Состояние 2 (пугающее)
Размеры (маленькая — большая)		
Нет движения — движение		
Ч/Б — цветная		
Если цветная, какие цвета преобладают		
Яркая — тусклая		
Сфокусированная — расплывчатая		
Без рамки — с рамкой		
Ассоциированная — диссоциированная		
Плоская — объёмная (3D)		
Близко — далеко		
Расположение в пространстве		
Аудиальные субмодальности		

Зрительные субмодальности	Состояние 1 (приятное)	Состояние 2 (пугающее)
Моно — стерео		
Громкость		
Тон (высокий — низкий)		
Темп		
Положение в пространстве		
Ритм		
Длительность		

Шаг 3. Сейчас, когда у вас есть характеристики двух ваших воспоминаний, обратите внимание на все пункты, по которым они отличаются. Обычно если это два интенсивных переживания с противоположным знаком, то таких различий может быть очень много. Например, одно состояние — это фильм большого размера с яркими красками и громким звуком, а другое — застывшая фотография с неясными очертаниями, блёклыми красками и без звука. Комбинаций может быть огромное множество! Отметьте эти субмодальности.

Шаг 4. Теперь берите по одной субмодальности неприятного воспоминания из этого отмеченного списка и начинайте заменять их на субмодальности той же категории приятного воспоминания. Например, если неприятное воспоминание чёрно-белое — сделайте его цветным, если неподвижное — добавьте движения, если маленькое — сделайте большим… Изменяйте по одной субмодальности и наблюдайте, как это меняет ваше отношение к происходящему. После каждого изменения возвращайте первоначальную субмодальность и переходите к следующей. Вы обнаружите, что изменение некоторых субмодальностей не будут влиять на ваши ощущения, в то время как изменение других субмодальностей (именно они называются критическими) будут значительно изменять ваши ощущения. Часто бывает, что при изменении одной характеристики автоматически изменяются ещё несколько. Например, иногда при приближении картинки она может увеличиться в размерах, и одновременно с этим краски могут стать ярче. В общем — просто поиграйте, заменяя отдельные составляющие неприятного опыта (не изменяя его содержания) на характеристики приятного воспоминания. И в какой-то момент вы обнаружите, что данное негативное воспоминание уже не вызывает прежних чувств! Что-то изменилось… Вы можете начать относиться к нему нейтрально, или более расслабленно, или даже с улыбкой!

Шаг 5. «Сохраните» новые характеристики, выбранные вами, для ранее негативной ситуации. Воспользуйтесь результатом!

Субмодальные изменения позволяют использовать весь ваш положительный опыт для новых достижений. У каждого из нас есть воспоминания о наших достижениях, успехах, победах. Не обязательно грандиозных, вселенских — достаточно и небольших. Когда вы вспоминаете об этом своём опыте, подумайте, как это выглядит, как это звучит, как это ощущается? А теперь сравните с вашими воспоминаниями о ваших неудачах, поражениях… Вы можете быть удивлены, насколько эти воспоминания выглядят и звучат по-разному!

Посмотрим на себя со стороны?

Наше восприятие мира — довольно сложный процесс. Наш мозг, получая сигналы от органов чувств, порой заполняет недостающую информацию, опираясь на предыдущий опыт, наши внутренние установки, на то, что мы считаем возможным или невозможным. На этом основывается феномен визуальных иллюзий — возьмём, например, знаменитую иллюзию Мюллера-Лайера, когда мы смотрим на две линии в определённом обрамлении и явно видим, что одна из них длиннее, а другая короче, хотя в действительности их длина одинакова! И это легко проверяется с помощью измерения линейкой. Убедитесь сами — разница лишь в направлении стрелок, но не длине линий! Однако даже после того, как мы в этом убеждаемся, визуально мы продолжаем воспринимать линии по-разному…

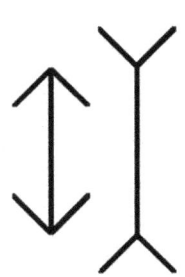

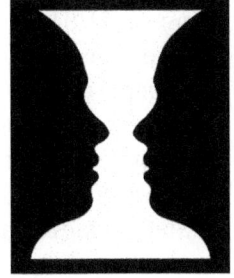

Ещё одно проявление данного феномена — смещение фокуса внимания, в зависимости от которого мы можем видеть либо прекрасную вазу, либо (при изменении фокуса внимания) — два лица. Также, смещая фокус внимания, мы можем по-разному воспринимать происходящие события. Например, мы можем воспринимать ситуацию, являясь её участником, «своими глазами», а можем наблюдать за ней «со стороны». И это очень сильно будет изменять наше восприятие одной и той же ситуации. Первый вариант восприятия называется **ассоциированным**, второй — **диссоциированным.** Ассоциированность и диссоциированность являются очень важными субмодальными характеристиками, о которых стоит поговорить отдельно. Когда мы ассоциированы, мы эмоционально включены в ситуацию, мы — «в ней». Тогда мы переживаем, радуемся или огорчаемся, чувствуем боль или восторг.

...Вот вы мысленно оказываетесь на «американских горках», где ваша вагонетка находится на самом верху, и через мгновение вы начинаете лететь вниз! Вы ощущаете удар ветра в лицо — какое захватывающее чувство внутри вас! Это переживание, которое вы испытываете сейчас внутри вашего тела (если только вы ярко всё представили), и является **ассоциацией в ситуацию.** Когда же мы **диссоциированы** (разъединены с ситуацией), мы наблюдаем её как бы со стороны и можем взвешенно оценить всё что происходит. Представьте теперь, что вы сидите на лавочке с мороженным в руке и наблюдаете за этой самой вагонеткой захватывающего аттракциона, в которой несётесь вы сами! Оцените свои ощущения в данной ситуации — когда вы «смотрите со скамейки». Обычно при диссоциации сохраняется понимание о тех чувствах, которые были внутри ситуации, но они менее интенсивны и менее влияют на нас. Также, когда мы диссоциированы, мы можем оценить, как мы выглядим со стороны. «Диссоциированное» состояние обычно определяется как состояние «отделённости от ситуации» или «неассоциированности» в конкретный опыт.

Одни из первых разработчиков НЛП Роберт Дилтс и Джудит Делозье так пишут об этом в книге «Эволюция позиций восприятия»: «В НЛП — „ассоциированным" состояние считается в том случае, когда вы относитесь к событию так, как к реально происходящему сейчас — вы видите всё своими глазами, чувствуя своё тело и эмоции, слышите своими ушами, ощущаете запахи и вкус, которые были в то время... Ну а для «диссоциированного» опыта характерна позиция стороннего наблюдателя за собой — будто вы наблюдаете за своим поведением, сидя перед экраном в кинозале».

Таким образом, ассоциация и диссоциация — это два разных опыта, два разных способа воспринимать одни и те же события. Диссоциация позволяет более взвешенно и спокойно относиться к происходящему, уйти от сильных неприятных переживаний и боли. Но одновременно с этим вы можете уйти и от приятно-восхитительных чувств! Большой плюс диссоциации в том, что она позволяет посмотреть на себя со стороны. Это может стать очень полезным навыком — время от времени «отстраняться» и замечать, как я выгляжу и как я себя веду в той или иной ситуации. Ещё одна важная вещь, которую даёт диссоциация — более спокойная и взвешенная оценка ситуации. Причём как текущей, так и прошлой.

> «В НЛП — «ассоциированным» состояние считается в том случае, когда вы относитесь к событию так, как к реально происходящему сейчас — вы видите всё своими глазами, чувствуя своё тело и эмоции, слышите своими ушами, ощущаете запахи и вкус, которые были в то время... Ну а для «диссоциированного» опыта характерна позиция стороннего наблюдателя за собой — будто вы наблюдаете за своим поведением, сидя перед экраном в кинозале».

Даже для того, чтобы научиться измерять интенсивность эмоции, пользуясь «термометром» эмоций, нужно научиться «изменять точку зрения» или «изменять позицию восприятия». Потому что пока мы погружены внутрь своего тела и испытываем все эти эмоции, мы зачастую даже не замечаем, что с нами происходит. Для того чтобы начать замечать, в каком вы состоянии, нужно научиться делать как бы «шаг в сторону» и тогда можно задать себе вопросы: в каком состоянии я нахожусь и насколько это состояние интенсивное?

Упражнение «Посмотри на себя со стороны»

Сядьте удобно. Закройте глаза. Представьте, что где-то слева или справа расположена видеокамера, которая вас снимает. И представьте, что оператор, который вас снимает — это... тоже вы! Другими словами, я хочу, чтобы вы переместились в позицию оператора. И вы этот оператор, который смотрит на самого себя в глазок видеокамеры и видит себя сидящего (или стоящего), а также видит всё, что вас окружает. Просто несколько мгновений понаблюдайте за собой со стороны...

Для того чтобы потренироваться, повторите это упражнение два-три раза, может быть, изменяя точку съёмки — слева, справа, сзади, спереди... Это ваш первый навык посмотреть на себя со стороны — не так уж важно, насколько хорошо вы себя представите, главное ухватить идею.

Давайте обсудим это упражнение. Заметили ли вы, что происходит с эмоциями и чувствами, когда вы смотрите на себя со стороны? Присутствовали ли у оператора, которым вы были в течение нескольких минут, те же эмоции? Были ли они той же интенсивности? Или с ними что-то произошло? Если вы всё сделали правильно, то обычно даже после «возвращения» в своё тело прежнего накала эмоций уже нет и в помине! Поэтому это очень хороший первый шаг, чтобы начать что-то менять в себе.

Я вспоминаю одну пациентку, которая жаловалась на то, что она очень сильно чувствует эмоции других людей (в основном негативные) и очень быстро их перенимает. Эдакий пример супер-эмпатии... Я предложил ей мысленно вернуться в одну из таких ситуаций и описать мне свои ощущения. Она сказала, что может быть в отличном настроении, хлопоча по дому, но когда муж или сын приходят в плохом настроении или чем-то раздражёнными, она это очень сильно чувствует — даже до того, как это как-то проявится, и у неё тут же портится настроение. Я предложил ей выбрать одну конкретную ситуацию, когда это произошло.

«Вчера утром я готовила завтрак, — сказала она, — зашёл муж, я сразу ощутила, что он чем-то недоволен, и я сразу начала чувствовать себя очень плохо». Я попросил её обратить внимание на то, КАК именно это ощущалось в теле, и предложил воспользоваться «термометром» (который она освоила на нашей предыдущей встрече и практиковалась всё это время), чтоб измерить интенсивность переживания. Она закрыла глаза, обратилась внутрь себя и сказала: «Я вся напряглась, перехватило дыхание. На шкале — это оранжевая зона, где-то 6–7!» Тогда я предложил ей представить, что она смотрит на себя в видеокамеру с левого верхнего угла комнаты. Когда она освоила роль оператора, она сказала, что, во-первых, состояние напряжения практически сразу ушло, и, второе, наблюдая за собой со стороны, она буквально увидела, что ощущения, испытанные ею сейчас — это... не её эмоции! И по «возвращению» в своё тело она смогла заметить и остановить нарастание нежелательной эмоции.

Я сказал ей, чтобы она воспользовалась этим упражнением, если такие ситуации будут повторяться. Когда она пришла в следующий раз, эта проблема даже не звучала в её рассказе о том, как прошла неделя. Через некоторое время я всё же поинтересовался, изменилась ли её реакция на эмоции других людей. Она сказала, что изменилась значительно. Она продолжает замечать состояния других людей, но, наблюдая за собой со стороны, теперь очень быстро фиксирует, когда они начинают влиять на неё, и сразу это останавливает. «Когда такое происходит, я говорю себе: „Это не моё"», — сказала она.

Итак, позвольте дать вам важный совет: в момент, когда вы с кем-то спорите или ругаетесь и начинаете чувствовать, что у вас закипают эмоции, посмотрите на себя со стороны! Это самое простое, что вы можете сделать и что быстрее всего даст результат — представить, как всё выглядит со стороны. Вы даже можете что-то посоветовать себе самому!

Но всё начинается именно с этого шага — с возможности посмотреть на себя со стороны.

Я хочу предложить простые упражнения для развития ассоциированных и диссоциированных позиций восприятия:

Упражнение «Быстрый взгляд со стороны»

Представьте себя со стороны, с различных точек обзора:
— с потолка;
— со спины;
— снизу;
— справа;
— из дальнего угла комнаты.

Упражнение «Примерка одежды»

Прежде чем надеть что-нибудь, представьте, как вы смотритесь со стороны в этой одежде. Сравните с изображением в зеркале. Помните, что зеркало изображение переворачивает!

Упражнение «Переоценка ситуации»

«Возьмите» ситуацию из вашего прошлого, которую вы оцениваете негативно. Не начинайте с очень интенсивных воспоминаний. ДИССОЦИИРОВАННО пересмотрите её всю несколько раз с разных точек зрения. Если переживания слишком сильные, предварительно поставьте себе сильный ресурсный кинестетический якорь и удерживайте его в процессе перепросмотра. Затем оцените, как меняется ваша эмоциональная оценка ситуации при различных способах восприятия.

Упражнение «Перепроживание приятного события»

Это упражнение поможет вам развить в себе ассоциативные способности. Вспомните приятное событие из прошлого: время, проведённое с друзьями, удачное свидание, вкусную еду… «Перепроживите» эту ситуацию три-четыре раза «изнутри». Ваша задача — всё время быть «внутри» ситуации. И старайтесь с каждым перепросмотром замечать всё больше новых деталей.

Упражнение «Дневник эмоций»

Это упражнение стоит несколько особняком от предыдущих. Собственно, оно скорее является практикой, которую нужно регулярно осуществлять хотя бы на протяжении нескольких недель. Однако и эффект от него может быть удивительным. Дело в том, что благодаря ему вы получаете реальную возможность не только стать «диссоциированным зрителем-наблюдателем» за собственной эмоциональной жизнью, но произвести, так сказать, «анатомическое исследование» самого себя, «препарировав» собственные реакции на изменения внешней или внутренней обстановки, которые раньше оказывались вне вашей осознанности. Можно даже сказать, что вы начинаете освещать «внутренним светом» этой самой осознанности «тёмный чулан» своего сознания, куда раньше не заглядывали вообще или же в темноте бились там об «острые углы» своих стереотипных реакций на происходящее. Даже сам процесс такого внимания, направленного внутрь себя (чего раньше вы, возможно, никогда не делали), вполне способен пролить свет (во всех смыслах) на ваше восприятие себя — а значит потенциально изменить в дальнейшем вашу жизнь. Дневник помогает превратить чувства, переживания и сомнения в текст на бумаге, а значит, взглянуть на них со стороны.

«Дневник эмоций»:

1. Приготовьте ежедневник, тетрадку или блокнот, в котором удобно делать множество коротких ежедневных записей. Важно выбрать приглянувшийся вам «носитель», который вам будет приятно брать в руки изо дня в день.
2. Начиная с завтрашнего дня, ведите самый настоящий дневник, записывая в него следующее:
— дату (один раз сверху для всех записей этого дня);
— примерное время, когда вы испытали ту или иную эмоцию по любому поводу (можете, например, исходить из шести базовых эмоций — радость, печаль, отвращение, страх, гнев и изумление — или описывать также и их оттенки);
— событие, ситуацию или нечто происходящее внутри вас, что вызвало эту эмоцию (коротко).
3. Записывайте столько эмоций, сколько отследите или запомните (если вы заняты и будете делать это в конце дня), однако старайтесь обязательно писать хотя бы примерное время для каждой — это же именно дневник!
4. Полезно в конце каждого дня или хотя бы в конце каждой недели отмечать три своих достижения и как минимум три события или трёх людей, которым вы благодарны.
5. Через 2–3 недели (можно и через месяц) внимательно прочтите подряд все свои записи. Вы будете очень удивлены, когда обнаружите, что, благодаря возможности взглянуть на происходящее в более широкой перспективе, проблемы перестают казаться неприступными, и вы почувствуете, что с ними легче справиться! Уже одно только это, сам процесс (при регулярном внесении, а затем внимательном изучении записей) позволит вам ощутить себя не просто персонажем в действии «на сцене жизни», часто играющем роли по чужим сценариям, а хозяином своих реакций, готовым осознанно управлять ими и, как следствие, всей своей жизнью!

Ещё одним из моих учителей — о нём вы узнаете сейчас — был удивительный человек, на пути к своим целям преодолевший множество не только негативных эмоций, но и препятствий, разочарований — да и вообще самых настоящих жизненных драм, которые кто-то другой мог бы посчитать полной катастрофой... Однако этот человек смог не просто обратить весь негативный опыт себе во благо, но и создал целую систему обучения успеху других!

С чего всё начиналось. Роберт Кийосаки

Оглядываясь назад, я понимаю, что весь мой жизненный путь, тесно связанный с профессиональными достижениями, базировался на опыте и разработках гениальных учёных и практиков, с которым мне посчастливилось встретиться на их семинарах и курсах. Это были настоящие гиганты, не боящиеся высказывать своё мнение и смело идущие против течения, стереотипов, иногда открытого осуждения их идей — тем самым пресловутым большинством критиков, огульно отвергающих всё то, чем они вскоре начинают так же коллективно восхищаться. Собственно, именно этими новаторскими взглядами я и хочу поделиться в своей книге, передавая их вам.

Одной из таких ярчайших неординарных личностей, несомненно, является Роберт Кийосаки. Автор целой серии литературных бестселлеров, разработчик нескольких популярнейших во всём мире финансовых игр (типа «Монополии»), создатель образовательной организации под названием «Богатый папа» (после выхода его одноимённой книги, ставшей сенсацией), успешный инвестор в сфере недвижимости…

Основную идею всей его деятельности можно сформулировать в одном предложении: обучение финансовой грамотности. Он

Роберт Кийосаки

твёрдо убеждён, что образования, которое мы получаем в школах, институтах, университетах, абсолютно не хватает для того, чтобы быть финансово успешным человеком! И это очень перекликается с моей идеей коммуникативной грамотности, которой так не хватает большинству людей и обществу в целом. В школе нас учат читать, писать, считать и ещё многим другим полезным вещам, но, к сожалению, не учат понимать других людей, грамотно строить отношения, успешно решать свои собственные проблемы! А именно это почти всегда и есть самое главное — ведь такие проблемы неминуемо возникают у любого человека!

Перед семинаром Роберта я успел прочитать две его книги — ту самую «Богатый папа, бедный папа» и «Богатый ребёнок, умный ребёнок». Его идеи, которые меня полностью захватили, кратко можно обозначить так:

— Людям необходимо финансовое обучение.

— Лучше начинать это обучение как можно раньше — в школьном возрасте.

— Формула «получил образование — получишь и хорошую работу» в наше время уже не работает.

— Наивно и недальновидно надеяться на то, что государство или работодатель позаботятся о вас.

— Нужно уметь отличать доходы от расходов (на первый взгляд, звучит очень просто — не так ли?).

— Лучше понимать существующую финансовую систему, чем считать, что «это не для меня».

— Финансовая свобода начинается с изменения всего мышления!

А дальше я столкнулся с тем, что некоторые называют метафизикой. Да, в книгах, несомненно, были прекрасные мысли, с которыми я не мог не согласиться. К тому же они там убедительно повторялись снова и снова — множество раз… Но это была как будто лишь теория. Я мысленно согласился с ней и… отложил до лучших времён… Но! Когда на семинаре Роберт стал рассказывать обо всём «вживую», эта теория начала как бы проникать внутрь меня, обретая реальные формы! Он прибавил к этим идеям ещё что-то — себя, свои убеждения, свою энергию! И моё понимание целиком изменилось — сложился настоящий паззл, где всё встало на свои места. Вот почему с тех пор я всегда говорю: «Книги могут дать идею, познакомить с теорией. Но если хотите действительно чему-то научиться — идите на семинар».

Как ни странно, Роберт достаточно много говорил о страхах. Прежде всего о финансовых страхах, которые испытывает большинство людей. Именно страх и жадность загоняют людей в ловушку, которую он назвал «крысиными бегами». «Крысиные бега» — это неустанная работа от звонка до звонка на государство или владельцев компаний и получение за эту работу зарплаты, которая почти полностью уходит на выплату счетов, налогов, кредитов, дорогостоящих приобретений, обучение детей… Затем человек ищет и находит более высокооплачиваемую работу, но повышаются и его запросы — круг вновь замыкается, и крысиные бега продолжаются! Надо всё больше денег, что означает ещё больше счетов, ещё больше работы, ещё больше затрат, ещё больше страха, который рождается из финансового невежества. Даже большие деньги автоматически не высвобождают из круга «крысиных бегов». Что же делать? Нужно быть не просто богатым, но и ДУМАТЬ как богатый человек — иначе деньги надолго не задержатся! Это подтверждают примеры выигравших в лотерею людей, многие из которых вскоре оставались ни с чем!

Кийосаки также рассказал нам о своих собственных страхах, преследовавших его, когда он был подростком. И о том, что он предпринял, чтобы взять контроль над своей жизнью в собственные руки. Несмотря на все свои страхи, он вступил в корпус морской пехоты США и, более того, выучился на пилота боевого вертолёта! А потом, позже, пришла череда ярких успехов и захватывающих достижений, сделавших его одним из самых востребованных финансовых консультантов на планете.

> Нужно быть не просто богатым, но и ДУМАТЬ как богатый человек — иначе деньги надолго не задержатся! Это подтверждают примеры выигравших в лотерею людей, многие из которых вскоре оставались ни с чем!

Конечно, не всегда нужны столь радикальные меры для решения проблем, но, безусловно, пример Роберта ясно учит нас — если вы ещё не получили столь желаемого результата, вероятно, вы просто не использовали всех доступных вам способов!

Глава 4
Как менять внутренний диалог

> Нам не даются испытания свыше, с которыми мы бы не справились.
>
> *Бернар Вербер,*
> *современный французский писатель и философ*

> Чем больше человек находится в пространстве внутреннего диалога — тем меньше в реальности. Человек в депрессии, воспринимая мир через фильтр негативной кинестетики, ограничивает себя в приобретении нового, иного опыта («я ничего не хочу, потому что я плохо себя чувствую»). Реальный опыт заменяется внутренним диалогом.

Кто «живёт» у нас внутри?

В предыдущей главе мы затронули только один аспект — визуальный, но очень часто наши волнения и страхи рождаются из-за нашего внутреннего диалога. Внутренний диалог — это то, что всегда с нами, то, что «комментирует» все происходящие события, и это именно то, что задаёт вопросы: «А что, если?..», «Что случится, если я заболею или если меня уволят?» и т. д. У каждого есть свои привычные вопросы и тексты, которыми мы себя пугаем. «Ты же знаешь, что всё равно ничего не получится…» «Ты что, лучше других?» «Не стоит даже начинать, всё будет как всегда!» — этот список можно продолжать довольно долго, и каждый из вас наверняка знает свои любимые выражения. А может быть, что ещё хуже, не знает, если вы просто не обращаете внимания на этот внутренний голос, который звучит у всех нас!

Безусловно, есть какое-то количество людей, у которых этот голос поддерживающий, подбадривающий, но в подавляющем большинстве случаев это именно критикующий голос, который говорит, что у тебя ничего не получится, ты неудачник, не высовывайся и прочее — примеры выше. Так с кем же мы там общаемся «внутри себя»? К кому мы обращаемся за подсказкой, советом, решением? Кто оценивает наши поступки, решает, что правильно, а что нет? Что же это такое — «мистический» внутренний голос?

А вот что. От трети до половины времени бодрствования мы НЕ живём в настоящем! Мозг то и дело «подгружает» воспоминания, озадачивает воображаемыми сценариями, забрасывает тревогами, заставляет фантазировать о ближайшем и отдалённом будущем… И вся эта работа ума сопровождается бесконечными размышлениями: голос в голове советует, предостерегает, пугает, беспокоит, мы додумываем старые или переживаем ещё не состоявшиеся события. Всё это ужасно утомляет — настолько, что хочется приказать внутреннему собеседнику если не «заткнуться» совсем, то хотя бы немного помолчать. Но мысли всё равно приходят на ум, иногда целыми полчищами! Огромную часть своей жизни мы проводим… в собственной голове!

Развитие второй сигнальной системы — нашей речи — является огромным эволюционным достижением и ещё одним фактором, который выделил homo sapiens из животного мира. Мы поговорим об истории возникновения и функции речи в главе «Лингвистика страха». Для начала же давайте рассмотрим значение «говорения» в формировании памяти и внутреннего опыта.

Именно память — эта важная способность накапливать, фильтровать и сохранять гигабайты окружающей информации — позволяет нам ориентироваться в мире. Работа памяти тесно связана с нашими языковыми способностями. Воспринимая информацию в звуковой и речевой форме, мозг умеет удерживать её через «проговаривание про себя». Этот механизм начинает развиваться уже в раннем детстве. При этом языковое развитие человека идёт рука об руку с эмоциональным: так, малышам разговоры вслух помогают развивать самоконтроль. Принципиальную роль в формировании внутреннего голоса играет общение детей с родителями, которые вольно или невольно учат своим моделям

> Принципиальную роль в формировании внутреннего голоса играет общение детей с родителями, которые вольно или невольно учат своим моделям поведения, реакциям на действительность, в том числе словесным.

поведения, реакциям на действительность, в том числе словесным. Именно внутренний голос, крепнущий в нас с годами, играет ключевую роль в создании нашего «я». Размышляя о своих желаниях, ценностях, потребностях, мы тем самым рассказываем самим себе историю собственной жизни.

Начиная примерно с 2-летнего возраста дети проходят очень важный и ответственный этап жизни — приобретение собственного опыта. Это связано с периодом экспериментирования. То есть первичный опыт (пирамидку можно собрать и разобрать) уже ушёл в прошлое. Сейчас более интересно другое: как далеко можно кинуть эту самую пирамидку или какой звук издаст падающая со стола книга! И это непосредственное приобретение опыта сопровождается описанием его в речи. Ребёнок с удовольствием объясняет и комментирует то, что он делает, если кто-то есть рядом. Причём чьё-то присутствие — желательное, но необязательное условие. Когда ребёнок играет в своей комнате, до родителей время от времени доносятся его комментарии происходящего там.

Недавно мы были в гостях у моего племянника. Как только мы вошли в дом, его трёхлетний сын взял меня за большой палец и повёл показывать своё «жилище». Начал он, конечно, со своей комнаты, рассказывая и объясняя на почти понятном языке всё, что мы встречали по дороге. Причём в рассказ входило описание предмета, «официальная» версия того, что этот предмет делает, а затем — всё то, что он уже попробовал с ним сделать и что из этого получилось… Я несколько раз «срывался с крючка», выходя из очередной комнаты, чтобы пообщаться со взрослыми, и слышал, как «экскурсия» продолжается даже без моего участия. Было очевидно, что ребёнок не так давно научился говорить целыми предложениями и теперь делает это с большим удовольствием — и днём, и ночью. Сейчас в его жизни очень много непосредственного опыта, и слова иногда даже не успевают за событиями.

Итак, вырастая, мы продолжаем общаться сами с собой, переставая, правда, делать это вслух. Наша «комментирующая» события речь уходит внутрь, этот процесс в психологии называется **интернализацией** или **интериоризацией**. Но у нас остаётся эта потребность — перевести, перекодировать наш опыт в слова! Подключая кинестетическую (говорение вслух) и аудиальную (слушание своего голоса) системы, мы как бы делаем наш внутренний опыт ещё более прочным, а ценности и выводы более глубокими и запоминающимися.

Однако в этом нас подстерегают определённые опасности — когда с возрастом баланс между реальным опытом и говорением об опыте всё больше смещается к говорению. Наш непосредственный опыт начиняет подменяться прочитанными, услышанными или увиденными по телевизору или в интернете событиями, которые мы обсуждаем дома, на работе, на автобусной остановке, по телефону, делая выводы и заключения, начинающие непосредственно влиять на нашу жизнь. В этом, кстати, по моему мнению, опасность всех сериалов — они предлагают многое «сделать за нас». Мучиться, любить, ненавидеть — в общем, чувствовать, не вставая при этом с дивана! «Прожив» такую суррогатную жизнь, можно незаметно прийти к «подмене» опыта на умозаключения: «Теперь я знаю, как надо любить, дружить, мстить и т. д.».

Наш внутренний диалог с возрастом начинает всё больше и больше влиять на нас. В нём, по сути, заключены все наши убеждения и ценности, обычно усвоенные нами в детстве. Причём именно УСВОЕННЫЕ, а не отобранные с точки зрения полезности, неполезности или взрослого опыта и знаний. И именно внутренний диалог звучит как нечто, к чему мы привыкли относиться без всяких сомнений.

Когда мы становимся свидетелем чужого разговора, в нас автоматически формируется некое отношение к собеседникам. Нередко их беседу мы параллельно обсуждаем про себя, выставляя оценки, соглашаясь или скептически относясь к некоторым утверждениям — словом, внутри нас идёт своего рода обсуждение услышанного. И только когда мы разговариваем сами с собой, мы принимаем этот диалог как факт, как данность.

Всю эту «болтовню» не получится просто так остановить — да и не нужно. Способность нашего ума блуждать, заглядывая в прошлое и будущее, — это огромное эволюционное преимущество, которое позволяет людям учить и учиться, рассказывать истории, планировать, мечтать, избегать опасностей… К счастью, природа предусмотрела и способы, которые позволяют сделать поток мыслей куда более эффективным и гармоничным. Надеюсь, к тому моменту, когда вы закончите читать эту главу, у вас появиться лучшее понимание и, самое главное — инструменты, помогающие «настроить» ваш внутренний диалог на более позитивный, поддерживающий лад. Согласитесь — как было бы здорово, если бы ваш внутренний голос стал полезным помощником, работающим как ваш личный секретарь, если бы ему была бы отведе-

на роль напоминать, уточнять и мотивировать. «Обрати внимание — ты должен быть там-то, сделать то-то!»

Но почему же в подавляющем большинстве случаев этого не происходит? Ответ, как обычно, надо искать в нашем детстве. Если в детстве на ваши объяснения вы слышали окрик: «Заткнись и больше никогда так не делай!», то став взрослым и решая начать что-то новое, вы можете услышать в своей голове ту же фразу, произнесённую так же громко и убедительно… Конечно, это может заглушить любые аргументы, которыми вы пытались мотивировать себя, что-то предпринять. Тем более что ваша реакция на внутренний голос будет такая же, как в детстве. Ну, или наоборот — вам тихим, вкрадчивым голосом объясняли, как «ПРАВИЛЬНО» надо себя вести, после чего вы начинали чувствовать себя прескверно, думая: «И действительно, как это мне пришло такое в голову…» Эдакий гипертрофированный вариант заботливой матери: «Конечно, иди, веселись! А я буду ждать тебя здесь, в темноте и холоде, больная и несчастная!» Во взрослой жизни, как бы бурно вы с собой ни дискутировали, убеждая себя, например, подойти и заговорить с понравившейся вам девушкой, такой же вкрадчивый голос может сказать: «А ты в зеркало на себя смотрел?» Или: «Подумай, как будет неприятно, если она откажет!» И уже даже не надо пробовать, потому что неприятно стало прямо сейчас!

Люди, находящиеся в депрессии, много времени проводят в подобных внутренних диалогах. Погружаясь в рассуждения с самим собой, очень легко потерять ориентиры, начать ходить по кругу, всё дальше и дальше отдаляясь от принятия решения. Чем больше человек находится в пространстве внутреннего диалога — тем меньше в реальности. Человек в депрессии, воспринимая мир через фильтр негативной кинестетики, ограничивает себя в приобретении иного, нового опыта («я ничего не хочу, потому что я плохо себя чувствую»). Реальный опыт заменяется внутренним диалогом («лучше ничего не предпринимать, а то будет ещё хуже!») — что поддерживает негативные эмоции. Образуется воронка — отрицательные эмоции поддерживают негативный внутренний диалог, который в свою очередь усиливает отрицательные чувства. И эта воронка засасывает всё глубже и глубже!

Очень часто частью нашего внутреннего диалога становятся тексты других людей. Более того, они воспроизводятся с теми же интонациями и оказывают такое же сильное воздействие, как и в то время, когда мы слышали их в «исполнении» этих людей. Это могут быть выражения, которые использовали ваши родители, выговаривая вам за ваши провинности. Или это может быть то, что говорили вам ваши учителя, тренер вашей футбольной или гимнастической команды — или любой другой, значимый для вас на тот момент взрослый. Этот процесс включения в своё внутреннее психологическое пространство внешних факторов называется «**инкорпорирование**». Но не обязательно, чтобы инкорпорированный внутренний голос, оказывающий на вас сильное влияние, был из вашего отдалённого прошлого (хотя это как раз легко объяснимо). В детстве мы гораздо легче «впускаем» в себя влияние внешнего мира в виде мнений и суждений, потому что собственные критерии и «фильтры» ещё не сформированы. Тем не менее даже в зрелом возрасте есть механизмы, позволяющие преодолеть выработанную систему защиты внутреннего пространства и «внедрить» в нас навязанные мысли и мнения извне, запустив новый внутренний диалог. К таким механизмам относятся сильные эмоциональные потрясения, которые могут «взломать» защитную систему, и так называемые «мыслительные вирусы», способные «обойти» наше критическое восприятие.

«Мыслительные вирусы», а также — «лекарства от коварства»

Перед тем как мы поговорим о мыслительных вирусах, позвольте мне рассказать об одном моём пациенте, который попался на других вирусах — компьютерных. Точнее, он стал жертвой профессиональных интернет-мошенников. Схема этого мошенничества, как объяснили мне позже специалисты, была достаточно стандартной, но степень психологического воздействия, оказанного на пострадавшего человеком, которого он даже никогда не видел (всё общение происходило по телефону), кажется невероятной!

Итак, как у многих из нас случалось, у моего пациента — назовём его Роберт — в один из дней на экране компьютера начали возникать зловещие надписи о том, что компьютер заражён страшным вирусом, и, чтобы спасти его от этой атаки, ему нужно срочно позвонить по указанному телефону. Что он, к сожалению, и сделал… Я не буду подробно пересказывать, как и почему он позволил незнакомому «специалисту» подсоединиться к своему компьютеру и как он в его присутствии открывал доступ к своему банковскому счёту… При этом «голос» постоянно приговаривал, что «теперь всё будет хорошо» и что «всё это делается для его же блага». В общем, закончилось это тем (даже сейчас, когда я об этом пишу, это звучит невероятно!), что Роберт начал по почте высылать огромные суммы денег для того, чтобы погасить свою задолженность и... чтобы о том, что он натворил (?!), не узнали финансовые органы! Не спрашивайте меня о логике происходящего — в подобных случаях она просто отсутствует. Каждой такой отправленной «посылке» предшествовал телефонный звонок, и тот же голос давал подробную инструкцию, как правильно запаковывать купюры (пересылка наличности нелегальна) и на какой адрес отсылать. При этом «голос» вновь и вновь повторял, что «всё это делается для его, Роберта, блага» и в конечном итоге «всё обязательно будет хорошо». Долгое время Роберт старался держать происходящее в тайне от всех (так посоветовал «голос»), но когда исчезновение со счетов значительных сумм скрывать больше не получилось, пришлось признаться ближайшему кругу родных. Только после этого пришло осознание произошедшего, звонки в полицию, смена номера телефона, паролей в компьютере и т. д. Звонки с «напоминаниями о долге» прекратились, и стало возможным трезво оценить нанесённый урон, который, помимо огромной суммы, заключался в полностью нарушенном эмоциональном и физическом состоянии. Роберт находился в глубочайшей депрессии, не мог работать, потерял аппетит, спал по несколько часов в сутки... В таком состоянии он и попал ко мне.

На первых сессиях мы занимались только релаксационными техниками. Я обучал Роберта приёмам самогипноза для того, чтобы он смог хоть немного успокоиться и прийти в себя. Роберт довольно быстро освоил принципы релаксации и смог применять их самостоятельно, когда, как он сам это назвал, «на него вновь наплывало». Когда мы с ним серьёзно продвинулись и он вернулся к работе, начал есть, спать и заниматься спортом, пришло время разобраться — что именно происходит, когда на него «наплывает». Я попросил его описать, как это ощущается. Он сказал, что его время от времени как бы накрывает волна ужаса, когда он чувствует себя просто парализованным..., доходит до того, что в такие моменты он просто не осознаёт, где он находится, и приходит в себя только тогда, когда «волна выбрасывает его на берег». В этот момент он начинает ощущать, как сильно колотиться сердце, немеют руки и ноги, и холодный липкий пот покрывает всё тело... Тогда я спросил, замечал ли он, что предшествует этому состоянию, что именно его запускает? Он задумался и ответил: «Нет», — самый частый ответ, который я получаю на этот вопрос. Помните, в самом начале я говорил, что мы не привыкли (обычно нас никто этому не учил) «заглядывать» в наше внутреннее пространство. Но перед этим он сам «ответил» мне. Точнее, ответило его тело, а ещё точнее, его глаза — уйдя влево и вниз, в область нашего внутреннего диалога… Поэтому я напрямую предложил ему прислушаться к тому, что звучит в его голове. В этот момент он сделал очень важное для себя открытие, обнаружив, что этот наплыв парализующего его страха вызывается тем самым «голосом», который время от времени всплывает в его голове. Я попросил описать, как звучит этот голос. «Тихий, мягкий, вкрадчивый, с лёгким восточным акцентом, — сказал Роберт. — Он как бы проникает в душу, заставляя подчиняться… А что, если он позвонит опять?!» Я сказал, что не могу гарантировать, что этого не произойдёт, хотя после того, как он «сорвался с крючка» мошенников, вероятность новых попыток контакта с их стороны небольшая. Они понимают, что после потери больших сумм их жертвы практически всегда обращаются в полицию или ФБР, а значит вероятность того, что они станут рисковать быть пойманными, минимальна. Я видел, как мои слова его немного успокоили, но понимал, что эти аргументы могут быть приняты лишь на уровне сознания. Но за наши эмоции отвечает не сознание, а более глубокие структуры, которые мы описываем как подсознание. Поэтому я предложил Роберту работу по удалению этого «голоса» из внутреннего пространства. Для этого я попросил его обратить внимание на то, где этот «голос», когда он звучит, проецируется в пространстве. Он задумался (в данном случае, наверно, правильнее сказать, прислушался) и… показал рукой куда-то за левым ухом.

— На каком расстоянии звучит голос? — спросил я больше для того, чтобы Роберт мог сам осознать это. По предыдущему жесту мне было ясно, что «голос» находится на очень близком расстоянии.

— Прямо вот здесь! — сказал Роберт, показывая рукой на область около левого уха на расстоянии 5–6 сантиметров от него.

— Представьте, что вы отправляете этот голос далеко назад — на 100–200 метров, — я сделал широкий жест за спину Роберта, — и закрепляете его там, например, пневматическим гвоздезабивателем.

Для наглядности я воспроизвёл звук этого инструмента, как себе его представлял: «Бух, бух». От неожиданности Роберт даже вздрогнул, но я видел, что это помогло ему «оживить» происходящее.

— Итак, сейчас, когда вы закрепили этот «голос» на расстоянии, зная, что он где-то там, — я вновь сделал движение рукой, обозначая расстояние за спиной у Роберта, — и «голос» продолжает произносить тот же привычный текст, который на этой дистанции практически не слышен, оказывает ли это на вас такое же влияние?

Было видно, что Роберт пытается прислушаться, но сейчас реакция была намного спокойнее.

— Нет, — сказал он, — сейчас я на это практически не реагирую.

— Отлично, — но давайте это ещё закрепим. Представьте, что между вами и «голосом», — я опять махнул рукой, обозначая большое расстояние, — находится магнитофон (теперь бы я, видимо, сказал МР3-плеер), на котором достаточно громко играет ваша любимая группа, создавая дополнительную звуковую завесу. Какая это могла бы быть группа и что они играют?

Он улыбнулся и ответил:

— Deep Purple — «Smoke on the Water»! — и даже несколько раз махнул головой в такт звучащей у него в голове музыке.

> Мыслевирус — это мысль, которая «бегает по кругу», как бы перезапуская саму себя и вызывая негативные эмоции, а при длительном воздействии — и негативные состояния.

— Какое у вас сейчас отношение к «голосу» на таком звуковом фоне? — поинтересовался я. Он улыбнулся, сделал глубокий вдох и сказал:

— По-моему, я наконец освободился от него!

Ну а теперь — непосредственно о так называемых мыслевирусах. Мыслевирус — это мысль, которая «бегает по кругу», как бы перезапуская саму себя и вызывая негативные эмоции, а при длительном воздействии — и негативные состояния. Мыслительные вирусы могут «заразить» мозг и нервную систему, так же как физический вирус заражает тело, или же компьютерный — компьютерную систему, приводя к беспорядку и хаосу. Как известно, компьютерная программа или целая система могут быть выведены из строя компьютерным вирусом. По аналогии и наша нервная система способна «заразиться» и, соответственно, испортиться от воздействия «мыслительного вируса».

В природе вирусом принято называть неполноценный биологический агент, не способный самостоятельно развиваться. Для выживания и развития вирусы должны проникнуть в клетку хозяина, где, используя компоненты клетки, начинают активно реплицироваться (размножаться), со временем навязывая бывшему хозяину инструкции поведения.

Компьютерный вирус, как и биологический, тоже не является целостной и завершённой программой. Его цель — простое воспроизведение себе подобных программ, используя ресурсы системы, в которую он внедрился. Он беспорядочно распространяется, стирая и заменяя существующие программы. Это и является причиной сбоев или серьёзных ошибок.

Устранять мыслительные вирусы гораздо сложнее, чем реальные биологические или компьютерные. Невозможно убить «мыслительный вирус», его можно только опознать и нейтрализовать его влияние на остальную систему. Нельзя убить идею или убеждение — они не живые. Даже убийство человека, действующего на основании своих идей и убеждений, вовсе не убивает сами идеи и убеждения. Столетние войны и религиозные преследования подтверждают это. Ограничивающие убеждения, которые во многом определяют наше восприятие действительности и во многом наше поведение и «вирусы мыслей», общаются между собой так же, как, например, тело — с физическим вирусом, а компьютер — с компьютерным, то есть во многом формируются на основе чьих-то мнений, неосознанно «подхваченных» нами. Очень часто результатом воздействия мыслительных вирусов является формирование так называемой проблемной мыслительной рамки. При таком неосознаваемом фильтре внимания люди фокусируются на всём, что мешает достичь результата, находя оправдания, объяснения, почему «опять не получилось». Эту мыслительную рамку проблемы создаёт и поддерживает многократно задаваемый себе вопрос «Почему?». Почему это вечно происходит со мной?! Почему у меня никогда ничего не получается?! Почему я такой несчастный?! Кстати, сами наши вопросы — это и есть операционные системы, которые запускают поиск ответа! Наш мозг как бы отвечает: «Желаешь знать, почему ты неудачник? Пожалуйста!» — и тут же выдаёт неограниченное количество объяснений! Вопросы «почему?» и «кто виноват?» хороши для самокопания, не зря именно из поисков ответов на эти классические вопросы построена практически вся художественная литература. Однако они не очень перспективны для достижения результатов и нахождения решений. Для этого лучше подходит другой внутренний фильтр, другая мыслительная рамка — рамка решения. При таком подходе фокус внимания переводится и удерживается на конечном результате, цели, которую человек хочет достичь, а возможные преграды становятся просто частью пути. Рамка решения «управляется» другими вопросами, задаваемыми себе. Основным из них является вопрос «КАК?». Например: «Как достичь результата с наименьшими затратами?», «Как справиться с возникающими на пути трудностями?», «Как извлечь уроки из происходящего?», «Какие есть варианты?», «Какой из вариантов самый оптимальный?».

Я помню момент, когда я только начинал посещать семинары по НЛП, и ведущая очень понятно объяснила разницу этих подходов, вызвав на демонстрацию двух участников. Один из них должен был изображать человека, двигающегося к своей цели, а другой — препятствие на этом пути. Для этого она попросила второго участника отвести правую руку в сторону под углом 90 градусов, как бы изображая шлагбаум. Его задача была обозначить «твёрдое препятствие» и ни за что не пропускать первого участника. Ну а задача первого была максимально сосредоточиться на возникшей проблеме и изо всех сил попытаться преодолеть её. Началась достаточно жёсткая борьба, где каждый пытался честно справиться со своей ролью: чем активнее первый участник пытался преодолеть препятствие, не отвлекаясь ни на что происходящее, тем более яростное сопротивление «препятствия» он встречал. «Вот это и есть „рамка проблемы"»,— прокомментировала ведущая.— А сейчас выберите точку в пространстве этого зала, которую вы хотели бы достичь. Это ваша цель. Сфокусируйтесь на ней и, когда будете готовы, начинайте двигаться к ней». Задача второго участника осталась той же — стать преградой на этом пути. Но в этот раз взаимодействие между участниками оказалось очень коротким — первый на минуту задержался на «преграде» и пошёл дальше к своей намеченной цели. Понимание того, чем отличается рамка решения, стало для всех очевидным. В другой похожей демонстрации человек, двигающийся к своей цели, просто обогнул «препятствие», оставив его растерянно стоять с поднятой рукой…

Как я уже говорил, не надо игнорировать свои страхи, пытаясь делать вид, что ничего не происходит. Но и фиксироваться исключительно на страхах точно не стоит! Порой чем больше вы сражаетесь с «драконом», тем больше и сильнее он становится, и тем больше «голов» отрастает на месте героически срубленных вами. Очень важно не терять контакта со своими истинными желаниями, задачами, жизненными целями. То, что в английском языке обозначается пословицей «не сводить глаз с мяча во время игры». И вот тогда страхи, с которыми вы будете встречаться, станут просто попутчиками, иногда очень полезными, в этом захватывающем путешествии под названием Жизнь!

Гармонизация внутреннего голоса

Одним из очень ярких и убедительных, можно сказать, классических примеров «озвученного» внутреннего голоса являются диалоги и монологи с участием незабываемого ослика Иа — в любимом мультфильме детства моих дочерей о забавном Винни-Пухе.

— Доброе утро, Иа!
— Доброе утро, Винни-Пух… Если оно вообще доброе. В чём я лично сомневаюсь…

А вот ещё — о своём отражении в озере:
— Печальное зрелище… Душераздирающее зрелище… Кошмар!

И, перейдя на другую сторону водоёма:
— Ну вот. Я так и думал. С этой стороны ничуть не лучше… А всё почему? И по какой причине? И какой из этого следует вывод?

Внутренний диалог — явление нормальное, естественное. Его функция — создавать смыслы, переводить опыт в значения. Это вовсе не те «голоса», которые являются признаками или симптомами психических отклонений. Но о наличии внутреннего голоса лучше знать. И ещё лучше — уметь им ОСОЗНАННО пользоваться. Именно тогда он из «внутреннего террориста» превратится в друга и советчика!

Но как же научиться правильно пользоваться своим внутренним голосом?

Сначала попробуйте начать обращать на него внимание. Постарайтесь исследовать его: что он обычно говорит, какие наиболее повторяющиеся фразы? За этими фразами, как правило, стоят какие-то ситуации из вашей жизни. И, что ещё важнее — прислушайтесь, КАК это звучит. Чей это голос? Ваш? Или кого-то из ваших родителей, или других значимых для вас людей? Кстати, для лучшего «ознакомления» и изучения внутреннего голоса большим подспорьем станет ведение дневника, о котором мы уже говорили. После того как вы «познакомитесь» со своим внутренним голосом, у вас появится возможность влиять на него. Есть способы изменять внутренний диалог на непродолжительное время. Во-первых, его можно сделать тише. Во-вторых, изменить место, откуда «это» звучит.

Итак, пожалуйста, ПРЯМО СЕЙЧАС обратите внимание на свой внутренний голос. И попробуйте «подвигать» его, изменяя место его звучания, например, представьте, что он звучит из… большого пальца левой ноги! Правда, это совершенно меняет ваше отношение к содержанию? Вот таким образом, меняя субмодальности (источник звука, тембр, громкость и т.д.), исследуйте, как именно меняется ваше отношение к содержанию всего, что вы от него слышите.

Помню, ко мне обратился водитель такси с проблемой нарушения сна. Высокий симпатичный мужчина. Наличие больших тёмных кругов под глазами выдавали его тяжкую проблему. Он жаловался на то, что давно не может ЗАСТАВИТЬ себя нормально заснуть. Он так уставал в течение дня, что к вечеру у него была только одна мысль: добраться быстрее до подушки и выспаться… Но каждый вечер, как только его голова касалась заветной подушки, сон улетучивался, и он начинал ворочаться, проклиная всё на свете! Я попросил его рассказать подробнее, что происходит в его голове в то время, когда, находясь в постели, у него не получается заснуть. Оказалось, что он начинал уговаривать себя: «Ты должен заснуть немедленно! Тебе завтра вставать в 4 утра! Если ты сейчас не заснёшь, тебе будет тяжело встать! Ты не выспишься, будешь чувствовать себя разбитым целый день! Весь день пойдёт насмарку!». А дальше он начинал детально представлять, как всё это будет происходить.

«Да уж, текст не очень успокаивающий и убаюкивающий…» — подумалось мне. И тогда я спросил его, а КАК всё это звучит? Он на минуту задумался и сказал, что это похоже на колокольный звон. «Вот как, — подумал я. — Замечательная стратегия — но… для пробуждения!» Представьте, что в вашей голове звучит набат и призывный голос говорит: «Ты должен!» С таким настроем можно бежать в атаку, штурмовать новые рекорды, но очень сложно оставаться спокойным и тем более заснуть. Поэтому я предложил ему представить, что этот текст записан на старую граммофонную пластинку. И я попросил представить этот старый граммофон. И как он берёт эту старую поцарапанную заезженную пластинку; крутит ручку граммофона, так чтобы пластинка играла медленнее, чем обычно. Вот он слушает, как тихий, дребезжащий, медленный голос начинает: «Тыыыы доооооолжееен зааснууууть. Заасыыпааай...» Он покорно закрыл глаза и начал представлять... Через несколько минут его дыхание стало спокойным и ровным, мышцы расслабились, и он погрузился в приятный сон. Проснувшись, он не мог поверить, что это было так легко и просто! Мы встретились через неделю, и он сказал, что теперь он обычно засыпает уже под «шипение пластинки» и не всегда дожидается самого текста. Но особенно его удивило то, что изменился сам текст! Теперь он больше напоминал «устный пересказ какой-то колыбельной».

На самом деле изменение содержания подобного текста — явление закономерное. Наш мозг — замечательный режиссёр. Для того чтобы удерживать какое-то состояние, он создаёт соответствующий «фильм» с набором звуковых эффектов и ощущений. Например, для того чтобы удерживать состояние страха, мозг создаёт персональный фильм, используя ужасные сцены и раскрашивая их в яркие, пугающие тона, а также озвучивая такой «триллер» леденящим душу голосом. Но для того чтобы изменить (разрушить) состояние, обычно не нужно переделывать всё «произведение». Достаточно изменить лишь одну или несколько важных характеристик его. В данном случае это были громкость и темп. Вот почему, сделав свой внутренний диалог тише и замедлив его звучание, таксист смог расслабиться и заснуть.

> Наш мозг — замечательный режиссёр. Чтобы удерживать какое-то состояние, он создаёт соответствующий «фильм» с набором звуковых эффектов и ощущений. Например, чтобы удерживать состояние страха, мозг создаёт персональный фильм, используя ужасные сцены и раскрашивая их в яркие, пугающие тона, а также озвучивая такой «триллер» леденящим душу голосом.

Ещё одна возможность — это поработать со своим внутренним голосом и «переучить» его. То есть сделать из него поддерживающую и мотивирующую часть. Я сейчас хочу привести пример такого рода работы из семинара Ричарда Бендлера.

Ричард Бендлер: Я хотел бы показать, что можно сделать с критическим голосом, который заставляет вас плохо себя чувствовать. У кого есть такой пример голоса — хороший и громкий?

Фрэд: У меня постоянно звучит.

Р.Б.: Сейчас можешь его услышать?

Ф.: Да, он критикует меня за то, что я заговорил.

Р.Б.: Прекрасно. Спроси, не скажет ли он тебе, чего хорошего он для тебя хочет, и послушай, что он тебе ответит. Хочет ли он, чтобы ты был каким-то образом защищён? Хочет ли он, чтобы ты был компетентнее? Есть много возможностей.

Ф.: Он хочет, чтобы у меня получалось, он критикует меня, когда я ввязываюсь в какую-нибудь авантюру.

Р.Б.: О'кей, я полагаю, ты согласен с его намерением. Ты тоже хочешь, чтобы у тебя получалось, правильно?

Ф.: Да. Безусловно.

Р.Б.: Спроси у этого голоса, уверен ли он, что у него есть хорошая информация, которую тебе было бы полезно получить и понять.

Ф.: Он говорит: «Конечно».

Р.Б.: Поскольку у него есть хорошая информация, спроси, согласится ли он попробовать изменить то, как он с тобой разговаривает, если от этого тебе станет легче слушать и понимать, так, чтобы у тебя получалось лучше.

Ф.: Он настроен скептически, но готов попробовать.

Р.Б.: Хорошо. Теперь, Фрэд, я хочу попросить тебя подумать о том, как мог бы измениться этот голос, чтобы ты лучше прислушивался к нему. Если бы он, например, использовал другую интонацию — мягкую и дружелюбную, ты был бы более готов обращать на него пристальное внимание? А если бы этот голос давал тебе точные полезные инструкции о том, что делать дальше, вместо того чтобы критиковать то, что ты уже сделал, — это помогло бы?

Ф.: Я подумал о паре вещей, которые он мог бы делать иначе.

Р.Б.: Хорошо. Спроси голос, готов ли он опробовать их, чтобы выяснить, действительно ли ты лучше слушаешь, если он по-другому говорит с тобой.

Ф.: Он готов.

Р.Б.: Предложи ему приступать и проверить.

Ф.: Это поразительно. Он делает это, и он больше уже не «критический родитель»! Он теперь больше похож на дружелюбного помощника! Его приятно слушать.

Итак, что же у нас получается? Мы можем работать со своим внутренним голосом в двух направлениях.

Первое — менять поочерёдно его аудиальные субмодальности (силу и высоту звука, тембр, скорость, местоположение источника) и проверять, как именно изменилось наше отношение к тексту, произнесённому нашим внутренним голосом. Например, попробуйте произнести весь текст, которым вы себя привычно истязаете, только на этот раз произнесите его самым… сексуальным голосом, который вы когда-нибудь слышали! «У тебя ничего, никогда не получается. Да-а-а-а. О-о-о-о. Ещё-о-о. Ты просто маленькая дрянь…» Заметили, как это меняет ваше отношение к содержанию?

Второе — менять сам текст различными способами и опять-таки проверять наше отношение к нему. Менять нужно на что-нибудь более жизнеутверждающее. Кстати, можно играть музыку в своей голове. Для каждого состояния своя музыка. Таким образом, «общаясь» со своим внутренним голосом, мы непосредственно меняем наше внутреннее состояние. А теперь давайте займёмся практической работой.

Сделайте паузу, отложите книгу. Загляните внутрь себя и попробуйте обнаружить внутренний голос, обратите внимание на текст, который звучит внутри вас. Полезно записать на бумагу тот текст, которым вы себя пугаете или вызываете ощущение беспокойства. И если эти внутренние диалоги не то, что вам помогает решать проблемы, чувствовать себя хорошо, то тогда нужно научиться их менять.

Упражнение «Меняем внутренний голос»

Шаг 1. Для этого сначала обратите внимание на то, как он звучит, насколько громко. Если это негативный голос, который говорит, что всё будет плохо, что ничего не получится, и при шкале громкости от 0 до 10 он звучит на 7–8, то никакие попытки переубедить этот громкий голос не сработают. Если вы тоненьким голоском будете возражать: «Нет, может быть, у меня всё-таки получится…», а «основная тема» звучит громко и уверенно («Заткнись! ты же знаешь, что ничего не получится!»), то уже очевидно, какая сторона победит, и в каком состоянии вы окажетесь потом.

Шаг 2. Так же попробуйте определить — это ваш голос или, может быть, чей-то ещё. Часто это голос мамы, папы или бабушки.

Шаг 3. Прислушайтесь — как вы себя чувствуете, когда слышите этот голос?

Шаг 4. Так же как мы делали с картинками, постарайтесь определить, где в пространстве находится этот голос. Понятно, что он звучит внутри вашей черепной коробки, но мы всегда это куда-то проецируем в пространстве — слева, справа, сзади или над головой. Для выявления субмодальных характеристик воспользуйтесь списком из предыдущей главы.

Шаг 5. Теперь постарайтесь отдалить этот голос на несколько метров от себя. Как вы себя чувствуете, получше?

Шаг 6. А теперь отправьте этот голос на 500 метров от себя. Вы его слышите? Скорее всего, нет, ну, или очень-очень тихо. Сейчас прислушайтесь и представьте звук молотка, который забивает гвоздь в этот голос и закрепляет его там, на расстоянии 500 метров от вас.

Шаг 7. Представьте, что между вами и тем далёким источником голоса включилась какая-то приятная для вас музыка, которая окончательно заглушила голос. Настройте громкость этой музыки — она должна звучать фоном, негромко, но приятно.

Шаг 8. Проверка. Представьте какую-нибудь возможную ситуацию, в которой этот ваш внутренний голос может возникнуть, но именно на расстоянии в 500 метров от вас, закреплённый гвоздём, и звучит позитивная фоновая музыка как завеса. Вновь прислушайтесь к себе. Как вы теперь себя чувствуете? Уверен, значительно лучше.

Обратите внимание — это упражнение нужно делать отдельно для каждого внутреннего диалога, от которого вы хотите избавиться. К сожалению, за жизнь мы накапливаем много негативных текстов внутри себя, так что нужно вычищать и вычищать! Но не менее важно на освободившееся место поместить поддерживающий внутренний голос.

Поддерживающий внутренний голос

Вообще, избавиться от негативного внутреннего голоса — это очень важный шаг вперёд, но не единственный. Сейчас, когда вы освободились от голоса, который озвучивал ваши мыслительные вирусы, вы можете выбрать, чем вы хотите наполнить своё внутреннее пространство. Я предлагаю вам создать для себя поддерживающий внутренний голос, который будет мотивировать, подбадривать, а если нужно — и успокаивать.

Упражнение «Создание поддерживающего внутреннего голоса»

Шаг 1. Напишите на бумаге, какой текст вы бы хотели слышать внутри себя, например: «Я умница!», «У меня всё обязательно получится!», «Я молодец!», «Я справлюсь!». Это могут быть как короткие фразы, так и более развёрнутые.

Шаг 2. Сядьте удобно, закройте глаза. Представьте, что вы находитесь в звукозаписывающей студии, где профессиональное оборудование, множество тумблеров, микрофоны, где вы можете изменять тональность, громкость и другие характеристики звука.

Шаг 3. Создайте звуковую дорожку для себя. Вы можете использовать для этого свой собственный голос, а может быть, голос какого-то своего героя, реального или книжного, или героя из фильма. Это может быть Шварценеггер, или Ален Делон, или Ума Турман, или любой другой человек, которому вы не сможете не поверить. Главное выбрать правильные, убедительные интонации, нужную громкость и т. д.

Шаг 4. Представьте, что вы записываете эту звуковую дорожку, этот текст, который вы хотите слышать звучащим в вашей голове, на какой-то носитель — компакт-диск, флешку и т.п.

Шаг 5. Представьте большую яркую кнопку «Play», на которую нужно нажать, чтобы эта запись зазвучала. В ближайшие дни нажимайте эту кнопку как можно чаще, для того чтобы выработать привычку к звучанию именно этого текста. И тогда в нужный момент этот новый внутренний голос зазвучит!

У меня, как и у всех, конечно, тоже есть внутренний голос. Со временем и опытом мы начали дружить с ним, и тогда я стал получать от него важные подсказки. Возможно, он и подсказал мне пройти обучение у неординарного человека, которого я хочу представить вам в конце этой главы. Он прославился простыми методиками овладения эмоциями. Наверное, не зря в русском слове пРОСТо — в середине именно РОСТ, в отличие от другого слова — сЛОЖно... Я «познакомился» с его деятельностью, сначала слушая его голос с характерной хрипотцой ещё на аудиокассетах, затем читая его книги. Поэтому когда появилась возможность принять участие в «живом» семинаре, я с удовольствием это сделал!

С чего всё начиналось. Энтони Роббинс

Энтони Роббинс. Многим, безусловно, знакомо это имя. Лучший в мире мотиватор, лучший презентатор, использующий технологии нейролингвистического программирования. На моих глазах он обучал огромнейшую аудиторию тому, как мотивировать себя на достижение результата, как изменять своё состояние, как находиться на пике своего лучшего состояния. То, как это делает Тони, — абсолютно фантастично! Очень ясные, простые, всем понятные примеры, очень информативные упражнения, исключительная конгруэнтность, энергия, брызжущая фонтаном! Аудитория, что называется, «завелась», как это бывает только на концертах суперзвёзд!

> Побуждающая сила, формирующая нашу жизнь, состоит из двух компонентов: страдания и удовольствия. Всё, что мы делаем, мы делаем только для того, чтобы избежать страданий или получить удовольствие — третьего не дано!

В частности, он напомнил нам, что побуждающая сила, формирующая нашу жизнь, состоит из двух компонентов: страдания и удовольствия. Всё, что мы делаем, мы делаем только для того, чтобы избежать страданий или получить удовольствие — третьего не дано! Причём для большинства людей желание избежать страдания гораздо сильнее, чем желание что-то приобрести... Несмотря на то что часто нам кажется, будто наша жизнь — череда неудачных внешних обстоятельств, а страдания и боль — её неизбежные составляющие, Тони уверенно утверждал — это не так! А потом он предлагал взять на себя ответственность за собственные убеждения, чувства и поступки. Для этого, говорил Тони, важно создавать долгосрочные изменения в своей жизни. А ещё важно, чтобы изменения имели истинную ценность, так как именно от этого будет зависеть мотивация двигаться вперёд.

«Формула решающего успеха» от Тони Роббинса звучит так: решите, чего вы хотите → соверши-

Энтони Роббинс

те действие → отметьте, что срабатывает, а что нет → изменяйте свой подход до тех пор, пока не достигнете желаемого.

Вот некоторые из его принципов достижения результата, которые мне запомнились:

1. **Решите, чего вы действительно хотите и что мешает вам получить желаемое прямо сейчас.** Помните, что мы получаем то, на чём сосредотачиваем внимание. Чем конкретнее вы определите свои желания, тем чаще мозг будет давать команды в нужном направлении. Фокус внимания — в ваших руках, это и есть контролируемая сосредоточенность.

2. **Используйте метод рычага — переключите полюса в своей голове.** Пусть самое сильное страдание ассоциируется с отсутствием изменений, и наоборот. Успех зависит не от способностей, а от силы побуждения. Вызовите у себя такое ощущение срочности, которое не даст вам усидеть на месте. Или сделайте что-нибудь на спор. Только цена, которую вы обязуетесь заплатить в случае неудачи, должна быть очень существенной!

3. **Создайте новую, стимулирующую альтернативу.** Если вы отказались от сигарет, то должны придумать новый способ получать удовольствие. Воспользуйтесь главной стратегией: изучите успешный опыт других людей.

4. **Сделайте установку на новую модель, пока она не станет постоянной.** Если вы будете повторять стимулирующую альтернативу снова и снова, то вскоре нервная система образует новую супермагистраль, которая станет частью вашего привычного поведения. **Обязательно закрепите свой успех.** Не ждите год, чтобы вознаградить себя за отказ от курения — это не работает. Сначала хвалите себя за каждый день, а потом через день и так далее. Таким образом ваша нервная система научится связывать удовольствие с процессом изменений. Это и есть обусловленная модель успеха.

5. **Настройтесь и приступайте к действию.** Докажите себе, что можете!

Простота и точное определение этих шагов, согласитесь, подкупает. Может быть, они и станут началом вашего осознанного «овладения» своими эмоциональными откликами на изменения окружающего мира, который, пользуясь нашей НЕосознанностью, часто управляет нами, запуская наши АВТОМАТИЧЕСКИЕ реакции на происходящее вокруг нас.

Глава 5
Наши убеждения

> Если учесть, что все мы в той или иной степени подвержены заблуждениям, то следует выбирать для себя убеждения, которые доставляют максимальное удовольствие.
>
> *Макс Фрай (псевдоним писательницы Светланы Мартынчик), «Горе господина Гро»*

> Убеждения — это наши руководящие принципы. Мы действуем так, как будто они верны, независимо от того, верны ли они на самом деле. Убеждения — это обобщения, основанные на прошлом опыте и выстраивающие будущие реакции. В них нет логики, их нельзя доказать. Они представляют собой «рабочие гипотезы», которые мы строим для повседневной жизни.

Сила убеждений и категории убеждений

О силе убеждений написано невероятное количество книг, проведены сотни исследований. Примеров, доказывающих, что наши убеждения влияют на нашу жизнь самым непосредственным образом, очень много. Приведу лишь один отрывок из книги Роберта Дилтса об изменении убеждений с помощью НЛП (напомню, Дилтс — один из ведущих экспертов НЛП, создатель множества техник по моделированию процесса мышления, изменению ограничивающих убеждений, основатель компании *Behavioral Engineering*, Центра динамического обучения и Университета НЛП): «В ходе одного исследования было опрошено 100 человек, сумевших излечиться от рака. Всем этим людям был поставлен диагноз «рак в заключительной стадии», но по истечении от 10 до 12 лет они всё ещё здравствуют! В данном случае исследователи попытались установить — что же общего между всеми этими людьми? Как выяснилось по ходу дела, курсы лечения, которые они проходили, весьма различались. Некоторые подвергались обычным врачебным процедурам, хирургическим операциям, химиотерапии и облучению. Другие прибегали к нетрадиционным методам, таким как акупунктура. Иные следовали диете и различным моделям питания. Некоторые встали на стезю психологии или религии. Кое-кто... вообще ничего не делал! Единственное, что было общего у всей этой сотни людей — все они ВЕРИЛИ в то, что их действия ПРИНЕСУТ ожидаемый результат!»

Каждый из нас с чего-то начинает и сначала чему-то учится. Одни — лишь для того, чтобы получить новые знания и навыки, необходимые для собственного дальнейшего развития. Другие — с целью не только воспользоваться опытом и наработками своих учителей, но и затем продолжить их дело, дополнив и углубив его своим собственным профессиональным опытом, а также новыми маленькими или большими «открытиями» на этом вечном пути познания. Во втором случае бывший ученик в какой-то момент неминуемо сам переходит в разряд преподавателей, передавая накопленный им «багаж» теперь уже своим студентам... Собственно, этот цикл, эта преемственность как раз и является фундаментом развития всех наук.

> Каждый из нас с чего-то начинает и чему-то учится. Одни — лишь для того, чтобы получить новые знания для собственного развития. Другие — с целью не только воспользоваться опытом и наработками своих учителей, но и затем продолжить их дело, дополнив и углубив его своим собственным профессиональным опытом, а также новыми «открытиями» на этом вечном пути познания.

Говоря о себе, я могу сказать, что и по сей день продолжаю быть учеником. Учеником всех этих талантливых профессионалов, у которых мне посчастливилось учиться, а с некоторыми из них у нас даже сложились длительные дружественные отношения. Меня — только входящего на тот момент в профессию молодого специалиста — это поражало и, не скрою, смущало: насколько быстро между нами устанавливались глубокие отношения взаимопонимания, выходящие за рамки профессии! Будто эти «мэтры» видели во мне что-то, чего я сам был не в состоянии в себе разглядеть...

Одновременно я продолжаю быть Учеником у тех людей, которые обращались и обращаются ко мне за помощью. А ещё —

Учеником у своей собственной Жизни, во всём многообразии её важнейших ежедневных уроков... А дальше...

Честно говоря, я не знаю, в какой именно момент обычно происходит этот переход, когда ученик сам становится Учителем. Для кого-то это, возможно, получение определённого сертификата — то есть формального подтверждения этого права, для кого-то это одобрение наставника, оценивающего степень готовности. В моём случае этот переход произошёл плавно и незаметно. У меня всегда была потребность делиться своими знаниями, и, став врачом, я с самого начала старался не только лечить, но и учить — то есть давать людям понимание происходящих с ними процессов и осознание степени, в которой они могут на эти процессы повлиять. С приобретением более глубоких знаний о человеческой психике и законах межличностного взаимодействия моё желание делиться этой информацией с как можно большим количеством людей только возросло. Именно поэтому, начиная 1994 года, я веду свои семинары, пишу книги, выступаю по радио, записываю аудиопрограммы... Даже переехав в Америку, вскоре после переезда, я в первую очередь возобновил именно эту деятельность — связанную с проведением семинаров.

Возвращаясь к теме важности убеждений, я как раз хочу вспомнить один из моих первых американских семинаров, на котором среди других участников присутствовала очень приятная пожилая женщина. Она внимательно слушала, тщательно делала все упражнения, а после окончания подошла ко мне и спросила, занимается ли НЛП проблемами онкологии. Я ответил, что НЛП, скорее, занимается людьми, столкнувшимися с данной проблемой. Оказалось, несколько лет назад у неё обнаружили запущенную раковую опухоль. Операция только подтвердила опасения — процесс начал метастазироваться. Доктора дали понять, что надо ожидать худшее в самое ближайшее время... На момент начала моей работы с ней её «линия времени» (подробнее о линии времени речь пойдёт в следующей главе) резко обрывалась примерно через шесть месяцев — дальнейшего будущего она просто не представляла... Когда я спросил: «А что дальше?» — она ответила: «Не знаю... Мой онколог прямо сказал мне — не иметь никаких иллюзий относительно будущего...»

В уже упомянутой книге Роберт Дилтс рассказывает о работе со своей матерью после того, как у неё диагностировали рак груди, сопровождающийся обширными метастазами с весьма слабым прогнозом на выздоровление. «Мы провели четыре долгих дня, работая над её убеждениями о болезни и о себе, — пишет Дилтс. — Я использовал все подходящие методы НЛП... Я помогал матери менять ряд ограничивающих убеждений, помогал ей смягчить основные конфликты, произошедшие в её жизни из-за всех перемен. В результате той работы, что мы провели над её убеждениями, она смогла добиться поразительных улучшений здоровья...»

Много лет спустя, просматривая видео семинара с участием Дилтса, я узнал продолжение истории его матери Патриции. Все эти годы она продолжала находиться в добром здравии, много путешествовала, оставаясь активным и жизнерадостным человеком. За это время один за другим ушли из жизни три её онколога (!), которые «убедительно» объясняли ей — «всё, что она делает, это неправильно!»...

Итак, мы начали работу с участницей моего семинара именно с этого — с иллюзий. Мы начали строить долгосрочные планы, располагая их на линии времени в будущем. Мы их даже распределили по важности! Например, просто дни рождения детей и внуков, и — отдельно — юбилеи, в которых она непременно должна была принять участие. В самые значимые планы также входило навестить родственников в другом городе, дождаться, когда старшая внучка поступит в университет, написать книгу о себе и об истории семьи... Позже, когда болезнь всё же взяла своё (на это у неё ушло в РАЗЫ больше времени, чем предсказали врачи!) — почти ВСЕ пункты намеченного плана были реализованы. И это, к счастью, заняло несколько лет полноценной активной жизни!

Убеждения влияют не только на наше внутреннее состояние, но и на наше поведение, на наше отношение к себе и окружающему миру. «С этим ничего не поделаешь...», «Таковы обстоятельства...», «Нами управляют сильные мира сего, а мы — только пешки...» — подобные убеждения сильно ограничивают наше восприятие реальности, подменяя её иллюзией бессилия и пассивной безответственности за собственную судьбу. Очень часто именно наши ограничивающие убеждения являются вообще тем самым решающим фактором, который «подрезает крылья» нашему желанию начинать что-то менять в жизни. Именно они становятся благодатной почвой, на которой, как сорняки, прорастают наши страхи и волнения.

Существует три категории ограничивающих убеждений

Первая категория — Безнадёжность. Это убеждённость в том, что изменения невозможны в принципе.

Вторая категория — Беспомощность. Люди, находящиеся в плену такого рода убеждений, допускают, что кто-то или что-то может измениться — но только НЕ они или не их жизненные обстоятельства.

Третья категория — Безысходность. Это убеждённость в том, что вы не заслуживаете получения желаемого из-за собственных «плохих» качеств или «плохого» поведения. Люди, относящиеся к этой категории, допускают возможность изменений и то, что, в общем-то, они даже на это способны, но чувствуют себя недостойными этих перемен.

Таким образом, **Безнадёжность** означает, что человек в принципе не верит в возможность достижения желаемой цели. Её характеризуют следующие высказывания: «Что бы я ни делал, всё равно я хочу невозможного! Это не в моей власти! Я — жертва…»

Беспомощность означает, что даже если человек верит в существование и достижимость желаемого результата, он не верит в то, что способен достичь его. Обычно присущее этому состоянию ощущение: «Кто угодно, кроме меня, может достичь этой цели! Я слишком плох или немощен для того, чтобы добиться желаемого!»

Наконец, **Безысходность** характерна для ситуаций, когда человек может поверить в то, что желаемая цель реальна, и у него даже ЕСТЬ возможность добиться её — но… он убеждён, что САМ не заслуживает того, о чём мечтает! Часто её сопровождает ощущение, которое можно выразить так: «Я пустышка. Я никому не нужен. Я недостоин счастья или здоровья… Со мной что-то в корне неправильно, и я ЗАСЛУЖИВАЮ и боль, и муки, которые испытываю!» Это самая проблемная категория — с нарушенной самоидентификацией. По сути, она является квинтэссенцией хронического состояния НЕлюбви к себе, комплекса вины и самоосуждения, который неминуемо приводит к формированию (а затем и реализации) подсознательного (как минимум) желания «быть наказанным за…». Психологический механизм подобного отношения к себе в 1964 году открыл американский психолог Мартин Селигман, который был участником экспериментов с собаками в известной лаборатории Пенсильванского Университета. Сам эксперимент заключался в том, что две группы собак в равной степени подвергались воздействию электрошока равной интенсивности на протяжении абсолютно одинакового времени. Единственное различие — в первой группе животные могли легко прекратить неприятное воздействие, во второй — имели возможность убедиться в безрезультатности своих попыток как-то влиять на неприятности. Ну а с третьей группой собак — контрольной — ничего не делали. После такого рода «тренировки» все три группы собак были помещены в ящик с перегородкой, через которую любая из них могла легко перепрыгнуть и избавиться от электрошока. Именно так и поступали собаки из группы, имевшей возможность контролировать шок. Легко перепрыгивали барьер также собаки контрольной группы. Собаки же с опытом неконтролируемости неприятностей жалобно скулили, метались по ящику, затем ложились на дно и, поскуливая, стоически переносили удары током всё большей и большей силы… Из этого Селигман и его сотрудник сделали вывод: беспомощность вызывают не сами по себе неприятные события, а опыт неконтролируемости этих событий. Живое существо становится беспомощным, если оно привыкает к тому, что от его активных действий ничего не зависит, что неприятности происходят сами по себе и на их возникновение никак повлиять нельзя!

Позднее этот эксперимент с небольшой модификацией был воспроизведён на людях другим американским психологом — Дональдом Хирото. Он предложил следующую схему эксперимента. Сначала трём группам испытуемых предлагалось обнаружить комбинацию кнопок, нажатие которых будет отключать громкий раздражающий звук. У одной группы такая возможность действительно была — искомая комбинация существовала. У другой же группы кнопки были просто отключены. Какие бы комбинации они ни нажимали, неприятный звук не прекращался. Третья группа вообще не участвовала в первой части эксперимента. Затем испытуемых направляли в другую комнату, где стоял специально оборудованный ящик. Испытуемые должны были положить в него руку, и когда рука прикасалась ко дну ящика, раздавался противный звук. Если испытуемые касались противоположной стенки, звук прекращался. Благодаря экспериментам Хирото было установлено, что люди, имевшие возможность отключать неприятный звук, выключали его и во второй серии экспериментов. Они не соглашались мириться с этим раздражающим звуком и быстро обнаруживали способ его нейтрализовать. Так же поступали люди из группы, не участвовавшей в первой серии. А вот те, кто в первой серии испытал беспомощность, переносили эту приобретённую беспомощность и в новую ситуацию! Они даже не пытались выключить звук — просто сидели и покорно ждали, когда всё закончится! Эксперимент Хирото подтвердил два важных факта: первый — у людей существует «механизм возникновения беспомощности», и второй — беспомощность легко переносится на другие ситуации.

К большому сожалению, социум во все известные нам времена подспудно поддерживал (да и поддерживает) разными «хитрыми» способами именно идеологию Безысходности — потому что людьми, всегда чувствующими за собой какую-то «вину», легче всего управлять на всех уровнях и без всяких проблем! Тем более что тут появляется очень хорошая возможность умело обозначить соблазнительный «свет в конце тоннеля» — «делай то-то и то-то, будь вот таким, и тогда тебе всё простится (может быть) и ты сможешь (может быть) заслужить желаемое»... Как вы догадываетесь, «морковка» всегда останется недостижимой — её «авторам» нужен вечный процесс «безуспешного, но обнадёживающего стремления». Впрочем, тут стоит сразу оговориться — дело не во внешних «злых силах» или некой «управляющей всеми Матрице» (иначе мы окажемся в ничуть не лучшей категории Безнадёжность). Такое влияние социума создано нашим же коллективным выбором нашей общей реальности — на уровне очень большого количества людей. В этом смысле

> Повторим ещё раз — наши внутренние убеждения имеют огромное влияние на наше поведение, на наше отношение к себе и к другим людям. Несомненно, такие убеждения, как «это не для меня», «с этим ничего не поделаешь», «таковы обстоятельства...», ограничивают восприятие мира.

можно вспомнить о «коллективном бессознательном» Карла Юнга или о ноосфере Владимира Вернадского.

Повторим ещё раз — наши внутренние убеждения имеют огромное влияние на наше поведение, на наше отношение к себе и к другим людям. Несомненно, такие убеждения, как «это не для меня», «с этим ничего не поделаешь», «таковы обстоятельства...», ограничивают восприятие мира. Носитель таких убеждений уверен в печальном конечном результате ещё до того, как реально попробовал что-то изменить. Люди, убеждённые (часто собой же), что от них ничего в этой жизни не зависит, как правило, и не предпринимают попыток изменить течение своей жизни. Человек с убеждениями в формате «всё равно ничего не получится», начинающий новое дело, с самого начала находится в большом эмоциональном дискомфорте, причины которого могут не осознаваться. Поэтому каждая неудача будет подсознательно приниматься с радостью как подтверждение: «Я же говорил — не надо было даже начинать!». Свою неудовлетворённость жизнью, работой и собой (даже если не осознают последнее) такие люди оправдывают, виня во всех неудачах свою семью, друзей, обстоятельства…

Наша система убеждений и верований начинает формироваться с раннего детства, и, безусловно, в её формировании важную роль играют родители и другие значимые для ребёнка люди. Некоторые детские верования не подтверждаются во взрослой жизни и заменяются другими (например, что подарки под ёлкой — от Деда Мороза или что «добро всегда побеждает зло» — явным и заметным образом). Другие утверждения взрослых, возможно, полученные косвенно или «прочитанные» из поведения взрослых, запечатлеваются в подсознании ребёнка и определяют его отношение к миру — иногда на всю оставшуюся жизнь. Так, мать, с трудом одна воспитывающая дочь и решившая никогда больше не повторять ошибок молодости, может передать дочери убеждение о том, что «все мужчины такие», что «их надо избегать», что «секс — вещь грязная» и т. д. В свою очередь отец, авторитетно комментирующий за обеденным столом какое-то событие, может определить для ребёнка отношение к целой нации на долгое время…

Вырастая, в определённые периоды своего развития человек может пересмотреть, ревизировать свой багаж взглядов и представлений о жизни, оставляя самые полезные и эффективные. Проходя по жизни, мы создаём в своих головах своеобразные «карты реальности», которые позволяют нам в ней ориентироваться. Таким образом, мы реагируем на реальность не непосредственно, а опосредованно через наши системы верований, и именно эта реакция становится нашей субъективной реальностью. Мы в подавляющем большинстве буквально не «видим» и не «слышим» через сформированные нами же фильтры восприятия того, что противоречит нашим системам верований, и тем самым ограничиваем наше восприятие реального мира.

Даже те убеждения, что сложились по отношению к нам у других людей, могут воздействовать на нас самих. Это было продемонстрировано в одном весьма оригинальном исследовании, в ходе которого группа детей с уровнем умственного развития, аттестованного как средний, была совершенно произвольным образом разделена на две равные подгруппы. Первую из них передали одному учителю как группу «одарённых» детей. Вторую — другому учителю, но уже как группу «отстающих». Год спустя обе подгруппы были вновь аттестованы на уровень умственного развития. Вовсе не удивительно, что большинство детей, произвольно записанных в «одарённые», получили гораздо более высокий балл, чем на предыдущей аттестации, в то время как большинство тех, кого определили в «отстающие», показали значительно более низкий результат. Убеждения учителей относительно способностей своих учеников повлияли на обучаемость последних.

Как изменить систему убеждений?

Возможно ли перестроить, изменить наши старые ограничивающие убеждения? Возможно ли приобрести новые убеждения, позволяющие более реально воспринимать мир, окружающих нас людей и нас самих?

В своей каждодневной сначала психотерапевтической, а затем гипнотерапевтической практике я каждый раз встречаюсь с результатами действующих систем убеждений. Рассказывая о своей проблеме или заболевании, каждый человек одновременно сообщает и о своём ВОСПРИЯТИИ этой проблемы или заболевания. Это как бы метафора, в которую следует вслушаться и начинать работу в этом пространстве. Если приходящий пациент говорит, что он не верит в возможность изменений к лучшему в процессе терапии, он демонстрирует одно из проявлений его системы убеждений, и к этому следует отнестись серьёзно. У каждого из приходящих своя история формирования данного убеждения. Один перепробовал все имеющиеся у него способы решения проблемы, другой ходит от одного специалиста к другому, убеждая себя, что «никто не может мне помочь...».

Даже продолжительность курса психотерапии во многом зависит от убеждённости того или иного пациента в том, что «ну... так быстро это не пройдёт...», или «я думаю, что-то около месяца...», либо «я считаю, достаточно недели». Почти каждый, кто профессионально связан с заботой о здоровье человека, согласится, что общий моральный настрой пациента является очень важным фактором в процессе выздоровления. В наше время связь между психоэмоциональным состоянием человека и его иммунной системой — научный факт, который изучается и принесёт ещё, я думаю, немало открытий. Именно такое разнообразие мировоззрений и мироощущений определяет большой спектр направлений и ответвлений в психологии и психотерапии. От классического психоанализа — к направлениям «новой волны»: НЛП, эриксоновский гипноз, и к более экзотическим — телесно-ориентированная, арт-терапия, холотропное дыхание, ароматерапия и т.д. Как я уже упоминал, существует более 144 школ и направлений, помогающих решать эмоциональные проблемы. Выбор, который делает человек, приходя в ту или иную психотерапевтическую группу или к тому или иному терапевту, определяется тем, насколько хорошо он информирован и насколько то или иное направление соответствует его внутреннему миру. И роль терапевта здесь, как я это представляю, сродни роли «проводника» из внутреннего мира пациента в реальный мир, а основная задача — научить пациента, не разрушая его собственных ценностей, как можно эффективней взаимодействовать с реальностью — такой, какова она есть. Ведь,

> Уговаривать человека, убеждённого в своей правоте, в том, что он неправ, — дело совершенно бесперспективное. Убеждения вообще далеко не всегда основаны на логических рассуждениях. Наоборот — они в известном смысле не поддаются логическому объяснению! К тому же они часто не совпадают с реальностью.

как правило, выборов не хватает вовсе НЕ миру — а нашему восприятию его!

Сложно ли изменять убеждения? Ответ в подавляющем большинстве случаев однозначен — ДА. Поэтому правильнее было бы сформулировать вопрос так — как более эффективно изменять убеждения? Уговаривать человека, убеждённого в своей правоте, в том, что он неправ, — дело, как правило, совершенно бесперспективное. Убеждения вообще далеко не всегда основаны на логических рассуждениях. Наоборот, они в известном смысле не поддаются логическому объяснению. К тому же они часто не совпадают с реальностью. Поскольку мы часто не знаем, что на самом деле является реальностью, у нас имеется форма убеждения — нечто вроде веры. Это действительно важно понимать, работая с человеком, чтобы помочь ему устранить ограничивающее убеждение. Есть одна старая история, описанная известным психологом Абрахамом Маслоу, которая прекрасно иллюстрирует это.

Психиатр лечил человека, уверенного, что он… труп. Несмотря на все логические аргументы психиатра, мужчина настаивал на своём убеждении. В проблеске вдохновения психиатр спросил человека: «А у трупов бежит кровь?» Пациент ответил: «Это смешно! Конечно, у трупов не бежит никакая кровь!» Спросив разрешения, психиатр проколол мужчине палец и показал ему каплю ярко-красной крови. Пациент посмотрел на свой кровоточащий палец с явным удивлением и воскликнул: «Чёрт возьми! У трупов, оказывается, бежит кровь!»

Может, и не в такой крайней степени, но как это похоже на то, как многие люди придерживаются своих «непоколебимых» взглядов, встраивая в них кирпичики новых фактов, зачастую даже противоречащих, и лишь укрепляя ими свою систему веры…

И всё же — как начать изменяться? Начать надо с понимания, что изменения — это процесс, происходящий на многих уровнях. Вот они:

— Мы меняем наше окружение.
— Мы меняем наше поведение, через которое мы взаимодействуем с окружением.
— Меняем наш образ жизни.
— Меняем наши убеждения и систему ценностей, которая помогает нам ориентироваться в этом мире.
— Меняем осознание себя, сообразно которому мы выбираем ценности и убеждения, по которым живём.
— Меняем отношение к тому, что «больше нас», — к тому, что мы называем духовностью.

В целом же для того, чтобы что-то реально изменить, надо перейти из нынешнего состояния в желаемое. Для этого вначале надо оценить, может быть, описать своё настоящее состояние и ещё важнее — ярко представить то, чего вы хотите достичь. Нужно как можно яснее представить, как вы будете выглядеть, когда достигнете желаемого результата. Как будут выглядеть люди, с которыми вы будете общаться. Как будут звучать их голоса и ваш голос. Что вы будете ощущать при достижении намеченного результата.

Одно из самых быстрых изменений в моей практике было достигнуто при работе с заядлым курильщиком, который перепробовал многочисленные способы отказаться от этой вредной привычки, но совершенно безуспешно. Он рассказал мне, что он дизайнер рекламы и, выполняя заказ, в своей голове «видит» множество картинок — как «это» может выглядеть в финале. Ему остаётся только выбрать самую подходящую! Мне понравилась его стратегия, и я предложил ему представить себя в будущем в тех ситуациях, в которых раньше он тянулся за сигаретой, но теперь — делающим что-то другое вместо этого. Он довольно легко «увидел» себя без сигареты, и этого оказалось достаточным, чтобы через какое-то время дизайнер полностью расстался с курением!

«Комплексные эквивалентности» и «утверждения о причине и следствии»

Наш мозг — хорошо работающая кибернетическая система. Для достижения цели ему необходим хорошо сформулированный и хорошо осознанный результат. Осознать результат — значит начать процесс изменений. На этом пути вас ожидает ещё немало трудностей, но чтобы достичь вершины, нужно прежде всего отправиться в путь!

Как я упоминал раньше, одна из особенностей работы с убеждениями — это сложность воздействия на них с помощью уговоров, логических доводов. Убеждения заменяют нам знание реальности. У меня есть своё убеждение о такой работе — я считаю, что... нельзя изменить убеждение другого человека! Однако можно создать атмосферу, контекст, в котором человек встал бы на путь изменения своих ограничивающих убеждений. Задача в том, чтобы «встретить» человека в его системе веры и направить на путь самостоятельной выработки новых убеждений. Другая особенность — изменения убеждений влекут за собой цепную реакцию изменений, в частности на уровне поведения и способностей.

Предлагаю вам внимательно прочесть вот этот набор фраз, позиционирующих определённые убеждения:

— Вы часто заглядываете в книгу, значит, плохо знаете предмет.

— Второе место — всё равно что последнее.

— Ты нахмурилась, а значит сердишься на меня.

— У этого человека много денег, значит он нечестный.

— Забыть дату нашей свадьбы — то же самое, что забыть нашу любовь...

А теперь — ещё несколько фраз. Они построены немного иначе. Удастся ли вам заметить разницу?

— Меня огорчает то, что он себя так ведёт.

— У меня нет времени на личную жизнь, потому что я много работаю.

— Рак приводит к смерти.

— Я не могу свободно заговаривать с незнакомыми людьми, потому что меня так воспитали.

Удалось ли вам определить закономерности в первой и второй группе, а также различия между этими группами фраз?

Все фразы в первой группе говорят о том, что какая-то вещь, действие, состояние означают какое-то другое действие, состояние. Одно явление выступает в качестве признака, критерия, по которому можно судить о другом явлении. Вот, например: «вы часто заглядываете в книгу» (критерий, назовём его А), «значит» (связка) «плохо знаете предмет» (а это уже другое состояние, назовём его Б). Лингвисты называют такие фразы **комплексными эквивалентностями**. А означает Б. А — это Б. А ничем не отличается от Б…

Вот в этом месте, пожалуйста, запишите ваш собственный пример такой «комплексной эквивалентности»:

_____

_____

Фразы из второй группы немного отличаются. Они говорят, что какая-то одна вещь является причиной, а другая — следствием. Иногда такую форму бывает трудно распознать сразу. «Меня огорчает то, что ты себя так ведёшь». О чём здесь говорится? «То, что ты себя так ведёшь» (одно действие — А) является причиной того, что «я огорчаюсь» (другое состояние — Б). Такие фразы называются **«утверждениями о причине и следствии»**.

А — ведёт к Б. Б возникает из-за А. Б есть, потому что есть А. А следовательно Б. Если А — то Б…

Запишите ваш пример «утверждения о причине и следствии»:

_____

_____

Эти сухие лингвистические определения скрывают за собой характеристики важнейших процессов, происходящих в нашем сознании — процессов, определяющих наши представления о реальности, наши знания о мире, наши убеждения… Мы все имеем множество убеждений о том, как устроен мир. Они жизненно важны для нас. Помните, как рассуждала Алиса в стране чудес?

«Если выпьешь слишком много из бутылки, на которой нарисованы череп и кости и написано "Яд!", то почти наверняка тебе не поздоровится!» (То есть состояние твоего здоровья может ухудшиться!)

Действительно, вот в такой форме наш мозг хранит информацию о законах окружающего мира. Мы учимся, конструируя убеждения о причинно-следственных связях и эквивалентностях. Это позволяет нам вырабатывать шаблоны или, как их ещё называют, **паттерны** — стандартные, повторяющиеся последовательности действий, мыслей, слов и т. п. Благодаря накопленным убеждениям о причинах, следствиях и эквивалентностях мы заранее знаем, как открыть дверь, как включить телевизор, как завязать шнурки... Но мы знаем (или убеждены, что знаем) и многое другое:

— что значит вот такой поступок близкого человека...
— как реагировать именно на эту фразу...
— почему мы заболели и почему мы уверены, что предлагаемый нам метод лечения никак, ну совсем никак не может подействовать...
— какой купить стиральный порошок...
— за кого голосовать на выборах...

Да, все эти совершенно разные по содержанию случаи выражаются сходной языковой формой! В основе каждого из них мы можем обнаружить убеждения о причинах и следствиях и убеждения об эквивалентности. В этом и сила, и слабость того способа, каким работает наш мозг. С помощью убеждений этих типов мы можем формулировать законы природы, ориентироваться в бесконечно сложном мире, учиться, узнавать новое... А ещё мы можем ограничивать себя, загонять в рамки стереотипов, ссориться с близкими людьми, лишать себя всякой возможности измениться! Вопрос лишь в том, как именно и для чего, ОСОЗНАННО или не очень, мы используем различные типы наших убеждений!

Убеждения и здоровье, настрои и аффирмации, «поддерживающие» убеждения

Убеждения — это наши руководящие принципы. Мы действуем так, как будто они верны, независимо от того, верны ли они на самом деле. Кроме того, убеждения — это обобщения, основанные на прошлом опыте и выстраивающие будущие реакции. В них нет логики, их нельзя доказать. Они представляют собой «рабочие гипотезы», которые мы строим для повседневной жизни. Давайте теперь поговорим об убеждениях в контексте вашего здоровья. Например, насколько вы здоровы, по вашему убеждению?

Есть интересные исследования эпидемиологов, в которых испытуемых просили оценить своё общее состояние здоровья в формате «отличное, хорошее, удовлетворительное или плохое». Эта самооценка оказалась отличным предсказанием того, как долго эти люди потом прожили. Причём их пол, образование, уровень доходов и возраст, как оказалось, большого влияния не имели. Те из них, кто верили, что у них плохое здоровье, умирали на протяжении следующих семи лет в три раза чаще! То, во что мы верим, оказывает значительно более сильное влияние на наше здоровье, чем многие другие объективные факторы. Люди с артритом и высоким давлением могут оценивать своё здоровье как хорошее, в то время как болеющие лёгкой простудой считают своё здоровье плохим. Может ли такое быть? Да, потому что здоровье является субъективным опытом, вашей повседневной действительностью, а не тем, что поддаётся измерению и сравнению с другими людьми. Степень здоровья, которую вы определяете для себя, зависит от тех фактов, которые вы выбираете в качестве доказательства и тех сравнений, которые вы используете. Здесь важно оставаться реалистом. Если под здоровьем понимать промежуток времени в пять лет без всяких болезней, да ещё способность пробегать марафонскую дистанцию, то, скорее всего, очень немногие смогут считать себя здоровыми. Но если здоровье определить как баланс и способность восстанавливать и поддерживать хорошее самочувствие самостоятельно, тогда появляется возможность оставаться ДЕЙСТВИТЕЛЬНО ЗДОРОВЫМ человеком, который лишь иногда может заболеть. Нереальное сравнение искажает наше восприятие, а это в свою очередь оказывает влияние на наше здоровье. Как вы определите здоровье — так вы и построите убеждение о нём! Ну а ваши убеждения о собственном здоровье влияют на то, как долго вы будете жить.

В процессе моей практики в Чикаго я познакомился со среднего возраста мужчиной из Украины, назовём его Сергей. Когда мы затронули тему изменения убеждений, Сергей рассказал о своём личном опыте, связанном с этой темой. В конце 80-х из-за чрезмерных перегрузок на работе программистом он оказался в состоянии тяжёлой депрессии с полным упадком сил. Не буду описывать все симптомы, скажу лишь, что работать он не мог, семья разваливалась, а лекарства не давали никакого эффекта. От безысходности Сергей через знакомых обратился к женщине, которую называли модным тогда (а позднее полностью дискредитированным) словом «экстрасенс». Она не делала над ним никаких «пассов», не читала заклинаний, да и денег почти не взяла — а лишь написала на листике главную рекомендацию: найти и читать оздоровительные настрои Сытина… О Сытине и его настроях потерявший всякую надежду программист Сергей ничего в тот момент знать не знал. Только позже он выяснил, что ещё в 50-х годах Георгий Сытин разработал (изначально лично для себя) целую систему формирования внутренних убеждений о здоровье и долголетии, которые он назвал оздоровительными настроями. Сытин был не учёным, а ветераном войны с первой группой инвалидности после серьёзного ранения. Его постоянно мучили сильные боли, с которыми официальная медицина ничего поделать не могла. Постоянно применяя свой первый оздоровительный настрой, вживаясь в образ здоровья и хорошего самочувствия, он не только постепенно полностью исцелился, но и разработал позднее детальные настрои, едва ли не на все случаи жизни и реально помогающие при самых различных болезнях, а также других несбалансированных состояниях. Ну а тот, самый первый, настрой звучал очень просто: «*Я сильный, волевой, здоровый человек, способный полностью управлять своим телом, своими ощущениями. Боль уходит навсегда из моего тела. Каждая клеточка моего тела здоровая, сильная*». Вот и всё! И это помогло! «Фишка» была в том, что Сытин (как и его последователи, успешно и массово по сей день помогающие сами себе справиться с болезнями) повторял этот настрой множество раз на протяжении каждого дня, ПОЛНОСТЬЮ ВЖИВАЯСЬ в каждое слово, в каждый образ, связанный со здоровьем и радостью от своего здоровья. Если делать это упорно и системно, то очевидно происходит смена системы внутренних убеждений и, как следствие, тем или иным путём наступает физический отклик со стороны организма, приводящий и к позитивным изменениям на клеточном уровне. «По Вере вашей…» Не о том ли это?

Но вернёмся к моему знакомому Сергею. Разочарованно пожав плечами, он покорно взял листик и, еле волоча ноги, отправился домой. По дороге ему нужно было сделать звонок куда-то, но найти исправный телефон-автомат в украинском городе того времени удавалось не всегда. Однако Сергей был в курсе, что на одном из верхних этажей учреждения по пути такое «чудо» висит в коридоре недалеко от лифта. Он привычно зашёл в этот самый невзрачный лифт учреждения и сразу же заметил на полу кабины (похоже, там недавно перевозили что-то внутри здания) лежащий журнал «Физкультура и спорт», развёрнутый на одной из центральных страниц… Что-то подсказало Сергею поднять номер и взглянуть на страницу. Всю её заполняла подробная статья под названием «Оздоровительные настрои Г. Сытина — исцели себя сам!»…

В тот же день Сергей купил на местном книжном рынке книжку Сытина с настроями и начал активно применять их — как там было написано. Через несколько недель от депрессии (или что там это было) не осталось и следа, а дальше Сергей вышел на работу, чувствуя себя гораздо лучше.

Ещё одним способом сменить убеждения, причём достаточно быстрым, являются так называемые аффирмации. Это очень короткие, но энергоёмкие фразы и даже просто отдельные слова, а также яркие утверждения, которые нужно произносить (лучше вслух) как можно чаще и как можно сильнее вживаясь в смысл сказанного — собой же. Первым, кто начал использовать аффирмации ещё в начале XX века, был французский фармацевт Эмиль Куэ. Он заметил, что если клиентам продавать лекарство с добавлением утверждения о том, какой это замечательный препарат, то его эффективность повышается. Куэ начал более подробно исследовать феномен аутосуггестии (самовнушения). Вскоре наряду с лекарствами, которые он продавал, он начал предлагать покупателям для усиления их действия ежедневно повторять формулы, направленные на улучшение здоровья. Позже такие позитивные установки получили название аффирмации. Но самое невероятное произошло тогда, когда он решился использовать разработанные им аффирмации уже без лекарств! Эффект оказался гораздо сильнее и, главное, произошло то, о чём всегда мечтал Куэ, — он теперь был в состоянии помочь гораздо большему количеству людей! Самая знаменитая и универсальная аффирмация Куэ звучит так: «С каждым днём во всех отношениях мне становится всё лучше и лучше!» (Every day in every way I'm getting better and better!).

Итак, в целом, поскольку любые «убедительные убеждения» действуют как самооправдывающиеся пророчества, то поступая так, как будто они являются верными, вы с большей вероятностью получите именно те результаты, которые находятся в согласии с этими убеждениями. Какие убеждения относительно здоровья и болезни вам хотелось бы иметь? Какие из них ДЕЙСТВИТЕЛЬНО будут вас поддерживать?

Я хотел бы предложить вам некоторые полезные убеждения, которыми, надеюсь, вы захотите воспользоваться:

— **Ваш организм обладает естественным здоровьем**. Большая часть активности организма направлена на выживание и восстановление самого себя. Каждый раз, когда мы порежемся, мы становимся свидетелями процесса выздоровления, наблюдая, как рана заживает сама собой. Кожа срастается, и рана пропадает. Даже в худших обстоятельствах, несмотря ни на что, наш организм будет стремиться выжить и выздороветь! Он способен вылечить себя от любой болезни, выполнив определённую работу. Проблема лишь в том, чтобы знать, какую работу необходимо провести.

— Нездоровье и болезнь — это просто состояния, в которых организм выведен из равновесия. **Выздоровление — это возвращение к здоровью и к состоянию равновесия**. При этом подразумевается, что вы можете доверять своему организму. Те сообщения, которые он передаёт вам в виде боли или болезни, представляют собой сигналы о том, что не всё в порядке и требует внимания.

— **Вы можете извлечь урок из любой болезни**. Оцените удивительную способность вашего организма выздоравливать и вспомните о том, что происходило до вашей болезни. Какие факторы, по вашему мнению, способствовали заболеванию? Некоторые из них не поддаются вашему контролю. Но есть и такие, которые вы в состоянии изменить сами.

— **Симптомы представляют собой сигналы**. Узнайте, что эти сигналы значат, вместо того чтобы сразу же избавляться от них. Когда вы прислушиваетесь к тому, что говорит вам ваше тело, у вас появляется возможность ещё глубже познать себя.

Более 30 лет назад, стараясь всё успеть (частную практику, преподавание, ведение семинаров, бизнес-консультирование...), я вдруг начал замечать, что мои глаза стали очень быстро уста-

> Поскольку убеждения действуют как самооправдывающиеся пророчества, то поступая так, как будто они являются верными, вы с большей вероятностью получите именно те результаты, которые находятся в согласии с этими убеждениями.

вать — особенно по вечерам, когда я садился планировать следующий день... Я обратился к окулисту, который проверил моё зрение, тяжело вздохнул, посмотрел мне прямо в глаза и вкрадчиво сказал, что теперь моё зрение «БУДЕТ постоянно УХУДШАТЬСЯ, но ЭТО НИЧЕГО, потому что я буду ПРИХОДИТЬ К НЕМУ за новыми рецептами на очки, и ЭТО ПОМОЖЕТ сохранить зрение...»

Вряд ли, конечно, этот окулист осознавал (да и я честно это «проглотил»), что произнесённые им «утешительные» фразы представляли собой классический пример, как я сказал бы сейчас, прямого директивного внушения. Я специально выделил выше большими буквами слова, которые называются в эриксоновском гипнозе «вставленными сообщениями» — то есть текст в тексте: «будет ухудшаться», «но это ничего», «буду приходить», «и это поможет»... Ещё раз — я практически уверен, что доктор, говоря это, желал мне только добра, как и всем остальным своим пациентам, даже не догадываясь, какое сообщение на самом деле он отправляет! Так же, как это делаем все мы в повседневном общении. (Впрочем, я всё же надеюсь, что после всех лет работы в этой области я делаю это реже остальных или, по крайней мере, больше отдаю себе в этом отчёт). Но на тот момент я полностью «впустил» это послание в себя и «растворил» его в себе. Особенно после того, как мы выбрали очень красивую оправу, в которой я выглядел стильно и — что было важно для меня в тот период — более солидно. Признаюсь, в то время я действительно смотрелся «юнцом», из-за чего, приходя на переговоры с солидными представительными «дядьками» — хозяевами крупных предприятий, министрами, финансистами — практически всегда ловил их взгляды, полные недоверия и, в лучшем случае, снисхождения.

Итак, через некоторое время я получил свои очки, которыми очень гордился, и, наверно, на протяжении целого года с удовольствием их носил. И, конечно, придя на очередную проверку, я ничуть не удивился, узнав, что моё зрение действительно продолжало падать и теперь мне нужны очки с другими диоптриями. Это заставило меня задуматься... Действительно ли это тот путь, по которому я хочу идти? Не то, чтобы я не доверял специалисту, который в глазных заболеваниях разбирался гораздо лучше меня — но «во мне» он точно не разбирается лучше меня самого! И тогда я решил воспользоваться «инструментарием», которым уже в достаточной степени владел на тот момент. То, чем я воспользовался, — это «разговором» со своим бессознательным, по сути, это техника, которая получила название **«6-шаговый рефрейминг»**. Об этой технике мы подробно поговорим в следующей главе. Этот мой «разговор с собой» многое расставил на свои места — я понял (получил ответ от бессознательного), что мой симптом — быстрая утомляемость глаз и связанное с ним падение остроты зрения — **был способом моего организма обратить внимание на те перегрузки, с которыми я столкнулся!** И тогда я принял важное решение — начать отдыхать, высыпаться, стараться не читать в полумраке. Очень простые действия, которые быстро дали результат!

Второе, что я сделал, осознав происшедшее, — необходимость срочно «отменить» пропущенное внушение и поменять «подаренное» мне ограничивающее убеждение относительно моего зрения! Для этого я воспользовался трансовой техникой, которую часто использую в подобной работе с моими пациентами. Она заключается в том, чтобы в состоянии глубокого расслабления представить, что убеждение, которое вы хотите изменить, хранится в виде «реальной записи» где-то глубоко внутри вас. Это записано на «носителе», который вам легче всего представить — возможно, в книге, где идёт учётная запись всего, что с вами происходит, в тетради, в специальном блокноте, на школьной доске, на экране монитора… Я помню, что запись *«ЗРЕНИЕ БУДЕТ ПОСТОЯННО УХУДШАТЬСЯ»* представилась мне написанной мелом на зелёной школьной доске… И она была сделана незнакомым мне почерком (то есть точно не мной самим). Поэтому я ощутил прямо-таки наслаждение, стирая её с доски влажной губкой! После этого я написал там твёрдой рукой (уже своей!): **«Моё зрение в полном порядке и будет стабильным ещё многие-многие годы»**. Затем в своём воображении я отошёл на какое-то расстояние и, довольный, посмотрел на эту запись. Она меня удовлетворила, и я решил её оставить.

На протяжении 30 последующих лет у меня не возникало необходимости в ношении очков. Зрение оставалось достаточно стабильным, при том что глаза, конечно, претерпевают неминуемые физиологические изменения с возрастом. Последние несколько лет в те дни, когда я преподаю студентам, проводя по 3–4 часа перед компьютером, я начинал пользоваться очками для чтения, однако и тут у меня получилось найти возможность «договориться» со своим организмом! Я заменил очки для чтения на очки со специальным покрытием, защищающим от синего спектра, излучаемого компьютером, что полезно само по себе. Но… в них нет диоптрий! В этом смысле такие очки являются примером «плацебо» — средства, на самом деле не содержащего активного ингредиента. И это ДЕЙСТВИТЕЛЬНО работает!

«Я-концепция»: в согласии с собой

«Я-концепция» — это одна из мощнейших систем убеждений, установок и представлений человека о себе и ситуации вокруг него. Она опосредует стимулы из окружающего мира, предопределяет образ действий людей и является ключевой причиной ощущения ими своей жизни — как счастливой или трагичной. Я-концепция выполняет важные функции в жизни человека. Она способствует достижению внутренней согласованности личности. Если Я-концепция человека противоречива, содержит взаимоисключающие представления, то человек неминуемо испытывает дискомфорт. Его действия в таких случаях направлены либо на изменение Я-концепции, либо на искажение реальности во имя устранения дискомфорта. Согласованная Я-концепция позволяет личности чувствовать себя уверенно и находиться в тесном контакте с реальностью. Я-концепция определяет интерпретацию жизненного опыта личности. У человека существует устойчивая тенденция интерпретировать свой индивидуальный опыт на основе представлений о себе. В то же время Я-концепция служит своеобразной «призмой», через которую преломляется воспринимаемая реальность.

Например, человек, считающий себя «неспособным», может объяснить свой успех случайностью, а «способный» — проявлением своего таланта. «Непривлекательный» расценивает внимание к себе как попытку подшутить, а «привлекательный» — как попытку познакомиться. Человек с позитивной Я-концепцией расценивает улыбку в свой адрес как проявление добрых чувств, а с негативной — как издевательскую насмешку.

Я-концепция является источником ожиданий. Она влияет на прогноз человека относительно того, что должно с ним произойти. В соответствии с Я-концепцией человек рассчитывает на успех или неудачу: «Я, как обычно, провалюсь...» или — «У меня всё получится!» Она позволяет ему предвидеть свои реакции: «Я испугаюсь», «Я расплачусь», «Я отнесусь к этому спокойно».

Я-концепция навязывает человеку прогноз по поводу отношения и поведения людей в его адрес: «Меня никто не полюбит»,

«Надо мной будут смеяться», «Меня оценят высоко». Человек, ожидающий, что его будут критиковать, ведёт себя неуверенно (или вызывающе) и тем самым действительно вызывает критику в свой адрес. Вместо того чтобы пассивно реагировать на окружающую среду, Я-концепция начинает изменять её и подкреплять себя — не столько прогнозируя последствия, сколько провоцируя их. Если поведение человека противоречит его Я-концепции, оно вызовет когнитивный диссонанс. Поэтому человек, обладающий сложившейся Я-концепцией, строит своё поведение таким образом, чтобы оно не противоречило его представлениям о себе. «Умный» стремится вести себя так, как полагается умному; «богатый» — в соответствии с известными ему стандартами поведения «богатого»; «неуспевающий» будет прогуливать занятия, отвлекаться на уроках и т. д. **Таким образом, Я-концепция во многом определяет поведение.** Описывая себя, человек использует суждения, которые отражают некоторые устойчивые тенденции в его поведении. Как правило, эти суждения являются ответами на вопросы **«кто я?»** (ролевые, статусные характеристики), **«какой я?»** (физические и психологические черты, характеристики), **«что я хочу?»** (мотивация, ценности, интересы), **«что я могу?»** (представления о собственных способностях), **«что мне принадлежит?»** (описание идеальных и материальных ценностей, обладание которыми значимо для него).

Все эти характеристики входят в Я-концепцию с различным «удельным весом»: одни представляются более значимыми, другие — менее. Значимость отдельных суждений может меняться в различном контексте, в разных жизненных ситуациях, в различные периоды жизни. Данные Я-концепции организованы иерархически: есть более общие суждения, включающие в себя более частные. Например, «я не люблю поэзию», «у меня сильная воля» и «я – рационально мыслящий человек» — могут быть следствиями установки «я никогда не должен проявлять своих чувств!». По мнению основателя транзактного анализа Эрика Берна, некоторые из таких решений могут лежать в основе плана жизни, который мы принимаем в раннем возрасте.

«Ранние решения», «родительские фигуры», другие люди, да и сама жизнь снабжают ребёнка данными о том, кто он такой, кто такие другие люди и что вообще представляет собой мир, куда он попал. Эти сообщения выглядят как своеобразные «послания», которые ребёнок принимает без критики. Особенно чутко он относится к родительским посланиям, поскольку интуитивно чувствует, что его жизнь и благополучие зависят от них. Некоторые послания на самом деле имеют характер вербального сообщения, адресованного ребёнку или подслушанного им. Иногда это поступки или эмоциональные реакции. Но бывает и так, что ребёнок в силу эгоцентричности мышления может счесть посланием событие своей жизни, реально сообщением не являющееся. Подавляющее большинство знаний — о том, что значение имеет не то, что намеревался передать родитель, а то, каким смыслом наделил послание ребёнок.

Анализируя психологические сценарии своих пациентов, обратившихся за терапевтической помощью, Берн пришёл к выводу, что в их основе лежат неконструктивные решения, которые приняты под влиянием особых родительских посланий, имеющих негативное, разрушительное содержание. Их передают некоторые родители по причине каких-то собственных отклонений. Такие предписания подобны заклинаниям, которые околдовывают ребёнка.

Среди словесно передаваемых негативных предписаний можно выделить заклятья — негативные определения: «Ты грязнуля! Болван! Тупица!» и т.д. «Ты ужасный ребёнок!», «Ты уродина!». Проклятья — пожелания ущерба, имеющие характер прямого приказания: «Чтоб ты провалился!..», «Нам было бы намного лучше без тебя!», «Почему ты не можешь быть человеком!». Негативные пророчества — ребёнку сообщают, что его ждёт в будущем: «Из тебя ничего толкового не выйдет! Тюрьма по тебе плачет!», «Ты никогда ничего не достигнешь!». Стопперы — сообщения, в том или ином виде указывающие, чего нельзя делать: «Не умничай! Не думай о…! Не сердись! Не трогай — у тебя ничего не получится, дай лучше я!».

Предписания могут передаваться и невербально. Ребёнок придумывает, фантазирует и неправильно интерпретирует события и таким способом сам даёт себе предписания. Маленький ребёнок не в состоянии объективно оценить себя, и родительские фигуры становятся для него своеобразными «зеркалами», по которым он может судить о том, кто он такой и кем являются окружающие люди. Если «значимые другие» признают его, он считает себя стоящим человеком, а «Я» становится приемлемым. Однако если эти другие обходятся с ним, как с плохим и вредным, — он и воспринимает себя как вредного и считает, что эта «вредность» живёт у него внутри! Ребёнок слишком мал и неопытен, чтобы понимать, что эти «зеркала» могут быть кривыми. Ребёнок, которого ударили, не может заключить: «Я не плохой ребёнок. Мама шлёпнула меня, потому что она истерическая личность, переживающая, что не находится больше в центре внимания». Он скорее подумает, что проблема ИМЕННО В НЁМ, а не в его матери!

В описанных выше ситуациях ребёнок может не слышать прямых вербальных указаний, но под воздействием сильных впечатлений принимает решение и следует ему. Предписания могут быть позитивными или нейтральными. Определения и оценки: «Мальчик, в тебе что-то есть… Молодец! Золотые руки!». Пророчества: «Очень надеемся, что ты получишь высшее образование», «Однажды ты станешь знаменитым…», «Ты прямо создан быть музыкантом!». Разрешения — указывают, что можно делать, но не заставляют.

Следует заметить, что предписания не «вживляются» в ребёнка подобно электроду. Он властен принять их, проигнорировать или обратить в противоположность. Однако если на основе предписания принято решение, его очень тяжело нарушить. Это решение определяет совокупность центральных убеждений о том, кто он такой и кем являются окружающие его люди; что представляет собой этот мир и как в нём следует себя вести. Таким образом, сценарное решение — это глубокое и фундаментальное когнитивное образование, для подтверждения и оправдания которого человек может обращаться к отдельным иррациональным верованиям. Ранние решения становятся своеобразным фильтром, влияющим на всё мировосприятие.

Пирамида Дилтса

Пирамида Дилтса получила название по имени своего автора и создателя Роберта Дилтса, о котором мы уже много говорили выше.

Что же представляет собой Пирамида Дилтса? По сути, это шесть уровней вопросов, каждый из которых позволяет лучше понять тот или иной аспект проблемы и, как следствие, проблему в целом, что заметно облегчает поиск её решения. Схематически изобретение выглядит как многоуровневая пирамида, поэтому её ещё называют «Пирамида логических уровней Дилтса». Зачем нужны эти уровни? Если в двух словах, то ни одна проблема не может быть качественно разрешена на том уровне, на котором она возникла. Чтобы найти выход, следует подняться на уровень выше, и лишь тогда станет ясно, как двигаться дальше.

Соответственно, изменение ситуации на более высоких уровнях приведёт к изменению ситуации на более низких. В принципе, изменение ситуации на каком-то низшем уровне потенциально может повлиять на более высокие уровни, однако это происходит не всегда. Именно поэтому так важно в поиске решения проблемы выйти на более высокий уровень. «Невозможно решить проблему на том же уровне, на котором она возникла. Нужно стать выше этой проблемы, поднявшись на следующий уровень», — говорил великий Альберт Эйнштейн.

Первый, базовый уровень пирамиды — **«Окружение»** — объединяет то, что окружает каждого из нас. Это место жительства и условия, в которых мы живём, домашняя и рабочая обстановка, люди, с которыми мы общаемся. Здесь мы отвечаем себе на вопрос «что и кто меня окружает?». Есть такое выражение: «Вы — среднее арифметическое из пяти людей, с которыми вы проводите большую часть своего времени». Это об ЭТОМ. Просто задумайтесь о вашем ближайшем окружении — уровне их дохода, круге интересов — и вам многое станет понятно относительно вашей собственной жизненной ситуации…

Второй уровень — **«Поведение»** — подразумевает нашу деятельность дома и на работе, когда мы контактируем с другими людьми или же находимся наедине с собой. Ключевым вопросом уровня является «что я делаю?». Ответ на этот вопрос описывает набор наших действий, который приводит или не приводит нас к достижению желаемого результата. Как говорил Брюс Ли, «Я не боюсь того, кто изучает 10 тысяч различных ударов. Я боюсь того, кто изучает один удар 10 тысяч раз!»

Третий уровень — **«Способности и возможности»** — включает навыки, знания и таланты человека — от кулинарных и спортивных до профессиональных. Это уровень мастерства. Ключевым вопросом тут является «как я это делаю?».

Четвёртый уровень — **«Ценности и убеждения»** — говорит сам за себя и подразумевает широкий комплекс понятий: воспитание, образование, менталитет, культура. Ключевой вопрос «в чём я убеждён относительно данного контекста? Каковы мои жизненные ценности?».

Пятый уровень — **«Идентичность»** — подразумевает ответ на вопрос «кто я?» и прочие аспекты самоидентификации.

Шестой уровень, или вершина пирамиды — **«Миссия»** — символизирует цели и устремления человека, поиск ответа на вопрос «зачем я живу?» в самом широком смысле.

Основная часть жизни среднестатистического человека происходит на первых двух уровнях. Получить образование и профессию, построить романтические и/или семейные отношения, купить модную одежду и гаджеты, приобрести квартиру и машину — это всё составляющие уровней «Окружение» и «Поведение». Люди творческие и целеустремлённые достаточно много времени проводят на третьем уровне, развивая свои способности и открывая для себя новые возможности. На верхние уровни в суматохе дней времени обычно не хватает, а ведь именно там находятся ответы на наши основные животрепещущие вопросы!

Алгоритм практической работы с пирамидой логических уровней Дилтса.

Шаг 1. Записать проблему максимально подробно. Зачастую уже одного этого достаточно, чтобы приблизиться к её решению. Пока проблема только «крутится в голове», она не может быть чётко сформулирована и структурирована. При работе с формулировками становятся ясны нюансы, на которые вы раньше не обращали внимания.

Шаг 2. Определиться, на каком уровне пирамиды находится проблема. Условно говоря, если вам не нравится работа в склочном коллективе, то эта проблема относится к уровню 1 — «Окружение». Если вы набираете лишний вес из-за собственного неуёмного аппетита, это уже уровень 2 — «Поведение». Если вы хотите научиться танцевать танго, это уровень 3 — «Способности и возможности».

Шаг 3. Определившись с уровнем проблемы, поднимаемся на один уровень выше и ищем решение проблемы там. Если не находим, тогда поднимаемся ещё на уровень выше и двигаемся таким образом, пока решение не станет очевидным.

Освоив работу с Пирамидой Дилтса, сделав её повседневной практикой, можно научиться достаточно быстро и очень эффективно решать жизненные проблемы и ситуации, которые раньше казались вам трудно преодолимыми преградами на пути к радости и развитию.

Мой путь. «Семинарская» жизнь

Выше я упоминал, что в мою жизнь в какой-то момент вполне естественным образом вошло преподавание другим знаний и наработок, полученных и освоенных мною на собственном профессиональном опыте. Сначала это происходило в Литве, где в 1992-м я начал вести семинары для компаний, которые консультировал раньше. Ну а с 1994 года я перешёл к открытым семинарам, и в них могли принять участие все желающие. Даже переехав в Америку, я ещё долгое время летал в Литву, где меня ожидали участники очередного семинара.

В Литве, в середине «лихих» 90-х, мои открытые семинары сначала проводились в частном медицинском центре, где я работал психотерапевтом. Постепенно мы перебирались из одного помещения в другое — так как по мере увеличения количества участников требовалось больше места. В основном всё это были офисы моих коллег — частнопрактикующих психотерапевтов, у которых на тот момент имелись более просторные помещения. Нужно отметить, что это было время, когда такого «жанра» — семинаров или взрослого обучения — практически не существовало. Поэтому я неожиданно для самого себя стал одним их первых бизнес-тренеров в Литве и в этом амплуа проводил семинары в банках, крупных компаниях, правительственных учреждениях... Я достаточно рано осознал определённую миссию — обучение людей коммуникативной грамотности. Это касалось и сферы деловой коммуникации, и более специфических областей — переговоров и продаж, и, конечно, сферы межличностных взаимодействий. Вообще, мы — первые, кто начал говорить о необходимости обуче-

ния людей в изменившейся реальности, мы были «ледоколами», которые проложили путь тому, что позже стало очень востребованным, а сейчас — частью общепринятой нормы. Но всё это случилось намного позже. Когда же мы начинали, на нас во всех высоких и не очень учреждениях смотрели как... на идиотов! «Вы что, какое обучение, чему? Нам работать надо!» Когда это прошло, возникла следующая трудность — вовлечь в обучение-изменение руководителей, хозяев бизнесов. Стандартный босс того времени говорил примерно следующее: «Хорошо, людей я пришлю, научите их там всему — как правильно, только меня не трогайте!»

Наверное, именно по тому, как менялись помещения — кабинеты, классы, залы, можно отследить, как постепенно изменялось понимание людей того, что я пытался до них донести, чему научить...

Когда я начал прилетать из Америки, зал был один и тот же — большой, светлый, просторный. Организаторы снимали его в гостинице недалеко от вокзала. Литовские семинары очень быстро стали международными — помимо участников из Литвы, к нам достаточно быстро присоединились участники из Латвии, России, Беларуси, иногда Украины, поэтому такое расположение оказалось очень удобным — приезжающие могли останавливаться в этой же гостинице. Кстати, на проведение этих семинаров (уже непосредственно от имени международного сообщества НЛП) я получил «благословение» самого Ричарда Бендлера, переданное через его нового партнёра и президента сообщества Джона Ла Валя. Перед моей первой поездкой я получил письмо от Джона с напутствиями и пожеланиями успеха нашей Academy NLP и Балтийскому тренинговому центру, который занимался организацией этих программ.

Семинары по НЛП и эриксоновскому гипнозу вообще имеют особый «формат» — это не лекции, а практикумы, в которых очень много работы в парах, тройках, небольших группах. Всё это требует наличия достаточного пространства и определённого технического оснащения: флип-чарты (или доски), проектор, экран...

Самым большим помещением в Литве, где мне довелось вести семинар, оказался зал Вильнюсской ратуши, куда меня «выписали» в 2008 году для проведения специального семинара, ориентированного на всех литовских риэлторов, приглашённых из разных уголков страны. Меня попросили быть сначала спикером на открытии всей конференции риэлторов. Помню, что сразу после моего выступления на сцену с приветствием к собравшимся поднялся тогдашний президент Литвы Валдас Адамкус, за ним выступили премьер-министр и министр профильного министерства.

Ирония момента заключалась в том, что, напомню, это был 2008 год... Строительство новых домов, покупки и продажи недвижимости в Литве — всё это разворачивалось невиданными темпами. Стало очень прибыльным всё, так или иначе связанное с инвестициями в недвижимость. Однако в США весь «кредитный пузырь» вокруг недвижимости был тогда явно накануне краха, а может быть, уже и лопнул... Я посчитал необходимым сообщить об этом собравшимся. Но они, по-моему, восприняли тогда это как мою очередную удачную шутку...

Семинар прошёл на ура! Осталось даже его видеозапись — всё это происходило в огромном торжественном зале, находящемся внутри старинного исторического здания ратуши, построенного в конце XIV века в стиле классицизма. Именно эпизод из этого семинара я использую в данной книге, когда описываю избавление от страха публичных выступлений. Я тогда поднял с места женщину, которая страдала этим страхом на протяжении всей своей жизни, и через 10 минут она вышла перед огромным залом, встала рядом со мной и уверенно обратилась к поражённой происшедшим аудитории...

The Society of Neuro-Linguistic Programming™,
Richard Bandler
John La Valle
PO Box 424
Hopatcong, NJ 07843
(973) 770-3600
jlavalle@purenlp.com
klavalle@purenlp.com

Monday, February 28, 2005

Vadim Dekhtyar
Academy NLP
CHICAGO, IL 60645-4208

Dear Vadim:
Please pass this along to all those you train and comem in contact with, including all new and former members of the Lithuanian NLP Community:

On behalf of Richard Bandler and me, we would like to send encouraging words to all of you with hopes that your continuing education in this powerful life changing art will bring us all closer together in the vocation of liberating the power of our mind.

We would also like to wish continued success to the organizations present and advance NLP in Eastern Europe: "Academy NLP (Chicago, USA) and "Baltic Training Center" (Lithuania).

Best Regards,

John La Valle, MBA
President of Society of NLP

Глава 6
Что такое «рефрейминг»?

> Будущего нет. Я проверял! Просыпаешься утром — и снова Сегодня...
>
> *Алан Милн, слова Винни-Пуха из книги «Винни-Пух»*

> Рефрейминг — это возможность выйти за пределы ограничений, посмотреть на событие с другой стороны, как бы сместиться с одной «кочки зрения» на другую. И тогда очень часто ситуация перестаёт восприниматься как проблема. Ведь любая проблема, если подумать, — это шоры на глазах, когда из ситуации человек видит только один выход, и этот выход его не устраивает!

Определение, виды и приёмы рефрейминга

Мы уже говорили о том, как важно уметь взглянуть на любую проблему, на любое «застревание» с разных сторон. Сложность в том, что, находясь в состоянии стресса, беспокойства, страха сделать это не всегда просто... Эти состояния очень сильно ограничивают наше восприятие происходящего, «зашоривая» видение перспективы. Объясняя подобную ситуацию, я иногда прибегаю к аналогии стоящего в углу человека, который лбом уткнулся в тупик и продолжает упорно продавливать стенку, пытаясь найти выход и недоумевая — почему все его попытки сдвинуть ситуацию с «мёртвой точки» ни к чему не приводят?! Более того — чем больше он прилагает усилий, тем больше убеждается в безвыходности ситуации. Наконец он расходует все силы и окончательно теряет надежду на то, что перемены возможны... Между тем всё, что ему нужно, — это посмотреть вокруг себя, а ещё лучше — просто выйти из угла, в который он сам себя загнал!

Умение «переформировать» ситуацию, заметить в ней другие грани — очень важный навык мыслящего, успешного, гибкого человека. В НЛП такое переформирование называется **рефреймингом**. Слово рефрейминг происходит от английского *frame* — рамка. Reframe — дословно — вставить в другую рамку. Изменение рамки позволяет по-другому взглянуть на проблему.

Рефрейминг — это возможность выйти за пределы ограничений, посмотреть на событие с другой стороны. Короче говоря, как бы сместиться с одной «кочки зрения» на другую. И тогда очень часто ситуация перестаёт восприниматься как проблема. Ведь любая проблема, если подумать, — это шоры на глазах, когда из ситуации человек видит только один выход, и этот выход его не устраивает! Если же из той же самой ситуации он видит два, три, четыре, десять выходов — у него уже есть выбор!

Психиатр Милтон Эриксон специально развивал у своих учеников умение смотреть на ситуацию с разных сторон. Он, например, задавал им простой вопрос: как можно попасть из этой комнаты, в которой мы находимся, в соседнюю — и просил найти как можно больше вариантов. В последние годы своей жизни он собирал учеников в своём доме в Фениксе, штат Аризона. Самый популярный ответ, конечно, был: «Пройти через дверь». Самые творческие «ответчики» предлагали выйти в другую дверь, обойти дом, зайти с чёрного хода… «Правильно, — говорил Эриксон. — Ещё». «Вылезти в окно, подняться на крышу, по верёвочке спуститься, залезть в окно…» «Очень хорошо. Ещё». «Проломить стену! Сделать подкоп!» «Всё? — спрашивал Милтон и начинал давать свои варианты. — Можно подогнать к окну воздушный шар, сесть в корзину, подняться в стратосферу, перелететь дом, опуститься с той стороны и залезть оттуда. Можно выйти, поймать такси, доехать до аэропорта, сесть на самолёт, облететь земной шар, прилететь в другой аэропорт, подъехать к задней двери и войти оттуда. Можно проползти по-пластунски, можно пропрыгать на одной ножке…» То есть он подчёркивал, что всегда существует множество способов!

Итак, ещё раз — рефрейминг позволяет нам иначе интерпретировать ситуацию, не изменяя её, разглядеть в ней то, что мы до этого не замечали.

Всевозможные формы рефрейминга используются порой не нами, а для нас или за нас. Приёмы рефрейминга успешно применяются в переговорах, продажах, рекламе. При обсуждении сделки принято акцентировать её преимущества для противоположной стороны, оставляя возможные недостатки «за рамкой». В продажах основная часть работы с возражениями клиентов базируется на использовании приёмов рефрейминга: «Дорого? Зато посмотрите какое качество!» Ну и, конечно, в рекламе — дорогие рестораны (клубы, фитнес-центры) достаточно назвать элитными, чтобы «объяснить» разницу цен. Или более прямолинейный вариант — «Наши пончики сделают вас стройными!» («Our Donuts Make You Skinny!»).

Одна из разновидностей рефрейминга — использование так называемых эвфемизмов, то есть замены слов с негативным значением или вызывающими негативное восприятие на более позитивные (мягкие) или хотя бы нейтральные. Сейчас, в период обострённой политической корректности, мы встречаем такие примеры во всех сферах жизни. Людей, страдающих ожирением, сейчас положено называть «большими» или «тяжёлыми», нелегалов — «людьми без регистрации», «глобальное потепление» превратилось в «изменение климата», различные психологические патологии заменяют на «особенности развития»… Во всех армиях мира бывают случаи гибели солдат от действий своей же армии. Часто это случается, когда для артиллерии или авиации по ошибке указываются координаты территории, которую ещё не покинули собственные военные. Но только в американской армии такие ситуации называются потерями от «дружественного огня» (friendly fire)…

> Всевозможные формы рефрейминга используются не нами, а для нас или за нас. Приёмы рефрейминга успешно применяются в переговорах, продажах, рекламе.

Подобные примеры можно продолжать до бесконечности. Но, оказывается, тенденции использования эвфемизмов в Америке начались достаточно давно. Уже в 1972 году во все официальные учреждения США был разослан циркуляр, в котором приказывалось исключить слово «бедность» из всех документов и заменить его словами «люди с низким уровнем дохода». Предлагалось также не упоминать в официальной риторике и слово «трущобы». Его заменило туманное выражение «внутренний город». Лингвистическая косметика использовалась для того, чтобы создать впечатление, что все неприятные проблемы уже решены, а если они и есть, то не столь ужасны. Со словами «бедность» и «трущобы» связаны представления о нищете и голоде, в то время как словосочетание «внутренний город» от неприятных ассоциаций свободно.

Один из самых знаменитых рефреймингов в политике был отмечен во время дебатов между кандидатами на пост президента США Рональдом Рейганом и Уолтером Мондейлом. Мондейл, который был намного моложе Рейгана, несколько раз проходился по возрасту своего оппонента. Атмосфера накалялась… В какой-то момент Уолтер напрямую спросил, не считает ли Рейган, что возраст может быть важным фактором во время предвыборной кампании? На что Рейган спокойно ответил, что он не будет использовать молодость и ОТСУТСТВИЕ ОПЫТА Мондейла в своей кампании. После этого Мондейл больше ни разу не ссылался на разницу в возрасте…

В психологии существует два вида рефрейминга: **рефрейминг содержания**, когда мы придаём новые смыслы тому же самому содержанию, и **рефрейминг контекста** — когда мы стараемся «расширить рамку» и найти ситуации (контексты), где проблемное поведение может быть более адекватным или даже полезным.

Рефрейминг содержания не меняет ничего ни событийно, ни поведенчески. Он меняет только отношение к происходящему, помогая обнаружить другие, ранее упускаемые смыслы.

Я помню работу с одной женщиной, она жаловалась на членов своей семьи, которые «не наводили за собой порядок», и ей приходилось «целые дни тратить на уборку». Для неё было «принципиально важно, чтобы в доме было идеально чисто», но «своим поведением они демонстрируют, что просто не любят меня». «Просто представьте, — продолжала она, — они не ставят вещи на свои места, оставляют следы на полу, даже не могут посуду за собой СРАЗУ помыть!» Они — это муж, который вёл свой бизнес, тяжело работая, чтобы обеспечивать семью, и сын, который учился и работал. При этом она была домохозяйкой. Я не знаю, насколько реально члены её семьи были неряхами, но я хорошо услышал её требование «идеальной чистоты» — которое сложно, а иногда вообще невозможно выполнить по причине того, что критерии «идеального» могут сильно различаться у разных людей. Но с этим нужно было что-то делать — взаимные обвинения достигли такого накала, что речь начала идти о разводе… «Я не могу жить с людьми, которые не ценят и не любят меня и ежедневно это демонстрируют!» — заявила она.

Тогда я предложил ей закрыть глаза и воспользоваться своим воображением. И в своём воображении я попросил её представить идеальную чистоту в доме — именно такую, какую она бы хотела… Через какое-то время она, не открывая глаз, закивала и даже начала улыбаться. «Нравится?» — спросил я. Она ещё раз утвердительно кивнула. «Тогда, продолжая вглядываться в этот идеальный порядок, пожалуйста, обратите внимание на то, что это означает… Это означает, что вы остались совсем одна, — продолжил я, — это означает, что вечером никто не собирается за обеденным столом, не обменивается событиями дня, не хвалит приготовленную вами еду, не спрашивает, как ваши дела и как вы себя чувствуете… Вы абсолютно одна в этой идеальной чистоте!»

Я увидел, как улыбка сходит с её уст, она вся напряглась и как-то сжалась. Видимо, она перед этим не очень задумывалась, что произойдёт, если её угрозы о разводе осуществятся. Я дал ей какое-то время чуть глубже войти в эту возможную реальность. Затем я сказал: «А сейчас подумайте о том „неидеальном доме", в котором вы живёте. Подумайте, что означают не поставленные время от времени на свои места вещи, следы на полу, не сразу вымытая посуда… Это означает, что в доме есть жизнь, есть дорогие вам, любящие вас люди, о которых вы можете заботиться!»

Она погрузилась ещё глубже внутрь себя, но было видно, что состояние испуга и напряжения предыдущего этапа начинает сменяться на более спокойное состояние принятия. Открыв глаза, она долго молчала, а затем сказала, что готова извиниться перед своими мужчинами и попросит только, чтобы после еды они не оставляли посуду на столе, а складывали её в раковину…

Что же произошло? Что помогло ей так быстро изменить своё отношение к происходящему в доме?

Просто я помог ей сделать то, что называется «рефреймингом смысла» — придание нового смысла тем же самым событиям, по сути, не меняя их. Если раньше в её голове существовали устойчивые связи между «идеальная чистота — это хорошо и только так и должно быть» и — «беспорядок — значит, её не ценят и не любят», то теперь я помог добавить, а точнее изменить значение тех же самых событий. Она осознала, что «идеальная чистота» может означать полное одиночество, а «немножко беспорядка» — значить, что любимые люди — рядом с ней. И такая «смена рамки» помогла ей переосмыслить своё отношение к этим явлениям.

Когда я только начинал с ней работать, я вспомнил книжный пример о «белом ковре» Лесли Камерон-Бендлер (знатоки НЛП знают, о чём идёт речь) — но, поверьте, есть большая разница читать о быстрых изменениях и видеть их в реальной жизни!

Итак, для того чтобы освоить рефрейминг содержания, возьмите какую-то собственную ситуацию «застревания», запишите её и ответьте на вопросы, описанные ниже.

Рефрейминг содержания — придание нового смысла старому содержанию

Спросите себя:
— Есть ли какая-нибудь более широкая рамка, где это поведение имело бы позитивную ценность?
ОТВЕТ: _____
_____
_____

— Какие другие аспекты той же ситуации, не замечаемые мной, могли бы придать такому поведению другую смысловую рамку?
ОТВЕТ: _____
_____
_____

— Что ещё могло бы означать это поведение?
ОТВЕТ: _____
_____
_____

— Как ещё мог бы я описать ту же ситуацию?
ОТВЕТ: _____
_____
_____

В **переформировании контекста** вы изменяете значение не напрямую, а ищете ситуацию, где данное поведение будет иметь совершенно другое (положительное) значение. Например, злость может быть полезна в спорте (спортивная злость), агрессивность — в драке, жадность — в обучении (жадность к знаниям) и так далее.

Существует история о создателе семейной психотерапии Вирджинии Сатир. Однажды отец приволок к ней свою дочь, силой усадил в кресло и сказал, что дочь упряма, никого не слушается, всё делает сама, и он не может с ней справиться. Вирджиния повернулась к отцу и спросила:
— Вы ведь человек, немало преуспевший в жизни, не правда ли?
— Да, конечно! — подтвердил разгневанный отец.

Вирджиния знала историю этого человека и продолжила:

— И что, вы всё это получили просто так? Разве у вашего отца был банк, и он просто сказал вам: ну вот, теперь ты — президент банка?

— Нет конечно! Я всего добился своими силами! — раздражённо бросил мужчина, не понимая, куда она клонит.

— Значит ли это, что вы достаточно упрямы в достижении своей цели?

— Да, это так.

— Итак, у вас есть достаточно упрямства достичь того, что вы хотите. Если вы присмотритесь к своей дочери, вы заметите, что вы научили её упрямству, научили её, как постоять за себя, и этому нет цены. Вы подарили ей нечто, чего нигде не купишь, что может спасти ей жизнь. Представьте себе, как много может означать это упрямство, если ваша дочь, например, отправиться однажды на свидание с мужчиной, имеющим дурные намерения.

— Возможно, вы и правы... — пробурчал отец, явно смягчаясь.

Рефрейминг контекста — помещение опыта, на первый взгляд негативного и болезненного, в другой контекст, где тот же самый опыт становится полезным и необходимым. В приведённом примере Вирджиния Сатир смогла показать разгневанному отцу, что есть ситуация, в которой упрямство дочери может быть спасительным.

Вот вопросы для развития навыка нахождения других контекстов для, на первый взгляд, «неправильного» поведения:

— В каком контексте это поведение могло бы оказаться ценным?

_____
_____
_____

— В какой ситуации это состояние оказалось бы необходимо?

_____
_____
_____

Представьте себе различные контексты, пока не найдёте того, где оценка поведения меняется.

Теперь я хочу поделиться с вами ещё более простой формулой для нахождения положительных сторон в различных ситуациях. Эта формула особенно хорошо применима к тем или иным персональным характеристикам, которые кого-то не устраивают. Итак, их можно описать следующей формулой:

$$X + ЗАТО = A, B, C.$$

X — *нежелательная ситуация или персональная особенность;*
A, B, C — *это положительные грани данной ситуации или характеристики.*

Позвольте мне дать вам несколько примеров того, как это работает.

Я слишком рассеянный. — Зато ты похож на гениального учёного. — Зато ты не обращаешь внимания на всякие неприятные мелочи. — Зато легко входишь в состояние транса.

Я слишком вспыльчива. — Зато естественна и искренна. — Зато не злопамятна. — Зато ничего не держишь в себе и быстро отходишь от ссоры. — Зато в тебе живёт энергия и эмоциональность.

Я полная. — Зато весёлая. — Зато у меня много друзей. — Зато обаятельная. — Зато являюсь владелицей собственной фирмы.

Напишите то, что вам в себе не нравится — что вы считаете своим недостатком, который портит вам жизнь, и затем постарайтесь найти и записать как можно больше положительных сторон этого «недостатка». Также постарайтесь применить любой из перечисленных выше способов рефрейминга (а ещё лучше все из них) — в отношении своих страхов и беспокойств.

Рефрейминг — это навык, позволяющий посмотреть на что-то под новым углом зрения, и это часто приводит к появлению новых ощущений и нахождению новых, более позитивных подходов к тому, как действовать. Он позволяет людям выйти из старой рамки и посмотреть на ситуацию с новой стороны.

Шестишаговый рефрейминг

Особым видом рефрейминга, который можно назвать рефреймингом внутри себя, является так называемый шестишаговый рефрейминг. О нём я упоминал в предыдущей главе в связи с изменениями, которые я осуществлял для улучшения своего зрения. Эта техника действительно позволяет глубоко заглянуть внутрь себя и осуществить контакт со своим подсознанием.

Вообще, заглядывая внутрь себя, мы можем открыть огромные возможности — в том числе не просто по изменению рамки, но и всей «картинки», какой бы трагической она ни была… Именно это описывает Виктор Франкл, психиатр, оказавшийся в концентрационном лагере времён Второй мировой войны. Выжив и став после войны основателем нового направления в психотерапии, которое он назвал логотерапия, он вспоминал: «…Я помню, как однажды утром шёл из лагеря, не способный

> Заглядывая внутрь себя, мы можем открыть огромные возможности — в том числе не просто по изменению рамки, но и всей «картинки», какой бы трагической она ни была…

больше терпеть голод, холод и боль в ступне, опухшей от водянки, обмороженной и гноящейся. Моё положение казалось мне совершенно безнадёжным. Затем я представил себя стоящим за кафедрой в большом, красивом, тёплом и светлом лекционном зале перед заинтересованной аудиторией. Я читал лекцию на тему «Групповые психотерапевтические опыты в концентрационном лагере» и говорил обо всём, через что прошёл. Поверьте мне, в тот момент я не мог надеяться, что настанет день, когда мне действительно представится возможность прочесть такую лекцию…»

Ницше говорил: «Тот, кто знает, „зачем" жить — преодолеет почти любое „как"».

Иногда же речь может идти не о смене рамки, а как раз о введении рамок. Я вспоминаю одного пациента, который почти ворвался ко мне в кабинет и заявил буквально с порога: «Мне нужна помощь, я не справляюсь со своей головой!» Меня такая формулировка, безусловно, насторожила, и я попросил его рассказать подробнее, что это значит. Как выяснилось из его рассказа, уже на протяжении какого-то времени он страдает от патологической ревности, что очень сильно осложнило его семейную жизнь.

— Я по-настоящему люблю свою жену! — чуть ли не кричал он.— Она очень хороший человек и очень хорошо ко мне относится. Я понимаю, что она мне верна, но когда я её не вижу, я тут же начинаю представлять, что пока меня нет дома, она мне изменяет! Я во всех деталях представляю, как, допустим, почтальон разнёс почту и заглянул к ней на «минутку», а потом… Стоит ей заговорить при мне с кем-то из наших соседей в ближайших домах, и я потом, находясь на работе, представляю, как этот сосед сейчас стучится в наш дом... Понимаете, это дошло до полного абсурда! Когда мой напарник (он и его друг владели небольшим автосервисом — *В. Д.*), выходит в другое помещение или уезжает за деталями, я просто вижу перед собой, как он едет прямиком к моей жене, и они там занимаются любовью!

— И как вы с этим справляетесь? — спросил я.

— С трудом... Я себя уговариваю, успокаиваю, говорю себе, что это неправда, что это я себе придумываю, но, тем не менее, время от времени я срываюсь и устраиваю скандалы своей жене, требуя, чтобы она во всём призналась прямо сейчас! Это приводит к слезам и заверениям, что ничего никогда не было и она любит только меня... Я еле сдерживаюсь, чтобы не начать выяснять отношения со своим напарником, но боюсь, что если я начну обвинять его, это приведёт к полному разрыву наших деловых отношений.

— То есть вы не можете отличить свои фантазии от происходящего в реальности? — предположил я.

Ему явно понравилось слово «фантазии», потому что он закивал головой в знак согласия и потом неоднократно с нескрываемым удовольствием произносил это слово. Кстати, в процессе нашего разговора выяснилось, что всё это время его жена покорно сидела в машине на стоянке перед зданием, где был мой офис. Я сказал, что она могла бы подняться и дожидаться его в нашем фойе — и теплее (дело происходило в феврале), и комфортнее.

— Нет! — решительно ответил мой собеседник. — Лучше я буду точно знать, что вы её не видели и она вас, чем позже я включу вас в свои *фантазии*!

«А ведь он прав, — подумалось мне, — конечно, немножко „сумасшедший", но не глуп, подходит к проблеме достаточно рационально...»

— Хорошо, давайте я научу вас различать реальные события, которые произошли с вами, от ваших фантазий.

Он опять согласно закивал.

— Для этого я хочу, чтобы вы начали замечать, как выглядят картинки в вашей голове в одном и в другом случае. Например, вы помните, как вы добирались до моего офиса?

— Да, конечно! Мы приехали на нашей машине.

— Очень хорошо. Обратите внимание на то, как эта картинка выглядит, — я дал ему несколько минут «всмотреться» в этот образ и затем спросил ещё раз: — А вы уверены? Может быть, вы вызывали такси или вас кто-то подвёз?

Он сначала посмотрел на меня с удивлением — мол, что за глупые вопросы, но за это время его воображение создало новые серии картинок того, что *теоретически* могло произойти. Теперь он выглядел растерянным.

— Я знаю, что мы приехали на нашей машине... У меня есть образ, как я сижу за рулём. Но сейчас у меня есть также образы того, как мы вызываем такси и ещё один — как мой партнёр подвозит нас... Всё это выглядит одинаково убедительно, и я окончательно запутался, какой из образов мне выбрать.

И тогда мне стало понятно, что по каким-то причинам у него отсутствует внутренняя стратегия восприятия реальности.

Обычно у нас существует способность «сортировать» реально произошедшие события и плоды нашего воображения, существующие лишь в нашем внутреннем пространстве. Произошедшие события и воображаемые мы обычно располагаем в различных «местах» на нашей линии времени (о ней чуть позже) и «кодируем» по-разному, используя различные субмодальные характеристики (ближе или дальше, размеры картинок, наличие движения, красочность и т. д.). Соответственно, на основании такого кодирования наше отношение к реально произошедшим событиям и к тому, что МОГЛО БЫ произойти (но не произошло), и к тому, чего ХОТЕЛОСЬ БЫ (но это не случилось), очень сильно различается. Итак, у этого несчастного ревнивца почему-то описанные различия отсутствовали — поэтому ко всему, что возникало в его воображении, он и относился, как к реальности.

Я не стал выяснять, по каким именно причинам произошёл этот «сбой». Вместо этого я погрузил его в глубокий транс и «обратился» к его бессознательному с просьбой начать помещать воображаемые образы в большую чёрную рамку — я решил, что такое «обрамление» он точно не сможет проигнорировать. А затем — начать относиться ко всем внутренним образам, помещённым в рамки, как к нереальным событиям, стартуя с образов прибытия в офис на такси и в машине напарника. И на следующем этапе вернуться и поместить в рамки все ФАНТАЗИИ, связанные с неверностью жены. И, когда он сделает эту внутреннюю работу, переместиться в ближайшее будущее и убедиться, что этот механизм работает, помогая отличать реально произошедшие события от «продукции» его воображения.

Я предоставил ему необходимое время для того, чтобы эти процессы запустились и закрепились. Когда транс завершился, я даже не стал уточнять, осознаёт ли он, чему только что научился, или нет, и отпустил его, назначив следующую встречу.

Придя в следующий раз, он сказал, что просто не понимает, как его жена терпела его столько времени с его постоянными подозрениями! И ещё он поинтересовался, что это были за «чёрные квадраты», которые он время от времени представлял несколько дней после нашей первой встречи... Таким образом я убедился — «рамочный» подход дал свои результаты.

Но вернёмся к шестишаговому рефреймингу. Если вы хотите узнать, что стоит за тем или иным вашим поведением или симптомом, а также хотели бы изменить его на более желаемое — это очень эффективная техника. Она была создана Дж. Гриндером и Р. Бендлером одной из первых ещё в то время, когда они «моделировали» Милтона Эриксона и использовали много именно гипнотических техник в своей работе. Поэтому шестишаговый рефрейминг лучше делать в спокойном расслабленном состоянии, позволяющем стать более чувствительным к тому, что будет происходить внутри вас. Насколько это упражнение эффективно, говорит следующий факт. На одном из курсов НЛП-практик в Литве у меня учился психотерапевт, который работал в санатории. Как вы понимаете, в санаторий люди приезжают на непродолжительный срок, чтобы поправить здоровье, и заниматься глубокими психологическими изменениями в таких условиях было невозможно. Так вот, освоив шестишаговый рефрейминг, он начал применять его буквально ко всем своим клиентам. И со всеми это давало положительные результаты!

Что же это за такая чудодейственная техника? Расслабьтесь и давайте начнём прямо сейчас.

Описание шагов шестишагового рефрейминга

1. Определите привычку или поведение, которое вы хотели бы изменить.
2. Установите способ коммуникации с той своей частью, которая ответственна за данную привычку или поведение. Для этого закройте глаза, ещё более расслабьтесь и задайте себе следующий вопрос: «Будет ли согласна та часть меня, которая ответственна за данное поведение (назовём её Х), коммуницировать со мной на сознательном уровне?
Далее вам необходимо быть очень внимательным к любым изменениям, ощущениям в теле, а также возникшим образам

или звукам. Если у вас есть сомнения, является ли возникший образ-ощущение-звук ответом, вы можете попросить усилить ответ «Да». Например: «Если этот сигнал (образ, звук, ощущение) является ответом «Да» — может ли этот сигнал усилиться?» Точно так же попросите эту часть продемонстрировать ответ «Нет». Очень часто усиление яркости, или звука, или ощущения, является ответом «Да». Соответственно ослабление — ответом «Нет».

3. Отделите намерения от поведения. Поблагодарите часть X за то, что она согласилась общаться с вами. Спросите, что именно она делала для вас, сохраняя данное поведение? Каковы были позитивные намерения этой части? Дождитесь ответа. Если по какой-то причине ответ будет «Нет», это означает, что ваше подсознание не хочет сообщать о своём глубинном намерении. Тем не менее вы можете продолжать делать это упражнение дальше.

4. Теперь вы знаете о позитивном намерении части X. На этом шаге нам понадобится помощь других ваших частей. В частности вашей творческой части — назовём её Y. Попросите вашу творческую часть Y создать как минимум десять новых вариантов поведения, удовлетворяющих позитивному намерению части X. Когда эти варианты будут созданы, поблагодарите свою творческую часть.

5. Сделайте окончательный выбор. Попросите часть X выбрать три наиболее подходящих, по её мнению, линии поведения. Когда она это сделает, предложите ей выбрать одно поведение, с которого она бы хотела начать.

6. Экологическая проверка. Ещё раз обратитесь внутрь себя и спросите, нет ли возражений у других ваших частей на то, чтобы попробовать новое поведение. Если появится возражающая часть, необходимо выслушать её аргументы и учесть их. Когда все части согласны, нужно представить себя в будущем с новым поведением и убедиться, что оно удовлетворяет всем критериям. Завершая упражнение, ещё раз поблагодарите своё подсознание…

Рефрейминг и «линия времени»

Для того чтобы перейти к следующей теме, я также использую рефрейминг. Вот он: «Время — удивительное явление. Его так мало, когда опаздываешь, и так много, когда ждёшь». Давайте поговорим о времени и о том, как различное восприятие времени связано с возникновением наших страхов и беспокойств.

Если упрощать, то эту связь можно сформулировать следующим образом: наши «нездоровые» страхи, включая фобии, связаны с нашим прошлым. Именно там нужно искать причины их возникновения и туда нужно «отправляться» для того, чтобы «развязать эти узелки». Будущее связано с возникновением внутреннего беспокойства по поводу того, что ещё не случилось и что, возможно, пойдёт не так, как нам хотелось бы. И, наконец, нужно объективно оценивать реальность и в том числе связанные с ней риски. Другими словами, ощутить реальные, «здоровые» страхи, можно только находясь в настоящем, «присутствуя» в моменте. Настоящее — это то, что происходит ТЕПЕРЬ. В этой системе координат — прошлое УЖЕ НЕ теперь, а будущее — ЕЩЁ НЕ теперь. Но сложность как раз и заключается в том, что очень многие люди внутри своей головы «мечутся» между прошлым и будущим, меньше всего времени проводя в настоящем!

> «Время — удивительное явление. Его так мало, когда опаздываешь, и так много, когда ждёшь».

Не случайно в романе «1984» Джордж Оруэлл писал: «Кто контролирует прошлое — контролирует будущее, кто контролирует настоящее — контролирует прошлое».

Способы, которыми люди представляют время, обеспечивают основу их способностей и ограничений. Поэтому некоторые проблемы невозможно разрешить, если вы не измените способ, каким вы воспринимаете время. Большинству из вас встречались люди, о которых мы думали: «она живёт в прошлом», или «он живёт только сегодняшним днём, а что будет потом — для него «хоть трава не расти» и «после нас хоть потоп». Или ещё — «он весь в будущем». Некоторые люди говорят: «Надо оставить прошлое позади», — и это буквально то, что они делают. Другие говорят о «туманном будущем» — и будущее на их линии времени действительно туманно! Кстати, вы можете задать себе вопрос (и постараться честно на него ответить) о том, каковы ваши «временные» предпочтения? Безусловно, у нас у всех есть возможность мысленно «перемещаться в пространстве», но на каком отрезке этого временного континуума вы фокусируетесь больше? На ПРОШЛОМ, НАСТОЯЩЕМ или БУДУЩЕМ?

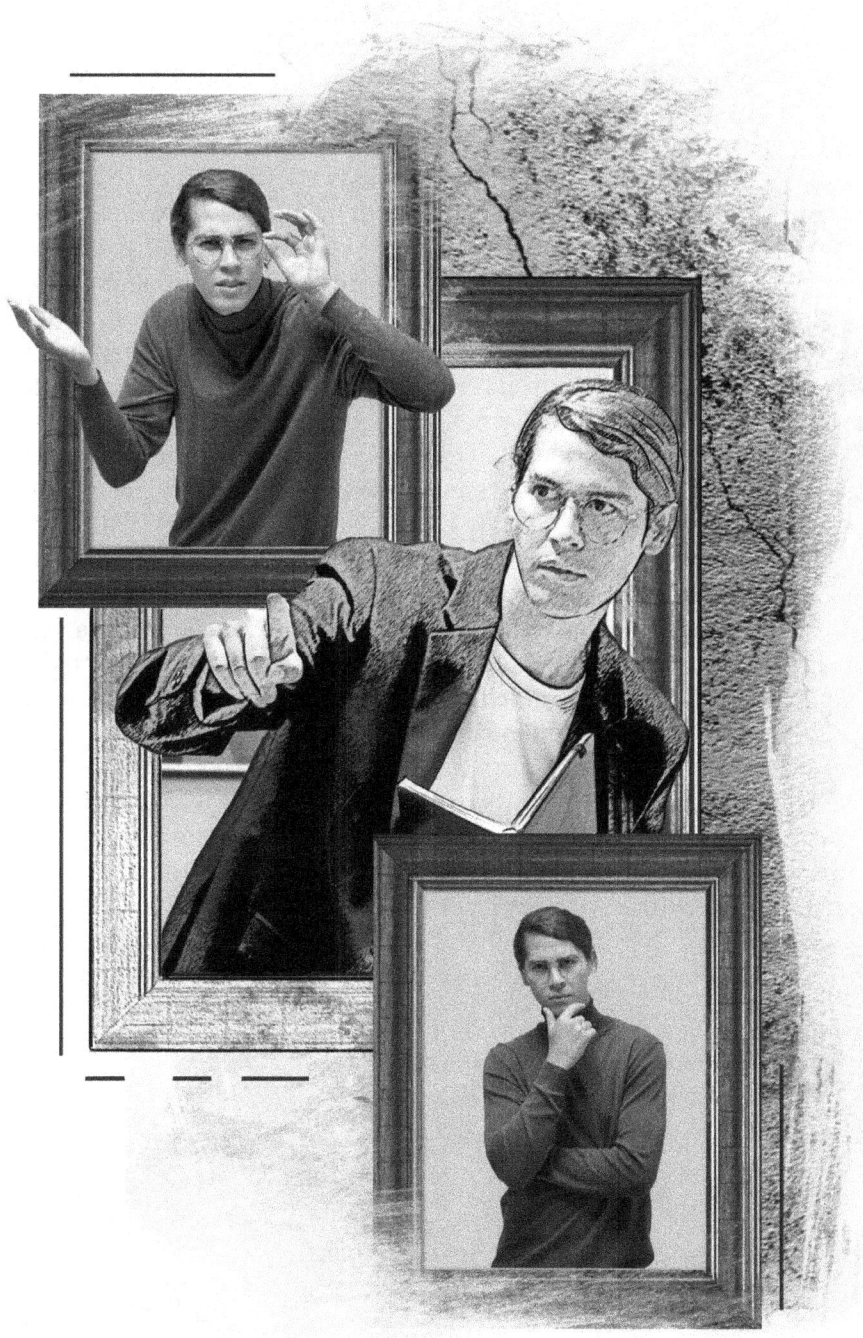

Все мы слышали выражение «нельзя войти в реку дважды». Оно означает, что в прошлое нельзя вернуться. Но… это не совсем так! Оказывается, можно! Я читал об исследовании, которое заключалось в том, что испытуемых, немолодых уже людей, разделили на две группы так, чтобы набор проблем со здоровьем (повышенное кровяное давление, диабет, суставные боли и т. д.) был примерно одинаков в обеих группах. Одну группу поселили в гостинице, кормили, организовывали их досуг — это была контрольная группа. Вторую поместили в другую гостиницу, где было воспроизведено время на двадцать лет раньше реального времени. Обстановка, одежда персонала, газеты, возможность общения, даже еда там были примерно такими, которыми эти люди помнили все эти атрибуты из своего прошлого — лет 20 назад. То есть их поместили в их собственное прошлое, где они были моложе! Даже за утренним кофе, обсуждая газетные новости, они должны были использовать настоящее время — как будто всё происходило сейчас, в настоящем.

Обе группы провели в таких условиях одинаковое время. По окончании исследования учёные подвели итоги наблюдений. Показатели здоровья первой группы не изменились. Показатели второй группы изменились значительно! И это было статистически зафиксировано по многим параметрам — снижение болевого индекса, улучшения показателей давления и глюкозы и, соответственно, снижение принимаемых доз медикаментов!

Это исследование — пример физического «перемещения» во времени с реальными физиологическими изменениями. Но такой вид перемещений требует специальных приготовлений. Гораздо проще и быстрее осуществить ПСИХОЛОГИЧЕСКОЕ путешествие во времени.

> Наш мозг — это машина времени, которая способна переместить нас в прошлое, иногда погружая нас в далёкие события, которые мы вновь переживаем так, как будто это происходит с нами прямо сейчас!

У меня есть один из моих любимых трансовых текстов, который называется «Дорога в молодость». Я использую его для оздоровления и омоложения приходящих ко мне людей. Эта практика целиком построена именно на способности нашего мозга вспоминать состояния, в которых мы когда-то были, например нашу молодость. Причём она позволяет возвращаться в это не только мысленно, но и физически, телом. Я буквально вижу, как изменения начинают происходить у меня на глазах — разглаживаются морщины, кожа розовеет, становится более упругой. Достаточно часто после таких сессий люди отмечают улучшение зрения («как раньше»), нормализацию давления и многое другое.

Я хочу привести здесь часть текста этой трансовой работы.

«…Каждый раз, когда вы делаете эту работу, вам нужны все необходимые ресурсы, начиная с вашего детства. Я хочу, чтобы вы пошли назад… Далеко назад… Весь путь назад… И я хочу, чтобы вы становились моложе и моложе внутри себя. И вы можете вернуться к воспоминаниям молодого себя… Когда вы были ещё одной клеткой… Вы были одной клеткой, но вы уже знали, каким вы будете, когда вырастите. Знали, как построить целое тело — даже до того, как вы научились говорить. До того, как у вас появились руки и ноги. Вы знали, как превратиться в здоровый растущий организм. Я хочу, чтобы вы пошли глубоко внутрь себя и нашли эту свою память о себе юном, потому что я знаю — информация о том, как вы создавали свой внутренний строительный материал — клетки, гормоны, ткани, — находится в этой памяти. Глубоко внутри вас есть что-то, что может вспомнить это ещё раз. И потому в этом глубоком трансе вы можете прикоснуться к более молодому себе. Вы можете вернуться к этой информации, которая в вашем ДНК, в ваших клетках, в ваших тканях. И чем моложе вы становитесь, тем более молодым вы себя чувствуете. Может, вы вспомните, как вы вели себя, когда были совсем маленьким… И как это ощущается, когда вы молоды, как вы выглядите, когда вы молоды. Капилляры в этом состоянии открываются и очищают ваш организм, выводя всё, что накопилось за все эти годы. И когда вы очистите себя изнутри, вы будете чисты перед будущим. Каждая вещь в вас и вокруг вас начнёт меняться. Вы можете почувствовать, как ваша кожа становится более молодой, упругой и эластичной. Подумайте о тех вещах, которые вас окружали, вас — молодого сейчас, такого, каким вы были много лет назад. Подумайте о тех вещах, которые радовали вас, забавляли, помогали проще и веселей смотреть на многие вещи. И вы можете научить себя правильно реагировать на то, что с вами происходит в вашей сегодняшней жизни. И вы можете научить себя тому, какие внутренние материалы использовать. Какие ферменты, гормоны, пептиды использовать для того, чтобы поддерживать это состояние молодости и здоровья. И многие вещи в жизни вы можете делать играючи — как в детстве. И, возможно, окружающие люди начнут воспринимать вас легче и веселее, и вам станет интереснее с ними. И даже если вы столкнётесь с проблемами, вы сможете легче принять правильное решение, используя свою сегодняшнюю мудрость и лёгкость, и весёлость более юной части себя. Или, как в детстве, вы можете попросить помощи или совета у людей, которым вы доверяете. И сейчас вы возьмёте эту молодую часть себя и поместите её внутри себя и каждый раз, когда вы начнёте чересчур переживать или бояться, или нервничать — эта часть будет проявлять себя забавным и глупым способом. Потому что чем лучше вы себя чувствуете, тем лучшее решение вы в состоянии принять…»

В НЛП существует модель, называемая линией времени. Эта модель предполагает выявление индивидуальной временной линии. Это воображаемая линия, на которой мы размещаем весь свой жизненный опыт. Мы можем не знать, что у нас есть такая линия, но, тем не менее, она существует.

Попробуйте вспомнить какое-нибудь привычное действие, которое вы делаете каждый день. Например, как вы чистите зубы по утрам. Обычно человек представляет это в виде последовательности картинок. Можно также обратить внимание на размеры картинок, положение в пространстве, цвета. Скорее всего, картинки, которые мы себе представляем, будут расположены в разных местах пространства и на разном расстоянии. Например, картины прошлого могут размещаться слева и быть более чёткими, а картины будущего — справа и не такими «проработанными». Если представить себе всю линию этих воображаемых картинок, то она и образует линию времени.

У разных людей линии времени могут располагаться по-разному, но есть важные общие закономерности. Линия времени может слегка изгибаться, но желательно, чтобы на ней не было петель и скручиваний. Если на вашей линии времени они есть, попробуйте «распрямить» её и обратить внимание на то, как это ощущается в теле. Если такой вариант устроит вас больше, замечательно, если нет — тогда нужно разбираться, с чем связаны «загибы» на вашей персональной линии времени.

Линия времени может существенно влиять на жизнь человека, даже если мы не осознаём её наличие. Люди, у которых время «включённое» — то есть человек как бы «включён», ассоциирован в ход времени, — с трудом ориентируются в том, сколько времени они занимаются тем или иным делом. Тем людям, у которых время «сквозное» — т. е. линия времени «разворачивается» перед ними, проще ориентироваться во времени, планировать, выполнять временные обязательства — они как бы «стоят в стороне».

Время неодинаково воспринимается в разных культурах. Например, в странах Востока люди живут во включённом времени, и отношения между людьми гораздо важнее, чем формальная точность во времени. Во Франции 15 минут не считаются опозданием, а в Англии это нарушение этикета. Итальянцу сложно объяснить, как и зачем быть точным до секунды, а в Америке это условие успешности и визитная карточка делового человека.

Техника «Изменение личностной истории»

Многие знают, что причины их сегодняшних проблем, страхов, страданий находятся в прошлом, порой уходя корнями в глубокое детство. К счастью, мы можем воспользоваться нашей «машиной времени» — нашим мозгом, для того чтобы вернуться в то время, когда что-то случилось, когда произошла психологическая травма, и провести «действия», которые помогут нам изменить отношение к произошедшему. Мы ещё поговорим о том, как формируются психологические травмы и какое воздействие они оказывают на нас, но говоря о действиях, способных сдвинуть «с мёртвой точки» застывшее восприятие событий, я хочу сказать, что это может быть завершение когда-то незавершённой ситуации. Например, «прокрученный» в голове разговор с каким-то человеком, который в реальной жизни так никогда и не произошёл, или «внесение» необходимых ресурсов, которых в тот момент у более молодого вас просто не было, или новый взгляд на ситуацию с «высоты» сегодняшних знаний и опыта. Для этого существует техника, которая называется «Изменение личностной истории».

Но перед тем, как мы перейдём к серьёзной работе, я хочу поделиться одной забавной историей, которая тоже связана с возвращением в прошлое.

Однажды в офисе раздался телефонный звонок, и я услышал голос знакомого мне психиатра, к которому я иногда направляю пациентов, действительно нуждающихся в медикаментах. После коротких приветствий он сказал, что направил ко мне одного своего «сложного» пациента, с которым он работает уже несколько лет, как он выразился, «слой за слоем очищая его прошлое в надежде найти истинную причину его психологических проблем». На данном этапе они добрались до 4-летнего возраста, так до сих пор и не обнаружив «начальной травмы». Сложность заключается в том, что сознание пациента блокирует дальнейшее продвижение, и он, доктор, подозревает, что основные травматические события как раз развивались в этом раннем возрасте. Говоря об этом, он произнёс слова «абьюз» и «инцест». Тогда я переспросил: «То есть твоему пациенту раньше 4-х лет не вспоминается? По-моему, это нормально — нет?» Но психиатр был непоколебим: «Когда мы это „вскроем", ему сразу станет легче от осознания произошедшего!»

Я понял, что возражать бесполезно, и поинтересовался, что он хочет, чтобы я сделал? Инструкции были очень чёткие: 1. Загипнотизировать. 2. В трансе вернуться в детство. 3. Пройти 4-летний «барьер» — чтобы пациент смог вспомнить себя в 4-, 3-, может, даже 2-летнем возрасте. 4. Обнаружить начальную травму. 5. Ничего не менять. 6. Вернуть пациента для продолжения анализа.

Я сказал, что всё понял, отдельно пообещал «ничего не менять» и «вернуть» в целости и сохранности.

Когда этот человек пришёл, я поинтересовался, по поводу какой проблемы он обратился к доктору. Общей проблемой оказалась неорганизованность, которая приводила к тому, что он начинал какие-то дела и не мог их закончить. И ещё он постоянно спорил со своей матерью. При этих словах я посмотрел на него более внимательно и взглянул на бланк, который он заполнил. Простая арифметика показала, что ему 67. Кстати, в этот момент я подумал: «Сколько же времени у них заняло пройти это расстояние от 67 до 4?..» «А сколько лет вашей маме?» — на всякий случай поинтересовался я. «Мама умерла 20 лет назад»,— последовал ответ. Но, как выяснилось, его этот факт нисколько не смутил. Он продолжал каждый день с ней спорить, обижаться, доказывать свою правоту, как и раньше, когда она была жива. Только теперь всё это происходило в его голове.

«Обычная ситуация, — иронично подумал я.— Как много людей занимаются тем же самым — ругаются, спорят, объясняют что-то людям, с которыми так и не объяснились, когда у них была такая возможность. А порой и с теми, которые рядом, но всё равно пытаясь убедить того, «который в собственной голове». Я бы ещё его порасспрашивал, но, помня чёткие инструкции, подумал, что у меня достаточно информации для выполнения «заказа».

Перед началом трансовой работы я спросил его, как он к этой идее с гипнозом относится, и услышал, что он с большим оптимизмом и нетерпением ждёт, когда ему наконец-то станет «всё понятно». Он достаточно быстро погрузился в глубокий транс, и я, помня о трудностях с прохождением 4-летнего возраста, долго водил его по его линии времени, погружая глубже и глубже, пока наконец не предложил увидеть себя в этом возрасте и пойти ещё дальше, вспомнив себя в три и в два года. И также внушил ему, чтобы, возвращаясь из транса, он сохранил эти воспоминания.

Он вышел, демонстрируя смешанные эмоции. Я спросил, в чём дело, удалось ли ему увидеть себя в возрасте «за чертой» и что же он увидел? Он сказал, что да, но то, что он вспомнил, обрадовало и расстроило его одновременно. Я попросил объяснить, что это значит. Он сказал, что увидел себя четырёхлетнего — упитанного, улыбающегося карапуза, в окружении своих старых игрушек в старом доме, где они жили раньше. Примерно так же выглядели и более ранние воспоминания. Вспомнилась любовь и забота окружающих, которой он тогда был окружён. Та часть, которая его расстроила, заключалась в том, что «первичная травма» в этом периоде жизни... отсутствовала! «Что же я скажу своему доктору? — спросил он растерянно, — и что дальше со всем этим делать?»

Помню, я попытался его как-то утешить — мол, не всё ещё потеряно, и травма обязательно найдётся, хотя в душе просто порадовался за него и за его хорошее детство.

А теперь давайте и мы с вами прогуляемся по вашему прошлому.

Для этого сначала выберите какое-то проблемное поведение, повторяющуюся реакцию, которую вы хотели бы изменить. Возможно, у вас есть воспоминание о том первом событии, когда это проблемное поведение только началось. Когда случилось что-то, о чём, вспоминая позже, «задним числом», вы думали: будь я в тот момент увереннее / настойчивее / спокойнее / и т. д., — всё пошло бы по-другому! Но даже если у вас нет чёткого воспоминания о том, что именно «научило» вас «так себя вести» или «так реагировать», сейчас у вас есть великолепный шанс повернуть всё по-другому!

Надеюсь, вы уже определили, как именно выглядит ваша линия времени. Для удобства спроецируйте её на пол и сделайте «разметку». Отметьте на ней точку настоящего, точку рождения и оставьте достаточно места для будущего. Следующее правило: в прошлое можно ходить только спиной назад, в будущее же — лицом вперёд. И в самом деле, как-то глупо ходить в своё прошлое лицом вперёд — ведь тогда всё ваше будущее находится у вас за спиной...

Прежде чем начать, напоминаю ещё раз, что человек обладает всеми необходимыми ему ресурсами — надо только уметь в нужный момент их извлекать и использовать.

1. Итак, решите, какой конкретной проблемой вы сейчас будете заниматься.

2. Встаньте на линию времени в точку настоящего. Подумайте о том, как выбранная вами проблема проявляется для вас в вашей сегодняшней жизни. Что ощущается в теле, пока вы думаете об этих проявлениях? Может быть, напряжение мышц, может быть, какие-то неприятные ощущения, тяжесть, затруднённое дыхание. Просто отметьте для себя эти реакции. Теперь начинайте медленно двигаться назад, спиной в прошлое, останавливаясь и «просматривая» все ситуации в прошлом, связанные с этой проблемой (основываясь на возникающих сходных ощущениях). Дойдите до самого раннего воспоминания. Обычно с ним связаны наиболее сильные эмоциональные проявления. И когда вы доберётесь до них, сойдите с линии времени и выберите для себя «позицию наблюдателя» — место, откуда вы сможете «просмотреть» события как бы со стороны. Далее, находясь в этой позиции наблюдателя, подумайте, какие ресурсы вам были необходимы в тот момент для того, чтобы вы решили проблему наилучшим для вас образом. Чтобы извлечь эти ресурсы, можно снова пройтись по линии времени, как бы собирая их в тех местах, где они были наиболее активны. Всякий раз, «добирая» очередной ресурс, сделайте проверку, обращаясь к своим ощущениям — насколько хорошо вам в этом состоянии? Если хорошо, комфортно, приятно — значит это то, что вам действительно нужно.

3. Собрав все необходимые ресурсы, войдите с ними в самую первую проблемную ситуацию. Пройдите её заново, помня, что теперь вы уже «вооружены» необходимыми ресурсами. Что изменилось? Как теперь вы оцениваете своё состояние?

4. С этим новым состоянием, со всеми ресурсами медленно идите вперёд до точки настоящего, останавливаясь во всех прежних ситуациях, связанных с проблемой, и замечая, как теперь по-новому могли бы развиваться события.

5. Стоя в настоящем, убедитесь, что вы ничего не упустили. Оглянитесь назад и проверьте, всё ли вам теперь нравится в вашем прошлом, не надо ли поработать над чем-то ещё. Если надо — обязательно закончите всё что нужно. От того, насколько качественно вы проработаете прошлые проблемы, зависит, каким вы войдёте в своё новое будущее.

6. Начните двигаться по линии времени в будущее, обращая внимание на своё новое поведение в схожих ситуациях. Какова теперь ваша реакция на них?

Основная польза от выполнения этого упражнения заключается в том, что, попадая в похожие ситуации в будущем, вы будете реагировать и решать их иначе. Либо вообще перестанете сталкиваться с такими проблемами — так как ваше подсознание, уже наученное правильно решать именно эти проблемы, просто позволит вам вообще их избегать, то есть вести себя принципиально иным образом!

Мой путь. «Академическая» Америка

Как я уже упоминал, переехав в Америку, я очень быстро вновь начал вести семинары в новой для меня стране и продолжаю делать это уже на протяжении 22 лет. В 2003-м для этого была зарегистрирована некоммерческая образовательная организация под названием Academy NLP (Академия НЛП). В дальнейшем все семинары проходили в рамках этой организации. Такое название было выбрано неслучайно — с самого начала мне хотелось, чтобы люди, приходящие на наши обучения, получали более глубокие, системные знания о человеческой психологии, законах коммуникации, стратегическом мышлении. Слоган нашей организации звучит как: «Сделай свою жизнь лучше» (Make Your Life Better). Это именно то, чем мы и занимаемся в нашей Академии.

Передаваемые нами знания и, самое главное, навыки, если их применять постоянно, позволяют достаточно быстро и эффективно сменить роль «пассивного пассажира», болтающегося на заднем сиденье капризного авто с надписью «судьба», на куда более осознанное амплуа водителя, пилота и штурмана своего жизненного пути одновременно. Именно тогда и достигается очень простая и потому главная цель нашей жизни: делая всё с внутренней радостью (или умело находя её во всём), получать радость не только от конечного результата, но и в процессе, по дороге

к нему. Конечно же, у каждого её оттенки свои — удовлетворение, духовный и материальный рост, развитие, наслаждение, и иные грани всем известного, но для многих абстрактного слова «счастье»…

На протяжении всех лет своего существования Академия НЛП — это в первую очередь люди, которые приходили и приходят на наши курсы. Я помню практически всех… И я очень благодарен каждому из них за интерес и доверие. Кто-то приходил для того, чтобы решить определённую конкретную проблему: понять, как восстановить отношения со своими детьми; осознать, как разрешить конфликт на работе; выяснить, как восстановить здоровье… Получив ответы на свои вопросы и решив проблемы, многие из этих участников семинаров затем уходили. В то же время было немало и тех, кто оставался на долгие годы, а кто-то пришёл и стал частью нашей команды. Вот только некоторые отзывы участников наших семинаров:

Ольга: «Стало удаваться снизить внутреннюю напряжённость. Спасибо Вадиму за уникальные семинары и в целом за помощь многим и многим! Приобрела очень интересный новый пласт знаний».

Олег: «Семинары дают возможность посмотреть на многие вопросы с другой стороны. Я стал внимательнее слушать своих детей. По-другому воспринимать своего босса. Каждый семинар привносил что-то новое в мою повседневную жизнь, давал толчок к саморазвитию».

Тина: «Научилась освобождать себя от негативных воспоминаний из прошлого. Узнала, как улучшить отношения с моими самыми близкими людьми. Я всегда жду семинары, потому что после каждого из них в моём сознании что-то меняется к лучшему. Если вы хотите изменить свою жизнь к лучшему, решить свои проблемы и ищете помощь, как это сделать, — ЭТО ПРАВИЛЬНОЕ МЕСТО!!! ВЫ ДАЖЕ НЕ ПРЕДСТАВЛЯЕТЕ, КАК МНОГОМУ ВЫ НАУЧИТЕСЬ!»

С момента образования Академии я понимал — то, что мы предлагаем, не будет подходить всем. Кому-то это может показаться сложным, для других может не подойти сам формат обучения — каждый семинар обычно длится несколько дней по 8 часов ежедневно. Наши обучения занимают особую «нишу», оставаясь доступными для широкого круга людей, не заходя на территорию специализированного обучения для узких специалистов. Но мы не переходим и грань, за которой начинаются «фокусы» быстрого исцеления «от всех болезней» и другие курсы, обещающие «всё и сразу». Безусловно, на наши стандарты обучения оказывает влияние и то, что Академия НЛП является частью международного сообщества НЛП, а я являюсь лицензированным у Ричарда Бендлера тренером НЛП.

Основным фокусом наших программ были и остаются семинары по эффективной коммуникации, как внешней — с другими людьми, так и внутренней — с самим собой. Кстати, мастер трансформации Ричард Мосс говорит, что дистанция между мной и другими людьми точно такая же, как дистанция между мной и мной. Неслучайно с самого начала одна из важных задач создания Академии заключалась в том, чтобы люди, которые интересуются саморазвитием, могли найти единомышленников. Иными словами, нашей целью было, в том числе, создать «площадку» для общения и обмена идеями.

> С самого начала одна из важных идей создания Академии заключалась в том, чтобы люди, которые интересуются саморазвитием, могли найти единомышленников. Иными словами, нашей целью было, в том числе, создать «площадку» для общения и обмена идеями.

А также — возможность для тех людей, кто приходит ко мне на индивидуальные сессии, после достижения результата получать и дальше не только знания, но также поддержку от тех, кто уже прошёл этот путь. Сегодня я могу с полной уверенностью сказать, что наша Академия НЛП успешно выполняет обе эти задачи.

На протяжении этих лет у нас было множество различных курсов, вот лишь некоторые из них: «Эффективная коммуникация», «Убеждения и здоровье», «Изменение жизненных сценариев», семинар, базирующийся на идеях транзактного анализа, «Гипноз в повседневной жизни» и многие-многие другие. Целый ряд тем из прошедших семинаров вошли в данную книгу.

Кстати, одним из первых курсов Академии, который шёл на протяжении первых 5 лет после открытия нашей организации, была программа быстрого освоения английского языка — столь необходимого навыка для всех вновь прибывших на этот континент. Я назвал его NLP English и расшифровывал как Now Let's Play English («Давайте поиграем в Английский»). И это действительно во многом была именно игра! Каждое занятие состояло из двух частей — непосредственно урок английского, который вели профессиональные преподаватели английского языка, отобранные и специально подготовленные мною, — и второй части, которую можно назвать «обучение тому, как учиться». Эту часть вёл я сам. На наши курсы в основном приходили люди, уже неоднократно и безуспешно пытавшиеся освоить английский и на основании этого «твёрдо убеждённые», что они никогда не смогут выучить «этот ... язык» (эпитеты были очень разные и не всегда подходящие для публичного использования). Поэтому очень важной частью моей работы было помочь им изменить столь негативное убеждение относительно своих способностей. Я использовал весь арсенал психологических приёмов для того, чтобы обучение действительно превратилось в увлекательную игру. Например, самую сложную тему — времена глаголов английского языка — мы... «протанцовывали». На наших занятиях было много смеха и игр. В преподавании я всегда исхожу из установки, что любое обучение напрямую зависит от внутреннего состояния. Если человек находится в нересурсном (мы уже знаем значение этого термина) состоянии, то это будет напрасно потраченное время.

В последние годы мы стали предоставлять «площадку» Академии приглашённым преподавателям. В основном это были люди, которых я знал лично, вёл с ними раньше совместные семинары и поэтому был спокоен за уровень и качество преподавания. Они проводили и бизнес-ориентированные семинары, и семинары по развитию памяти, а также навыкам быстрого обучения. Был у нас и «женский» семинар — по психологии моды и архетипам.

А в 2018-м мне удалось осуществить мою давнюю мечту: привести в Чикаго моего учителя — доктора Алексейчика! Мы провели два мероприятия — открытый семинар по библиотерапии и другой, более камерный, для ограниченного количества людей. Узнать, как книга может исцелять, собралось большое количество людей. «Библиотерапия по Алексейчику» — это лечебное, целебное чтение, которое он называет «аптекой лечебной, целебной словесности» и использует в своей каждодневной психотерапевтической практике на протяжении 30 лет. Зал, где проходила встреча, был переполнен, и нам пришлось одалживать дополнительные стулья, чтобы рассадить всех желающих прикоснуться к живительному и целительному слову…

В конце 2020 года, в момент пика изоляции и ощущения массового страха, я провёл ещё один очень важный семинар (точнее, вебинар) совместно с Александром Ефимовичем, но об этом чуть позже…

Дорогой читатель, мы обсудили много важных моментов, связанных с природой наших страхов и беспокойств, и начали знакомиться с инструментарием, который поможет вам научиться справляться с этими состояниями. И я благодарю вас за это. Но…

Всё самое главное ещё впереди! Во второй книге вы найдёте ответы о том, как на практике не только растворить осознанием всё «страшное» и «ужасное» — но и превратить страх в эффективный инструмент для своего роста и развития.

До встречи во второй книге!

www.ingramcontent.com/pod-product-compliance
Lightning Source LLC
Chambersburg PA
CBHW071707160426
43195CB00012B/1612